JN080937

自閉症スペクトラム障害と
セクシュアリティ

なぜぼくは性的問題で
逮捕されたのか

トニー・アトウッド
イザベル・エノー　著
ニック・ドゥビン

田宮 聡 訳

*The Autism Spectrum,
Sexuality
and the Law*

What every parent
and professional
needs to know

Tony Attwood,
Isabelle Hénault
and Nick Dubin

日本の読者のみなさんへ

トニー・アトウッド

　『自閉症スペクトラム障害とセクシュアリティ』英語版の出版以来、自閉症と性の問題を取り上げた研究がいくつか発表された。研究では、自閉症をもつひとたちは定型発達のひとたちよりも、同性愛・両性愛・無性愛である割合が高いことが示されている（Fernandes, 2016; George and Stokes, 2018; Gilmour, Schalomon and Smith, 2012; May, Pang and Williams, 2017）。

　『自閉症スペクトラム障害とセクシュアリティ』は、性と自閉症に関する特定の問題、すなわち児童ポルノ所持に焦点を当てたものであった。原書で記載されているとおり、自閉症をもつひとの性的問題行動は、多くの場合、悪意をもって行われたものではなく、自閉症特性と関連したものである。児童ポルノ所持が唯一の犯罪行為であって被害者との直接接触がない場合、禁固刑でなくダイバージョン（本書p.133参照）とする判例が増えつつある。これにより、自閉症者が収監によって経験するトラウマ、有罪判決に伴う偏見と職業上の不利益、そして性犯罪者リストへの登録を回避することができる。

　最近の研究によると、児童ポルノ所持で有罪判決を受けた者がその後直接接触を伴う性犯罪で有罪となることはきわめてまれ（0.2%）であり、児童ポルノ関連の犯罪を繰り返すことも少ないのである（Goller et al., 2016）。教育と心理的介入に重きを置いた非禁固刑の方がより適切と考えるのも、もっともであろう。

　自閉症をもつひとに対しては従来の性犯罪者治療プログラムは効果が乏しいことがある、という認識も広がりつつある。というのは、こういうプログラムでは、自閉症をもつひとには適さないグループ治療が重視されるからである。自閉症犯罪者を念頭に置いて、地域社会での治療プログラムを開発し

て効果検証を行うことが、われわれに求められている（Allely and Dubin, 2018）。

『自閉症スペクトラム障害とセクシュアリティ』は、私のほかに、イザベル・エノーとニック・ドゥビンが執筆した。ニックの父親のローレンス（ラリー）・ドゥビンは、アメリカの法学教授である。彼は、社会学教授のエミリー・ホロウィッツとともに編集した『刑事司法制度の網に囚われて——自閉症・発達障害・性犯罪』を最近出版し、また、クレア・アレリーとの共著で、児童ポルノ関連犯罪における自閉症特性の関与に関する総説を発表したことを、日本の読者にお伝えしておきたい（Allely and Dubin, 2018）。

参考文献

Allely, C.S. and Dubin, L. (2018) The contributory role of autism symptomatology in child pornography offending: why there is an urgent need for empirical research in this area. *Journal of Intellectual Disabilities and Offending Behavior 9(4)*: 129-152.

Dubin, L. and Horowitz, E. (2017) *Caught in the Web of the Criminal Justice System: Autism Developmental Disabilities and Sex Offenses.* London, Jessica Kingsley Publishers.

Fernandes, C. et al. (2016) Aspects of Sexuality in Adolescents and Adults Diagnosed with Autism Spectrum Disorders in Childhood. *Journal of Autism and Developmental Disorders 46*: 3155-3165.

George, R. and Stokes, M.A. (2018) Sexual Orientation in Autism Spectrum Disorder. *Autism Research 11(1)*: 133-141.

Gilmour, L., Schalomon, P.M. and Smith, V. (2012) Sexuality in a community based sample of adults with autism spectrum disorder. *Research in Autism Spectrum Disorders 6(1)*: 313-318.

Goller, A et al. (2016) Criminal recidivism of illegal pornography offenders in the overall population——A national cohort study of 4612 offenders in Switzerland. *Advances in Applied Sociology 6(2)*: 48-56.

May, T., Pang, K.C. and Williams, K. (2017) Brief Report: Sexual attraction and relationships in adolescents with autism. *Journal of Autism and Developmental Disorders 47(6)*: 1910-1916.

イントロダクション

トニー・アトウッド

　ニック・ドゥビンは、驚くべき若者である。彼が本書の中で語る自身の体験談を通じ、アスペルガー症候群のような自閉症スペクトラム障害に関する理解が深まり、生活のうえで周囲の理解と支援がどれだけ必要かということが、すばらしくよく伝わるだろう。

　好んでアスペルガー障害を背負ったわけではないニックの子ども時代は、仲間とは異なるものの感じかた、考えかた、関わりかたをもっているために、苦心の連続であった。彼は、読む側もつらくなるような苦労話をつづることによって、われわれがアスペルガー症候群をよりよく理解して、同じ症候群を抱えるほかのひとたちが、彼を苦しめたような苦労、混乱、そして仕打ちを味わわないようにするための支援体制を確立できるだろうと確信したのだ。

　たいへん前向きなニックの心の強さと、自分の体験をひとの役に立てたいという建設的な気持ちには、まったく頭が下がる思いである。学習障害と心理学の分野で、それぞれ修士号と博士号を取得したという学歴も、傑出している。ニックがこれまでに出版してきた書物は、いじめや不安や抑うつへの対処法に関するたいへんすばらしいもので、ぜひ推薦したい。それはすべて、彼の個人的な体験にもとづいて書かれているので、アスペルガー症候群をもつひとにしかわからない観点から、雄弁に語りかけてくる。そのためこれらの書物は、教育関係者や保護者にとって実用的なガイドとなるし、何よりも、アスペルガー症候群をもつ当事者にとって役に立つ。

　ニックは、真の意味で尊敬に値するほど勇気ある若者であり、生まれつき極めて繊細であると同時に、たいへんな粘り強さと愛他精神とをあわせもっている。そんな彼がなぜ、刑事司法に巻きこまれ、既決重罪犯、登録性犯罪者となってしまったのだろうか？　いま読者のみなさんには、ニックがどの

ようにして知らないうちに法を破ってしまい、その結果に直面することになったのかを、道徳的判断を下すことなく公平な視点で読み進めていただきたい。それによって、読者も社会全体も彼の体験から何かを学ぶことができて、同じ悲劇が繰り返されることはないだろう。この本が出版されたのは、そのためである。

自閉症スペクトラム障害とセクシュアリティ

なぜぼくは性的問題で逮捕されたのか

◎

目　次

第1章
ぼくの人生　ニック・ドゥビン

まえがき

　うちの家系はユダヤ人ですが、5歳か6歳のころ、ベビーシッターとその母親に連れられて、カトリックのミサにときどき行っていました。そして、お行儀よく座って、司祭の説教に耳を傾けるのでした。あるとき司祭は、使徒パウロの「わたしは日々死んでいるのである」という、意味深げな言葉を引用したのです（訳注：新約聖書『コリント人への第一の手紙』15.31）。幼いぼくは心のなかで、人生のなかで何回も死ぬなんてあるんだろうか、ましてや同じ週に何回も死ぬなんて、と不思議に思ったものでした。いまとなっては、この言葉がほんとうに身にしみます。いま、ぼくの心のなかは、いつも真っ暗闇です。日々死んでいるというのは、仏教でいう無我の境地のようなものです。無我の境地に到達するとそれまでの自分という意識が消滅し、より完全なもしくは前進した新たな自己が生まれるのです。

　児童ポルノ所持の容疑で逮捕された2010年10月6日以来、ぼくは無我の境地を経験してきました。一瞬のうちに自分という存在が全否定されるということがどんなものか、よくわかります。その瞬間ぼくは、アスペルガーに関しては数冊の著書もあって会の役員を務めたり全国で講演したりする有名人から、連邦裁判所でアメリカ合衆国によって起訴される犯罪者となったのでした。

　逮捕から3年ちょっとのあいだに何回もカウンセリングを受けてたくさん内省したおかげで、自分自身についてずっとよく理解できるようになりました。その目的は、なぜぼくは児童ポルノを見るに至ってしまったのかということを真摯に直視することでした。逮捕前は、逮捕後の猛省を通じて得た洞察のかけらもありませんでした。こうしてぼくが得たものを、本書のぼくの担当部分でつづってゆきたいと思います。でも本心は、みなさんがぼくの思

いを誤解してしまうのが怖いので、あまり話したくはないのです。それにもかかわらずなぜぼくがこの恐ろしい体験をお話ししようと決心したかを、どうかご理解ください。

　第一に、ぼくは、アスペルガー関係者のかたがたのことをいつも思っているのです。2004年にぼく自身診断を受けてからというもの、関係者のかたがたとは強いきずなを感じてきました。自閉スペクトラムのかたとの出会いは何百人にも及び、そのひとりひとりから何かを学ばせていただきました。多くのアスペルガーのかたがたが自分のユニークさを誇りに思っているということがわかりましたし、ぼく自身も誇りに感じているということを伝えてきたつもりです。アスペルガーのひとたちはその長所や可能性を対人関係や学校や職場で活かすことにみな苦心しているのだということを、著作物で発信してきました。こういうひとたちに親近感と尊敬の念を感じるからこそ、これまでじゅうぶん注目されてこなかった問題を取りあげるために、ぼくのお話をすることにします。その問題とは、アスペルガー特有の社会性の乏しさはどういうものかということと、その結果、自己同一性・対人関係・性的生活においてどんな影響が生じるかということです。社会性の発達が遅れていたり障害されていたりすると性的発達にも支障を来すということは、一見あたりまえにみえますが、これまでほぼ触れられることがありませんでした。ただ、ここではっきり述べておかなければなりませんが、自閉スペクトラム特性をもっているからといって、そのひとが児童ポルノ閲覧のような違法行為に必ず及ぶというわけではありません。しかしその一方、自閉スペクトラムの特性ゆえに、社会的問題や性的問題に巻きこまれやすいということも事実です。ぼくの人生の話はぼくについてのものでしかありませんが、きっと多くを学んでいただけるのではないかと思います。

　共著者であるトニー・アトウッド博士（Dr Tony Attwood）とイザベル・エノー博士（Dr Isabelle Hénault）がこのとても重大な問題についていままで注目されていなかったその空白をどのように埋めてくださるか、楽しみです。本書が、アスペルガーのかたたちだけでなく、保護者・教育関係者・精神医療従事者・その他の支援者のかたたちにもお役に立てばと思っています。

逮捕されたあと、アスペルガー関係者のなかでも指導者的立場のかたがたが多くのお手紙をくださり、温かいご支援とご助言をいただきました。これらのお手紙は、人生のどん底にいたぼくにとっては、最高の愛情でした。そのなかには励ましのお言葉もありましたし、いずれぼくがこのつらい体験をもとにほかのひとを助けてあげることを望まれるお声もありました。そして時が経つにつれて、ぼくはますますこのことを肝に銘じるようになったのです。いうまでもないことですが、自分の社会性の発達や性的発達について語るなどということは、途方もなく恥ずかしくもあり恐ろしくもありました。それでもこのことを決心したのは、尊敬する共著者のかたがたのお力を借りて、アスペルガーのひとたちとその支援者たちのために何らかの貢献ができるということを確信したからでした。別の言葉でいえば、本書の企画に参加することを決めた目的は、何かを変えるためだったのです。

　そして何か月も迷ったあげく、自分のプライバシーはもう棚あげにして、決死の覚悟を決めることにしました。自分の体験を伝えることによって、何か正しいことを達成できると信じています。何かをやり残したという思いを引きずったまま、人生を終えたくはありません。ぼくが愛するひとたちのためなら、自分のプライドを捨て去って批判にさらされることになろうとも、これはやる価値があるという結論に達しました。

　お話をはじめるまえに、ひとつ大切なことを確認しておきます。児童ポルノ所持容疑というのは、性的接触容疑とはまったくちがいます。ぼくは子どもに触れようなどとは思ったこともないし、じっさい、そんなことを考えただけで気分が悪くなります。もし読者のみなさんのなかに、ぼくが自宅のパソコンで画像を眺めるだけよりももっとひどいことをしたと思われるかたがいてはいけないので、この点を確認しておこうと思いました。ぼくは、そんなことはしていません。検事も、その事実は認めてくれました。

　では、まだ心のどこかに不安はありますが、重要な問題に光を当てたいという気持ちも抑えがたいので、ぼくの話をはじめたいと思います。アスペルガーと自閉症のひとたちのために、より理解が広まることを願いながら。

1．逮　捕

　アスペルガー症候群をもつひとはほとんどそうであるように、ぼくも音にはとても敏感なのです。毎晩寝るときには、3種類の音（滝・海の波・鳥のさえずり）が大音量で鳴るなか、うるさい扇風機もつけています。といっても、暑いから扇風機をつけているわけではありません。大音量で鳴っているいろんな音をさらにパワーアップして、外の雑音に睡眠を妨げられるのを防ぐためなのです。

　2010年の10月6日もいつものように、3種類の音が鳴って扇風機も唸っていました。午前6時30分ころトイレに起きたぼくは、犬のセイディが落ち着かないようすで歩き回っているのに気がつきました。これはちょっと珍しいことだったのです。セイディはたいていぐっすり眠って、一晩中、寝床から出てくることなんてありませんでした。大音量で鳴っている音のうち2種類を消すか、扇風機を消すまでは起きてこないのがふつうです。なのに、その日の朝にかぎって行ったり来たりしていて、ようすが変でした。そこでぼくは、寝床に戻るよう命令したのです。

　ぼくもなんとかまた眠りについたのですが、15分もすると再び、セイディがうろうろしはじめたので目が覚めてしまいました。きっと外に行きたいんだろうと思ったぼくは、しばらく横になったまま、ベッドを出て散歩に連れて行ってやるだけの気力が湧くのを待っていました。そのときです、物音がしたのは。それは、ぼくの雑音防壁を突き抜けるほど鋭いものでした。そしてまた同じような音が聞こえました。ドン、ドンという大きな音が続きます。上の階に住んでいるおばあさんが、朝6時30分から部屋の模様替えをしているのかしら？　でもこの音は上から来ていないので、そうではないようでした。ぼくの部屋のすぐ外からその音はしているようです。地震？　デ

トロイトに地震はまず来ません。半分寝ているような半分起きているような頭で、アパート共用部分の廊下を修復しているのかなとも思いました。でも、こんな朝早くから？　物音はだんだん大きくなって、ぼくの部屋に近づいていることがわかりました。ぼくの心臓は、もうバクバクでした。そして次の瞬間起こったことは、ぼくの人生で、一番ショッキングで一番ひどいことでした。

　ベッドから見ていると、壁の天井近くにある通気口を通して、寝室に接する廊下で光がチカチカしているのがわかりました。このときはまだ、アパートの廊下の電灯が故障しているのかなと思っていました。でも、じゃあ、物音は何？　いろんな可能性を考えたあげく、やっとわかりました。そこにだれかいるのです。それがだれかはわかりませんが、押し入ろうとしているのかもしれません。

　瞬時に、殺されるのかと思いました。セイディを見て、もうこれが見納めかと思いました。携帯電話に手を伸ばして警察に押し入り強盗を通報するひまもなければ、お父さんお母さんにお別れするひまもありません。

　そこにいるのがひとりではないこともももうはっきりわかります。声は聞こえませんが、ひとりでこんなに大きな物音を出せるはずがありません。物音はどんどん近づいてきます。30秒ほどのあいだ、いまにも顔を合わせるかとびくびくしていましたが、もうだめです。侵入者たちはすぐそこまで来ました。

　突然寝室のドアがこじ開けられ、「ベッドから出ろ。手を上げろ。いますぐに手を上げろ！」とだれかが叫ぶのが聞こえました。少なくとも5人のひとが、懐中電灯をぼくの顔に向けたまま近づいてきたのです。
「何がほしいんですか？」とぼくは素直に尋ねました。
「いますぐベッドから出ろ！　手を上げて、広げろ！」
　Tシャツとトレパンを身に着けていたとはいえ、ベッドから出るときには気まずくて、素っ裸にされるような気分がしました。「これはいったいどういうことですか？」と尋ねました。「ぼくに用があって来たんですか？　この建物がどうかしたんですか？　火事かなんか？　消防署のかたですか？」
「きみに用があって来た。火事ではない。回れ右をして壁のほうを向きなさい。抵抗はしないように」

ぼくが気絶もせずにちゃんとしゃべれただけでもほとんど奇跡です。怖くて怖くて頭がどうにかなりそうでしたが、アドレナリンのおかげでなんとかもちました。いったいどうしたらいいのか、頭のなかがグチャグチャでした。逃げようとしたら殺されるだろうし、でも言われるとおりにしていたって殺されるかもしれません。いまのぼくには選択肢がないということに気がつきました。セイディのことを気にする余裕もありませんでした。

「なんのために来たんですか?」とまた尋ねました。

「いいから言うとおりにしたまえ」

　だしぬけにひとりのひとが近寄って来て、ぼくを壁に押しつけました。そして手錠をかけられたのです。もう、息もできませんでした。そのひとは、「われわれがここに来た理由はすぐに説明する。じっとして動かないようにしたまえ」と命令しました。

　手錠?　これはいったいどういうこと?　逮捕されたっていうこと?　そんなのって、強盗が押し入ってぼくを殺したっていうよりもありえないことのように思えました。部屋が暗いうえに懐中電灯はまだぼくの目に向けられていたので、何も見えません。そのまぶしさといったら、地獄の炎で目が焼かれるようでした。感覚過敏のアスペにとってこれは悪夢です。とにかく、「お願いだから、何がどうなっているのか説明してください!」とこのひとたちに懇願しました。

　ひとりが、「すぐに説明する。手錠をかけたぞ」と、部屋にいる全員に言いました。

　手錠をかけるということは、このひとたちは警察だなと思いました。それでもぼくには、わけがわかりませんでした。ぼくは法律をしっかり守る善良市民で、煙草を吸ったこともお酒を飲んだこともないし、スピード違反をしたこともありません。それどころか、何回も「いい子ちゃん」と言われてきました。ひとりのひとがぼくの手首に手錠がしっかりかかっているかを確認したとき、もうこれ以上否定しようがありませんでした。ぼくは何かの罪で逮捕されるんです。その罪が何なのかは見当もつきませんでした。

　その次に覚えていることといえば、居間のソファの上に投げ出されたこと

でした。このひとたちがぼくの寝室に乗りこんできてからこのときまでに数分しかたっていませんでしたが、とても長い時間が経ったように感じていました。すると突然居間の電気がついて、FBIの制服を着たひとがぼくのまわりに10人以上いたことがわかりました。これはもう、信じられません。FBIだって？　同時多発テロのウサーマ・ビン・ラーディンや殺人鬼チャールズ・マンソンやマフィアみたいな危険人物を追いつめた、あのひとたちが？あのFBIがぼくのアパートに？　それも、ひとりやふたりじゃなくて、10人以上もです。ぼくがまだわけもわからずにいるあいだ、このひとたちはアパートのなかをあちこちうろうろしはじめました。

「どういうことなのか教えてください！」とそのなかのひとりにお願いしました。

「そのときが来たらどういうことなのか説明すると言ったはずだ」

「異状なし」という声が、ぼくのパソコンがある部屋から聞こえました。寝室からも、「異状なし」という別の声がしました。もう一度別の声が「異状なし」とトイレから言いました。ここまでこのひとたちが言っていたことと、この「異状なし」がどう結びつくのか、さっぱりわかりません。だってぼくは、刑事ドラマ『ロー＆オーダー』も『CSI：科学捜査班』も『NCIS〜ネイビー犯罪捜査班』も『クリミナルマインドFBI行動分析課』も、ほかのどんな犯罪番組も、見たことがなかったんです。じっさい、刑法とかにはまったく興味がありませんでした。

「手錠をかけられたのは、どうしてなんですか？」と尋ねたときには、顔は汗びっしょりでした。

「異状なし」とまた別の捜査官が言いました。そのひとたちは仲間たちのほうを見て、すべて異状ないことを確認できたのか、ぼくのところに来て手錠をはずしました。そして別のソファに腰かけ、まっすぐぼくのほうを見て、忘れられないこのひとことを言ったのです。「われわれがここに来たのは、捜査令状執行のためだ」ぼくは、驚いて口もきけませんでした。

　おそるおそる、「捜査令状？」と聞きました。捜査令状が何なのかはもちろん知っていましたが、どうしてぼくのアパートに？

「裁判所から、家宅捜索の許可を得ているのだ」

「なんだって？　よくわかりません」とぼくは答えました。人生最悪のパニックを起こさないようになんとか平静を保つのが、精いっぱいでした。

　その捜査官は厳しい目つきでずっとぼくを見て、ゆっくりと慎重に言いました。「きみのコンピューターについて、何か言うことはないかね？」

　ぼくはこの言葉を聞いて、ぎくりとしました。FBIがぼくのところに来る理由があるとすれば、パソコンで児童ポルノを見ていたということしかありません。でもちょっと待って。それがどうしてわかったんだ？　ぼくはそれを自宅で見ていて、ほかにはだれもいません。それに、そのことが、10人以上ものFBIがいきなり乗りこんできてぼくに手錠をかける必要があるほどの危険行為だなんて、思いもしませんでした。ぼくは、いままで一度もひとを傷つけたことはありません。むしろ、子どものころずっといじめを受けていたほうでした。

　児童ポルノを見ていたときはいつもどこか恥ずかしい気持ちがありましたが、そのときは、それがなぜなのかよくわかっていませんでした。でも、ぼくのなかでもう少し視野を広げればその恥ずかしさと違法行為とのつながりに気づけたかもしれないのですが、そこには至らなかったのです。児童ポルノを見ただけで、FBIがアパートに乗りこんできて壁に押しつけられて手錠をかけられてパソコンを押収されて犯罪で起訴されるなんて、これっぽっちも考えていませんでした。逮捕されて初めて、なぜ児童ポルノ閲覧が違法であるだけでなく、道徳的にもまちがっているのかがわかりました。逮捕されたあと、あの画像に映っていた子どもたちは被害者なのだということをカウンセラーから聞かされて、そんな子どもたちをいやらしい目で見ていたことに良心が痛みました。いまとなっては残念ですが、逮捕されるまではこういったことがぼくのなかではまったく結びついていなかったので、自分がしてしまったことをすごく後悔しました。一番悲しくてならないのは、ぼくがいま知っていることをあのとき知っていたら、ということなのです。

　FBI捜査官に質問されたぼくは、アスペルガーによくあるように、真っ正直に答えました。「ぼくのパソコンに児童ポルノがあるから、来たんですか？」

そのひとは、イエスと答えてそのことを認めました。

「それがぼくのパソコンにあるって、どうやってわかったんですか？　ぼくのパソコンが逆探知されてたとか、そういうことなんですか？」

　そのひとは、「そのことをきみが知る必要はない。コンピューターのことで、ほかに話しておくことはないかね？」と静かに答えました。

　ちょっと沈黙が続きました。そのあいだほかの捜査官たちはまだ、ぼくのアパートのいろんな部屋を出たり入ったりしていました。こんな大騒動はかなりのトラウマです。このアパートはぼくにとっての聖域でした。ひとりになれて、守られて、外界にわずらわされることのない平和な場所だったのです。このひとたちはぼくの魂に侵入してきたも同然でした。

　ようやく少し気持ちを整理したぼくは、一番心配していたことを捜査官に尋ねました。「これは、重い罪になりますか？」

　そのひとはちょっと笑ったように見えました。なぜ笑ったのかわかりませんでしたが、いま思えば、ずいぶんまぬけなことを聞いてしまったのかもしれません。「とても重い」とそのひとは言いました。

「どれくらい重いですか？」と聞いたときには怖くて震えていました。

「そうだな、まず、きみがどれくらい捜査に協力するかにもよる。できるだけ協力したほうが得策だ」これがどういうことなのか、ぼくにはわかりませんでした。

　ぼくは、「しろと言われることは何でもします」と頼みこみました。あとになって弁護士から聞いたのですが、弁護士なしで当局に対してなんらかの申し立てをすることはしないほうがいいそうです。でもこのときのぼくは、なんとか取り入ってできるだけ協力しようという気持ちになっていました。自分のアパートで4時間にもわたって拘束されて厳しく尋問されたのに、捜査官たちが権利の告知を読みあげるのを忘れていたということにもぼくは気がつきませんでした（訳注：警察機関は、取り調べをはじめるまえに、黙秘権などの被疑者の権利を読みあげなければならない）。

「ぼくはもう逮捕されているんですか？」と尋ねました。

「いまはまだ逮捕はされていない。われわれは家宅捜索をしているだけだ」

ぼくは隠すようなことは何もないし、このひとが言ったようにそれが得策になるんなら、FBI捜査官に何でも話すことにしました。そしてこの捜査官は、ぼくがどこで働いているのか質問しました。ぼくは、アスペルガー症候群のための高校で職員コンサルタントをしていると言いました。ぼくが学校で勤務しているというのは要注意情報だったようです。ぼく自身がアスペルガー症候群をもっていることと、いまの仕事をしているのもそれが理由だということも話しました。するとこのひとは、ぼくが以前勤務していた社会福祉事務所ではたくさんの子どもたちが支援を受けていたということに触れたのです。「そのことをどう説明するかね？」と、責めるような口調で聞かれました。ぼくは、以前の職場がFBIに知られていたということがショックでした。そこの事務所でのぼくの支援対象はおとなだけだったということを話して、おもな仕事は、成人グループの支援をすることと自閉症に関するいろんな話題について講演をすることだったと説明しました。ぼくが数年間テニスコーチをしていたこともFBIは知っていて、そのとき子どもを教えたこともあったはずだと思っていたようでしたが、それはそのとおりでした。高校生のころのぼくは地域のジュニアテニスではトップクラスだったので、高校生のときに近所のカントリークラブでコーチを頼まれたんだということを話しました。1995年から2004年までのあいだに、いろんなテニスクラブで教えました。でも、仕事自体はとてもまじめにしたつもりなんですが、人間関係がややこしかったので、テニスコーチの仕事を楽しいと思ったことはありませんでした。

　次に捜査官が尋ねたのは、いまの職場での上司はだれなのかということでした。ぼくは校長の名前を答えました。捜査官は、翌日かその次の日には学校にも捜査に行くと告げました。その瞬間、ぼくはものすごい罪悪感に襲われました。この学校はその年に創立されたばかりで、アスペルガーの生徒のための高校として中心的存在になることを目指していたのです。校長がいままでしてきたことを誇りに思っていたぼくは、学校の評判を落としてしまうことが心配になりました。学校には行かないようにと懇願しましたが、聞き入れられませんでした。いま思えば、あのひとたちはただ自分の任務を遂行しようとしていただけだということはわかります。ぼくがそこに勤務してい

たあいだに何かハレンチ行為がなかったかどうかを調べる必要があったんです。

　尋問が続くなかでぼくが気づいたのは、ぼくには児童ポルノ所持容疑がかけられているだけでなく、もっと重い罪であるその提供の疑いもかけられているということでした。これはまったくの事実無根で、ぼくは児童ポルノをだれにも提供したことはなかったのです。でもあとになって弁護士から聞いて知ったのですが、こういう画像をいったんダウンロードするとパソコン内部にファイルが作成され、FBIであろうがだれであろうがそれに自動的にアクセスできてしまうのだそうです。だれかに見せるために意図的に画像を送る必要はないわけです。こういうわけで、ぼくに提供の意図がまったくないとしても、法律的には提供行為とみなすのが公の認識なのです。だれかがひと知れずパソコンで児童ポルノを無償ダウンロードしているのをFBIが察知できるのはこういう事情からだということも、あとになって知ったことでした。ぼくが直面しなければならなくなったのは、連邦制定法にもとづけば最低5年の実刑は確実で、さらに児童ポルノ所持に対する刑期が追加されるかもしれないという事実でした。

　もう午前10時になりましたが、捜査官の尋問とアパートの捜索は続いています。このひとたちはぼくの空間をくまなく調べあげ、あげくのはてには、その場で同意書に署名しなければぼくの車の捜査令状も取ると言うのです。令状を取るのに一日中居座られてはたまらないので、早く出て行ってもらうために、車の捜査に必要な同意書に署名しました。

　FBIが来てからもう4時間近く経っていました。ぼくがヘトヘトになってきているのを見て、何か病気があるのかと尋ねました。ぼくは、糖尿病があることとうつがあるので薬をのんでいることを話しました。出て行くまえに、ぼくがあまりにもしょげきっているので、だれかに電話して来てもらったほうがいいと言いました。お父さんに電話してもいいと伝えました。

　FBI捜査官が電話したとき、お父さんは車で通勤途中でした。デトロイト市街への道のりを半分来たところで、ことの顛末を聞いたのでした。お父さんはすぐさま引き返してぼくのアパートに向かい、30年間教授として勤めてきた法科大学の昼の授業も夜の授業も休講としたのでした。あとで聞いた

のですが、このときお父さんはあまりにも気が動転して集中できなかったので、何度も道をまちがえてまったくちがう方向に行ったりしたそうです。でもそのときのぼくには、お父さんが心身ともにどんなに参っていたかは想像もつきませんでした。ひとつだけ思っていたことは、ただただお父さんにいっしょにいてほしいということでした。そして、お父さんをハグして、いまでも愛していると言ってほしかったんです。

　やっとお父さんが来てくれました。いつものお父さんのコロンの匂いがしましたが、恥ずかしくて目を向けられませんでした。しばらくしてからなんとかお父さんのほうに目をやると、ぼくのほうにやって来て、念願のハグをしてくれたのです。ぼくは、「お父さん、ほんとうにごめんなさい」と言いました。

　お父さんは、ぼくの耳元で、「アイ・ラブ・ユー」とそっとつぶやいてくれて、「いまはまだだめだ、ニック」とでも言うように指を自分の唇に当てました。FBI捜査官は、出て行くときに、ぼくは明日連邦裁判所で罪状認否手続きをすることになると言いました。そのときのぼくがわかっていなかったのは、たくさんの報道陣が法廷を埋めつくしているまえで罪状認否手続きをすることになるということでした。

　FBIのひとたちがやっと出て行ったあと、ぼくは、涙を流しながらお父さんをハグしました。まるで、デパートで迷子になったあとやっとのことでお父さんと再会できた幼児のようでした。こんな息子でごめんなさいと言って何度も何度も謝りました。お父さんは終始冷静で、ぼくは悪い息子どころか立派な息子だと言ってくれて、いまは行動を起こすときだとも言いました。最初にしなければいけないのは、法律顧問を確保することとFBIが学校に行くまえに校長に連絡をとることだそうです。こんなトラウマにさらされたばかりのぼくは、上司に連絡するなんてとてもできそうにありませんでした。「お父さん、ぼくは話せないよ。何があったかなんて話せないよ。こんなの恥ずかしすぎる」と言いました。
「ああ、辞職することになるだろう」とお父さんは言いました。
「わかってるよ。そう話してくれない？」

「わかった。ちょっと外に行って電話してくる」

　お父さんが電話しているのを待つあいだ、上司がどれだけ激怒しているだろうかと想像すると、胸が張り裂けそうでした。でも、20分後に戻ってきたお父さんの話を聞いたぼくは、頭を垂れるしかありませんでした。

「わたしの人生で、こんなに驚くべき会話は初めてだ」とお父さんは言いました。

「どういうこと？」

「うむ、短い期間だったが学校のためにたくさんの貢献をしてくれたおまえはすばらしい人物だとおっしゃっていた」

「ちょっと待って。何があったか話したんでしょ？」

「もちろんだ。おまえの容疑が何かも説明したし、FBIが学校に来るということも伝えた。だがあのかたはおまえのことをよく理解してくださっているよ、ニック。どんな人間かよくわかっていて、大切に思ってくださっている」

　ぼくの頭は、もう真っ白でした。床の上に伏せって、涙が涸れるまで、泣いて泣いて、泣き続けました。それは、校長先生の言葉が魂が洗われるような天の恵みのように感じられたからです。校長先生とその先生が大切に作りあげてきた学校とをはずかしめてしまったぼくに、そんなに大切に思っていただく資格なんてありません。とても信じられないことですが、こんなひどい状況のなかでぼくのことを思ってくださっていたんです。でも、FBIが学校に行ってしまえば、辞職を余儀なくされることはしかたありません。こんな容疑をかけられてしまったぼくなのに、いいひとだと思ってくださるなんて、感謝の言葉もありません。

　さて、ぼくがこういう苦しみを味わうことになってしまったのは、どういういきさつからだったのでしょうか？　人生を生きる意味も目的もはっきりしていたぼくが、重罪で訴えられてひょっとしたら何年も服役しなければならないというのは、どういうわけなのでしょうか？　どういう道のりを経てこんな悲劇に行き着いてしまったのかをたどるためには、時間をさかのぼって子ども時代に戻り、アスペルガーを念頭に置きながら、ぼくの社会性の発達と性的な発達とをみてゆく必要があります。

2．何かがちがっていた子ども時代

　ひとりっ子だったぼくは、とても献身的な両親の深い愛情のもとで育ちました。両親のキャリアはちょっと変わっていて、それは、ぼくのキャリアにも影響したのではないかと思っています。お父さんは法学教授兼ドキュメンタリー映画制作者、お母さんはプロの脚本家で、大学でも教えています。両親は、親となる準備が整うまで待って、30代に入ってから子どもを作りました。お父さんは、ぼくがするどんなことも記録に残したいと思っていました。ぼくが生まれてからしばらくのあいだは毎日写真を撮って、あとになってから最初の数年間のビデオをまとめてBGMまでつけたのです。お母さんが病院でぼくを初めて抱いたとき、その瞬間のためにお父さんが選んだ歌はマーヴィン・ゲイの「プライド・アンド・ジョイ（＝誇らしさとうれしさ）」でした。

　ぼくたち一家はよく、クリーブランドにあるお母さんの実家に行きました。ぼくがいつも会うのを楽しみにしていた大おばさんバーサは、ちょっと変わっていたけど、ぼくの言うことなら何でもしてくれる元気なひとでした。もう70歳も過ぎていたのに、ぼくがエレベーターで20回続けて上がったり下がったりしたいと言うとつきあってくれたりしました。何時間もシャボン玉を吹き続けるのにつきあうのも、いやな顔ひとつしませんでした。大おばさんの家でひと晩過ごすときは、いつも極楽気分でした。寝るときには好きな本を読んでくれて、背中をさすりながら「ヤンキー・ドゥードゥル・ダンディ」を歌ってくれました。

　この大おばさんとちがって、おばあさんは子どもとあまり遊んでくれませんでしたが、おじいさんはよく遊んでくれました。とても外向的だったおじいさんは、根は子どもみたいでした。よく、ぼくをスクーターのうしろに乗

せて近所を走り回り、ご近所さんたちに「ハ〜イ」と手をふっていました。そり遊びにも連れて行ってくれたし、野球みたいなウィッフルボールもいっしょにしたし、ぼくが大きくなってから教えてくれたテニスはぼくにとって生涯の趣味になりました。ぼくは、このおじいさんにとてもなついていました。

　幼児期のぼくはとても幸せで、発達の問題が生じてくるなんてもちろん知る由もありませんでした。両親はぼくの言葉が遅いことと、ちょっと変わった行動をすることが心配になってきました。3歳くらいのとき、ぼくは近くの公園によく連れて行ってもらいました。すべり台が大好きだったぼくは何度も何度も繰り返しすべって、ほかの子がすべりに来るまで続けていました。ぼくにとってこれは<ruby>ぼく<rt>・・・</rt></ruby>のすべり台で、ほかの子はみんな不法侵入者だったのです。すべり台のてっぺんでぼくがいまにもすべろうとしているときにうしろにだれかが来ると、大パニックを起こしてしまいました。すべり台を降りてどこかに行ってしまえとその子に向かってわめき散らし、自分がしていることがいけないことだなんて思いもしませんでした。気まずくなった両親はぼくをひっつかまえてそそくさとその場を立ち去ったのですが、それでもぼくは声をかぎりに叫び続けていたのです。

　ぼくの困った行動のもうひとつは、ひとの頭を触りまくることでした。ほんのちょっと触るだけで、暴力的なわけではありません。3〜4歳のころはまだ許されていましたが、外出先や学校でたくさんの子どもたちと接触するようになると迷惑がられるようになって、学校ではよく注意されたり怒られたりしました。その当時は、ぼくが触覚刺激を求めてこれをしていたということはだれにもわかりませんでした。

　ぼくの落ち着きのなさも、ほかの同い年の子どもたちとは比べものになりませんでした。いつも飛んだり跳ねたりして、手をバタバタさせていました。これはお父さんにとってはかわいいもので、ただ元気がいいだけだと思っていたようですが、お母さんはすごく心配していました。身体的な刺激と発散のためのこういう行動が自閉的な子どもにはよくみられるものだということを、当時の両親は知りませんでした。

そのほかに両親を悩ませたものといえば、ちょっと変わった恐怖症でした。電気掃除機や洗濯機の音は特に怖いものでした。お母さんは、ぼくが家にいないときだけ掃除や洗濯をするようにしていたほどでした。浴槽の排水口に吸いこまれてしまうんじゃないかという恐怖もありました。両親はなんとかぼくを説得してお風呂に入れようとしたのですが、浴槽の水を抜いたとたんに永久に流し去られてしまうのではないかと本気で思っていました。でもいまは、こういう恐怖症は克服しました。

　もうひとつ、ぼくにとってなぜか怖かったことがありました。ぼくは、レコードの音楽が終わってしまってレコード針の下でレコードが回り続けると、パニックっていたのです。なぜだか、音楽は終わったのにレコードだけが回り続けているというのがぼくにとってはわけのわからない恐怖で、パニック状態で声を張りあげて叫びはじめるのでした。

　こういう恐怖症とならんで、風変わりなものに興味を示すようになりました。同年代のほかの男の子たちみたいにヒーローの人形やレゴで遊ぶのではなく、テレビのクイズ番組を見るのが好きでした。特にお気に入りだったのは、『＄25000ピラミッド』『ザ・プライス・イズ・ライト』『カードシャークス』でした。一番の楽しみは、司会者が発するキャッチフレーズをよく聞いて覚えてしまい、だれかに向かってそのものまねをすることでした。地図にもハマってしまって、いろんな道路の起点と終点を調べあげました。家族ドライブのときなど、ぼくが思っていた道順からちょっとでもはずれてしまうとかんしゃくを爆発させたものです。当時のぼくは、こういう興味がほかの子どもと比べて風変わりだとかちがっているとかなんて、ちっとも思っていませんでした。

　両親はぼくの発達のいろんな面を心配していましたが、なかでも特に心配だったのが、言葉の遅れでした。3歳になってもまだほんの少ししか単語は出ておらず、文はまったく話さないし、言われることもほとんどわかっていませんでした。だれかに何か聞かれると、ちゃんと答えるのではなく質問を繰り返したりしました。これはエコラリア（＝おうむ返し）として知られていて、子どもが言葉を理解していないことを示す要注意サインなのです。

1980年に、かかりつけの小児科医は、ぼくの学校区で発達検査を受けさせるようにと両親に指示しました（訳注：アメリカでは、各学校区に臨床心理士が配置されていて検査を行う）。家を出て教育現場に行くのはぼくにとってこれが初めてで、検査者の言うことは全然聞きませんでした。ぼくを検査した心理士は、集中的言語療法をできるだけ早く受けさせることと、翌年秋の新学期から発達障害児のための就学前教育をはじめることを勧めました。自閉症という言葉は出てきませんでしたし、もちろん、アスペルガー症候群という診断名は1994年まで存在しなかったのです（訳注：「アスペルガー症候群」という診断名は、1994年以前も使用されていた。ここでは、1994年にアメリカ精神医学会が発刊したDSM-Ⅳ［精神障害の診断と統計マニュアル第4版］に、「アスペルガー障害」が正式な診断名として初めて記載されたことを指す）。2004年に27歳でやっとこの診断を受けるまでは、両親もぼくも、ぼくの何がどうちがうのかわからず混乱したままでした。

　近所の病院で言語療法をはじめたぼくは、重症の受容-表出性言語遅滞（失語症）と診断されました。そこで、キャロルという言語療法士のもとに週3回通いました。床の上に向かいあって座り、コップだとか食パンだとかの絵を何度も見せられて、それが何かを答えるのです。この種の反復的療育法は、現在、応用行動分析として知られているものです。キャロルのやりかたは、とてもまじめなものでした。ぼくが少しでも落ち着かなかったりゴソゴソしたりすると、「お行儀よい座りかたはどうなったの？」と命令口調で言い、ぼくは銅像みたいにピシッと座るのでした。よくがんばれた日には、終わるときにごほうびとして小さいマシュマロをもらえました。ぼくは、病院に行ってキャロルに会うのが好きになりました。3歳のぼくは、自分の発達がちがうからとか遅いからとかいう理由でキャロルに会っているんだなんて、思いもしていませんでした。ぼくにとってキャロルは、家族の一員かおもしろいベビーシッターみたいなものでした。つまりぼくは、自分が何かちがっているなんてこれっぽっちも感じていなかったのです。

　言語療法のおかげで、夏までにはぼくの言葉の遅れはめざましく改善しました。キャロルは、ぼくほどの遅れがあった子どもがたった3か月でこんな

に進歩するのは見たことがないと言ってくれて、ぼくには実は才能があるという証拠だと思っていたようでした。春に会っていた特別支援担当の先生も驚いていました。この先生は、春に最初に会ったときにはほとんどしゃべっていなかったぼくが秋に再会したときにはちゃんとした文でしゃべっているのを見て、夏の奇跡だと言ったのです。

　かなり進歩したとはいうものの、幼稚園入園を翌年に控えたぼくに通常の教育は無理だと感じた両親は、2か所の幼稚園に入園手続きをしました。午前は、園児10人に対して3人の先生が配置されている私立幼稚園に行きました。午後は黄色の園バスが家に迎えに来て、公立学校に併設されている、一般教育とは別の就学前障害児プログラムに通いました。ここでは、園児3人に対して2人の先生がいました。

　どちらの園の先生もきめ細やかな配慮をしてくれましたが、手先が不器用だったぼくにとって、することなすこと拷問のようでした。切るとかのりづけするとか描くとかいったことを私立幼稚園のほかの子はいかにも簡単そうにやってのけていたのに、そんな単純なこともぼくはできなかったのです。字を書くなんて、とんでもない悪夢でした。ぼくは鉛筆をギュッと握りしめてしまうので、書いたものはまったく判読不能でした。ぼくのできないことをまわりの子どもたちはたくさんできているのを見て、何かちがう、と思いはじめたのはこのときでした。

　ぼくが困りはてているのに気がついた両親は、何かぼくの興味あることやできることを生かして、うまく発散させてやれないものかとあれやこれや手を貸してくれました。お母さんは、お話を作ってはどうかと言ってくれました。でも何しろ字を書くこと自体が問題なので、ぼくが口でお話を言うのをお母さんがタイプライターで打ってくれるというのでした（これは、どこの家にもパソコンがある時代以前のことです）。ある日ぼくが作った「おともだちになるには」というお話は、登場するのが動物ばかりでした。いまも覚えているのは、カバとライオンとゾウとワニとスカンクがいたことです。ちょっと変なのですが、友情の大切さをみんなに教えたのは、スカンクでした。これからのぼくの人生にどんなことが待ちかまえていたかをこのお話が暗示し

ていたというのは、なんという皮肉でしょう。だれかほかの子と友だちにな ろうとするたびにスカンクのような気持ちになったし、けっきょく唯一親友 と呼べたのは動物、特に犬だったのですから（訳注：スカンクという英語には、 「鼻つまみ者」という意味もある）。

　どちらの幼稚園でも守られていて安心して過ごせましたが、もうすぐ1年 生なので、両親は大きな決断をしなければなりませんでした。通常の公立学 校に入学するか、特別支援学校に入学するかです。言語療法士のキャロルは、 いまやひと並み以上になったぼくの言語能力とぼくの性格に合った環境を考 えると、才能に恵まれた子のための学校がいいのではないかと言ってくれま した。そこで両親はさっそく願書を提出し、ぼくがほかの子どもとどんなふ うに関わるかを見るために、面接を受けることになりました。

　その朝お父さんがぼくを学校に連れて行って車から降ろすときに、こう言 ったのを覚えています。「今朝は、いい子たちといっしょに遊ぶことになっ てるんだ。安心して楽しんでおいで」。両親がぼくの面接がうまくいくこと を期待しているのは、わかっていたんです。ぼくが通常の学校でやっていけ るとは両親は思ってなかったし、ぼくのような子どもに合った特別支援学校 も当時はありませんでした。両親をがっかりさせたくはなかったのですが、 ぼくのあの天敵、レコードプレーヤーがまさかのアキレス腱になろうとは、 予想だにしていませんでした。残念なことに、7歳になった当時も、この恐 怖症はまだ克服できていなかったのです。

　教室に一歩入ったぼくは、ほかの子たちがいるのを見て、一気に不安にな りました。レコードプレーヤーもすぐ目に入りました。お父さんに言われた ことを思い出して、ほかの子と遊ぼうとしました。しばらくはうまくいって いたようなのですが、かかっていたレコードの音楽が終わってもう音が出て いないのに針がまだレコードの上に乗っているのを見てしまったぼくは、す っかりパニクってしまいました。手がつけられなくなっているぼくを見た先 生たちはどうしたらいいのかさっぱりわからず、この学校はぼくには向いて いないと両親に告げたのです。

　お母さんもお父さんも、八方ふさがりになってしまいました。ぼくを通常

の公立学校に行かせるのはどうにも不安だったのですが、ほかに選択肢があ
りません。これはいまでも、アスペルガーの子どもとその保護者にとっては
頭の痛い問題です。じっさい、お母さんとぼくは、最近のテレビ番組『ペア
レントフッド（＝子育て）』のなかで、アスペルガーの子どもをもつ保護者
がまったく同じジレンマに陥っているようすを見たのです。アスペルガーの
子どもに適した学校はなかなかなく、私立幼稚園や特別支援幼稚園の安心で
きる環境から雑然として日々変化の多い通常の公立学校に入学させることを
保護者が不安に思うのも、もっともなのです。

　やはりというか、両親の心配はそれほど的はずれではありませんでした。
公立小学校での1年生は、まったくのカルチャーショックでした。生徒数に
対する先生の比率が高く、温かくてなごやかな教室の雰囲気に慣れていたぼ
くが、突然、28人の生徒に対して無愛想な先生ひとりだけというなかに放
りこまれたんですから。37歳になったいまにして思えば、あんなに苛酷で
しかもいきなりの環境変化に巻きこまれた7歳の自分自身に、ただただ同情
します。たくさんの愛と注目とほめ言葉を浴びてきた幼いころの天国のよう
な生活は終わり、先生からは嫌われてほかの子どもたちとのちがいに悩まさ
れる、混乱続きの公立小学校生活がはじまったのでした。

　1年生になるまで早期療育を受けていたのに、自分に何か異常があるとは
思ったことがありませんでした。みんな週に3日言語療法に行き、毎日2か
所の幼稚園に通って、作業療法も受けているんだと思っていたんです。1年
生のあいだ、毎日突然教室からひっぱり出され、通級指導教室という小部屋
に行って何人かほかの児童とひとりの先生と過ごしました。通級指導教室は
まるで幼稚園に戻ったみたいでしたが、だんだんと、自分は何かがおかしい
のかと感じはじめました。毎日決まった時間に通級指導教室に行くために1
年生の教室を抜けなければいけないのはぼくだけだったので、ぼくの何かが
ちがうんだということがみんなにもはっきりわかりました。この小学1年生
から高校最終学年に至るまでずっと、ぼくはこの特別授業が大嫌いで、そこ
に行くことに抵抗し続けました。

　1年生の女性担任は、いままでぼくが知っているどの先生ともまったくち

がっていました。いつも疲れていてたいぎそうで、個別の配慮がいるような児童に対してはやる気も忍耐もありませんでした。ぼくはいままでほめられ慣れていたのに、この先生はいつもぼくに対してイライラしているようでした。入学してまだ数週間しか経っていないのに、この先生は両親に、ぼくは公立学校に適応できていないようで友だちができないことや手先が不器用なことや集中力が続かないことが心配だと話しました。

　ある日、教室の窓からハチが入ってきて、ぼくのまわりをブンブン飛び回りました。怖くなったぼくは席を離れて叫びはじめ、ハチから逃げるために教室のなかを走り回りました。先生は、ぼくがじっとしておきさえすればハチは何もしないと言って落ち着かせようとしてくれたんですが、何を言われてもだめでした。このことがあって以来、この教室はぼくの居場所ではないと先生は確信したのです。その次の日、先生はお母さんに、ぼくには特別支援学級のほうがよいのではないかと話しました。でもお母さんが頼みこんで、もうちょっとようすを見ることになりました。それでなんとか1年間過ごせたのです。

　小学2年生の時の担任は年配の女性で、定年退職目前でした。この先生に比べると、ディズニー映画の悪役クルエラもふわふわした温かいひとにみえました。勉強がだんだん苦しくなってきて、手先を使うような課題はもう無理でした。友だち関係がうまくいかないこともはっきりしてきました。ほかの子どもとうまく遊べないし、どうしてだれもぼくと遊んでくれないのかわかりませんでした。ある日のお昼時間に、ひとりの女の子がぶっきらぼうに、「あんた、嫌いよ。へんなやつだし。わたしの横に来ないでね」と言ったのです。ほかの子どもたちもデリカシーが欠けていましたが、それだけではありませんでした。図工の先生がみんなのまえでぼくが描いた絵を見せて、これは悪いお手本だと言ったんです。ぼくが描いたのはまるで2歳児の絵みたいで、みんなそれを見て笑いました。もう、きまりが悪いわ恥ずかしいわで、たまりませんでした。これもつらいことでしたが、同じ年に別の先生からもっとひどいはずかしめを受けたんです。

　ある日、通級指導教室にいたときのことです。通級指導教室がはじまる時

間になっても来ない児童がいたので、先生がぼくとクラスメートのひとりメーガンに、ミラー先生の教室に行ってその児童を連れて来るようにと言いました。メーガンといっしょにその教室に行ってドアを開けようとしましたが、鍵がかかっていて開きませんでした。ノックして、「ドアが開きません」と言いました。

　ミラー先生が、信じられないといった顔をして、「ドアが開かないってどういうことなの？」と言いました。

「開けようとしても動かないんです。開けられません」とぼくは答えました。「バッカみたい」と言いながら、先生は自分でドアを開けてすぐにまた閉めました。そして、「さあ、メーガン、あなた開けてごらんなさい」と言いました。

　ぼくはホッとしました。メーガンも開けられないだろうから、ドアの調子がおかしいことをわかってもらえると思ったんです。でもメーガンは簡単に開けられたので、ミラー先生は、ぼくにもう一度開けてみるよう言いました。どうしても開けられません。ドアノブを時計と反対まわりに回せるということがぼくにはわかっていなかったのですが、ほかの小学2年生はわかっていたようでした。ドアの仕組みがわからなくて悔しい思いをしているぼくを見て、ミラー先生のクラスの子どもたちが笑っているのが聞こえました。

「小学2年生にもなってドアの開けかたもわからないっていうの？　いったいどうしちゃったの？」と、ミラー先生は大げさに尋ねました。先生の厳しい言葉を聞いて涙が出てしまい、自分がいやになったぼくは走り去って、家に帰りたい、もう学校には戻りたくないと思いました。

　生活全体でいうと、学校以外はまだマシでした。お母さんがいつも遊ぶ約束を取りつけてくれて家でひとりの友だちと遊ぶほうが、27人のクラスメートと校庭で遊ぶよりもよっぽど楽しかったのです。お母さんはいつもぼくに、「クラスメートに電話してうちで遊んだらどう？」と言いました（そのときはどっちかというとこれはプレッシャーでした）が、それもとても勇気がいることでした。電話のまえでドキドキしながら長いあいだ行ったり来たりして、ときには何と言おうか練習したりして、でもいつもけっきょくあきらめるの

がオチでした。

　小学3年生の先生はすばらしかったので、ぼくの人生は劇的に変わりました。大学を卒業したてのこの先生は、温かみがあるうえにおしゃべり好きでした。入学前にぼくを助けてくれた先生たちを思い出しました。ほかに25人も受けもち児童がいたのに、特にぼくに気を配ってくれました。ぼくが友だち関係で苦労しているのがわかるとすぐに、近所に住んでいるクリスとジャックと仲よくさせてくれました。このふたりは、12年間の公立学校生活を通じて、ぼくの初めての、そして唯一の親友になったのです。共通の話題といえば、プロバスケットボールのデトロイト・ピストンズと、ザ・ビートルズでした。両親は、家族旅行にもふたりを誘ってくれたし、毎日の通学も車を乗りあわせて行きました。お父さんが車で学校まで連れて行くときには、いつもわざわざ、クリスとジャックが好きなハードロックにラジオチャンネルを合わせてくれました。ぼくはあんまり好きじゃなかったけど、ふたりのまえでは好きなふりをしていたことをわかってくれていたんです。

　ふたりのうち、どちらかというとクリスはおとなしいほうで、ジャックがちょっとやんちゃでした。ぼくたちはいつも、うちに集まっていました。クリスやジャックの家にぼくが呼ばれることはめったにありませんでしたが、それを疑問に思ったことはありませんでした。とにかく、やっと友だちができたことがうれしかったし、小学校卒業までなんとかやっていけたのも、このおかげでした。

　何もかもうまくいっているようでした。でも、小学5年生も終わり近くになってあるいやなことが起こり、それを話そうとするといまでもいやな気持ちになるくらいです。下校途中のクリスとジャックとぼくは、うちのすぐ裏にある公園で遊ぶことにしました。3人のリーダー格だったジャックはいつも仕切りたがっていて、この日も、「おいニック、ブランコに乗れよ。ケイドロしようぜ」と言いました。

　ぼくはすっかりテンションが上がって、「オーケー」と言いました。ブランコのほうに行くと、何がなんだかわからないあいだに、ジャックはぼくをブランコに手錠でしばりつけたのです。これもケイドロだと思ったぼくはパ

ニクったりはしませんでしたが、ジャックが笑いはじめました。

「やってやったぜ！　おい、行こうぜ」とジャックがクリスに向かって言いました。そして自転車に乗ったふたりは、大声で「あほ〜」と言い、ジャックは「バーカ」と言いました。

　この悪ふざけにハマったぼくはほんとに馬鹿みたいだったし、こんなに公衆の面前で恥ずかしい思いをさせられたんです。何かふたりを怒らせるようなことをしたのかな、とも思いました。いままであんなに仲よくしてきたのに、どうして？

　手錠をはずしてくれるように頼みましたが、ふたりは冷やかし続けました。これが続けば続くほど、だんだん恐ろしくなってきました。助けを求めて叫びはじめました。

　ちょっとしてから、裏庭に出てきたお父さんがこの叫び声はなにごとかと気がつきました。手錠をかけられたぼくがブランコにしばりつけられて自転車に乗ったクリスとジャックがその周りを回っているのを見たお父さんは、肝をつぶしました。ふたりはぼくのお父さんを見るやいなや、急いでぼくの手錠をはずしました。

　ジャックはぼくに、「ケイドロをしてただけだって言うんだぞ。親友を裏切ったりはしないよな。おれたちはおまえを裏切ったりはしないぞ」とつぶやきました。クリスは、ずっとうつむいていました。

　ぼくは涙をこらえて、「お父さん」と言いました。「なんでもないよ。遊んでただけだから」

　お父さんは、「遊んでただけのような感じではなかったが？」と言いました。

「ううん、そうなんだよ。大丈夫」と言って、なんとかお父さんを安心させようとしました。

　ふたりがいなくなったあと、お父さんにほんとうのことを話しました。友だちがいるということがぼくにとってどんなに大切なことかお父さんはよくわかっていましたが、ぼくの身の安全のために、この問題は解決する必要がありました。次の日ふたりは、何事もなかったかのようにうちにやって来ま

した。何も言わないでとぼくからお父さんに言っておいたんですが、お父さんの気持ちは決まっていました。お父さんは冷静さを失いませんでしたが、腹を立てていたことは見え見えでした。

　クリスとジャックに向かってお父さんは、「きみたちがきのうニックにしたことは、してはいけないことだというだけでなく、残酷だ」と言いました。「ニックにあのようなことをするのは許されない。もうああいうことをしないのであれば、いつでも遊びに来なさい」

　お父さんが言ったのはこれだけでしたが、ぼくたちの友だち関係はこれで終わりました。お父さんのせいで友だちを失ってしまったと感じたぼくは怒り心頭で、しばらくお父さんを許せませんでした。

　残念なことに、この事件はぼくの心に深い傷を残しました。クリスとジャックがほんとうの意味でぼくの友だちではなかったということに気がついたのは、何年も経ってからでした。とにかくいっしょに遊んでもらえるというだけでうれしかったので、対等な関係でなくてもがまんしていたんです。ジャックがぼくにあんなことをするなんて思いもよらなかったし、それより何より、大好きで信じていたクリスに腹が立ちました。このおかげで、それから長いあいだ、だれかを信用して友だちになるということができなくなってしまいました。

　小学校生活も終わり近くで、もうすぐ中学生です。こういう節目はだれにとってもしんどいものですが、アスペルガーのひとにとっては特にたいへんです。ぼくにとって、私立幼稚園から公立学校へと変わるのは、一大事でした。小学校生活のあいだには少しよいこともありましたが、ほかの子とのちがいを次第に意識するようになってきました。数か月後にはじまる中学校生活では、じっさいぼくがどれだけちがっているのかを思い知らされることになります（訳注：地域差はあるが、多くの場合アメリカの小学校は5年生までで、中学1年生は日本の小学6年生に相当する年齢となる）。

3．混乱続きの中学校生活

　だれでも思春期には混乱を感じるものです。同い年のほかの子どもよりも幼く感じていながら性的感情の芽ばえを体験するひとたちにとって、この混乱はなおさらです。思春期を迎えたアスペルガーのぼくは、まさにそんな中学生でした。

　当時のぼくは知らなかったのですが、中学校入学後の最初の数週間のあいだ、教室・食堂・体育館などいろんなところで、スクールカウンセラーがぼくのようすを見守っていたようです。どこに行ってもぼくがひとりぼっちでいることに気づいたカウンセラーは、中学校での人間関係にはたしてぼくが適応できるのかと心配していました。

　ある日ぼくはそのカウンセラーの部屋に呼び出され、中学校生活はどんな感じかと尋ねられました。

　カウンセラーは、「ちょっとしんどそうにみえるけど。何かわたしにしてあげられることがあるかしら？」と言いました。

　ぼくの答えを聞いたカウンセラーはびっくりしました。「そうなんです。小学校に戻れませんか？」皮肉でもなければ冗談でもありません。真剣そのものでした。

　カウンセラーはすっかりたまげてしまいました。「『戻る』って、あなた、小学校の先生たちにときどき会いに行くっていうこと？」

「そうじゃありません。中学生をやめてまた小学生に戻りたいんです」

「そうなの。じゃあ残念だけど、それはできない相談だわ」とカウンセラーは答えました。

「中学校の何がだめなの？　どうして小学生に戻りたいのかしら？」

「ここは全然好きになれません」とぼくは答えました。「混乱することだら

けなんです」

「どんなことで混乱するの？」とカウンセラーが聞きました。

「よくわからないんです。でも、ここが好きになれないことだけはわかります。小学校に戻らせてください」

　ぼくにしてみれば、このお願いはむちゃなものとは思えませんでした。中学校生活はあまりにも複雑すぎるので、まだシンプルだった小学校に戻りたかったんです。教科担任が7人もいるよりも1人のほうがよかったんです。一日中ずっと同じメンバーと過ごすほうがよかったんです。授業と授業のあいだのたった4分間に必要なものをロッカーから出して教室移動するより、ずっと同じ教室にいるほうがよかったんです（訳注：アメリカの中学校では授業ごとに教室を移動する）。すべてのことが、ぼくが慣れ親しんでいたものとは変わってしまっていて、その変化にぼくはついていけませんでした。公立小学校に入学したときも同じような気持ちになりましたが、中学校では戸惑いがより大きくて、こんなの無理って思いました。

　ぼくと話しあってちょっとしてから、カウンセラーは両親に電話をしました。そして、ぼくが小学校に戻りたがっているということと、ぼくが孤立しているのが心配だということを両親に告げました。カウンセラーが勧めたのは、人間関係がむずかしくて中学校生活になじめない生徒のための校外グループ療法に参加することでした。ぼくの両親は、そのグループのセラピスト（治療者）に会ってみることにしました。ぼくのことをよくわかっている両親は、ぼくがこんなグループに参加しようとはまず思わないだろう、とセラピストに話しました。お母さんとお父さんにセラピストが言ったのは、親としての責務を果たす必要があるということ、それはすなわち、ぼくがいやがってもグループ参加を強制しなければいけないということでした。そして、主導権を握るのは親であって、ぼくに物事を仕切らせてはいけないとも話しました。さらに、グループに参加するのがぼくにとっての最善策であって、参加しているほかの生徒たちはみんなグループを気に入っているということも指摘しました。

　両親は、うまい作戦を思いついたようです。1回でいいから参加してみて、

いやだったらもう行かなくていい、とぼくに言いました。両親の説明では、このグループは、集団生活不適応者のための治療的集まりというよりも、放課後のたまり場みたいに聞こえました。ぼくとしては、一度行ってみたら続けて行くだろうなんて両親が思っていたこと自体信じられませんでしたが、どうもそれを期待しているようでした。

　ぼくは、不本意ながら、一度だけ行ってみることにしました。そのときに何が起こったかはご想像のとおりです。その集まりに足を踏み入れたその瞬間、両親が説明したのとはまったくちがう状況だったので、ぼくは怯えきってしまいました。そこにいたのは一目でわかる日陰者ばかりで、しかもセラピストには、自分たちが抱えている問題や感情について話すよう求められたのです。ぼくが心から望んでいたのは、学校で会うあのかっこいい中学生みたいになることであって、それとは正反対のこんなオタクたちといっしょにされるなんてまっぴらごめんでした。1回行っただけで両親のはったりにじゅうぶんこりたので、もうやめたいと言いました。ぼくに仕切らせてはまずいと思っていた両親は、やめたかったらやめてもいいという約束を反古にして、続けて行くようにと言ったのです。それを聞いたときのぼくのハンパない怒りようといったら、とても言葉では表せません。

　その次の週、2回目のグループにお父さんに連れて行かれたぼくは、車を降りるときに怒りをぶつけてやりました。「嘘つき。グループが気に入らなかったらもう行かなくていいって言ったじゃないか。もう一生許さないからね」

　その後、グループに行く行かないをめぐってのバトルは、中学校にいるあいだほぼ毎週続きました。でもほんとうは、ぼくにとって問題だったのはお父さんお母さんではなかったのです。それはセラピストでした。この女性セラピストが、ぼくの両親をすっかり洗脳してしまったのです。セラピストがぼくの「卒業」許可を両親に出さないかぎり、グループに行き続けなければならないのです。ぼくの運命は両親を完全に丸めこんでしまったこのセラピストの手中にあるわけで、そのことがぼくにはがまんなりませんでした。そこでぼくがしたことは、セラピストに対してできるだけよそよそしくして、

ぼくがグループに来るのを早くやめさせたいと思わせることでした。グループのほかのメンバーとも話さず、セラピストに何か聞かれても答えないようにして、おまけに、セラピストはサダム・フセインみたいだと悪態をついたことすらありました。でも、思うようにはなりませんでした。それどころか、そのとばっちりを食らったのはぼく自身だったのです。ぼくが何をしてもセラピストはあわてず騒がず、グループ参加にぼくが抵抗すればするほどグループに来る必要があるのだと両親に話しました。けっきょく、理由はわからないままなのですが、セラピストはぼくをグループから解放してくれました。

　ひととちがうというのは必ずしも悪いことではなくてそれで得することだってあるんだということを当時のぼくがわかっていれば、両親との大バトルは避けられたかもしれません。でもあのころのぼくは、ひととちがうことがいやだったんです。みんなのなかに溶けこみたかったんです。友だちがほしかったぼくは、もしこのグループに通っていることがだれかにばれてしまったら、それが、ぼくがみんなとちがうということの証明になってしまうことを恐れていたんです。これはぼくのひとり相撲でした。学校のみんなは、ぼくがちがうということをとっくに知っていました。必要以上に過敏になっていたぼくは、グループのだれとも親しくなろうとしませんでした。そのなかには、ぼくみたいに、アスペルガー症候群をもっているけれど診断を受けていないだけのひとがいたかもしれません。自分には社会性の障害があることを当時のぼくがわかってさえいれば、みんなに溶けこもうなんて思わずに、友だちがひとりかふたりいるくらいで満足できたかもしれないのです。しょせん、友だちがほしかったんですから。これは完全に、何も理解しようとせずに強情を貫き通したぼくの自業自得でした。

　当然のことながら、こうしてグループに来ていても、学校で孤立している状況は変わりませんでした。お昼どきには食堂の端っこのほうをうろうろするだけで、だれかといっしょに席につくということはありませんでした。ぼくにとって友だちづきあいがむずかしかった理由のひとつに、いわゆる大衆文化に全然興味をもてなかったということがあります。ロックバンドのガン

ズ・アンド・ローゼズとか『スター・ウォーズ』とかテレビドラマ『ビバリーヒルズ高校白書』とかいった、ほかの子どもたちがしきりに話題にしていたようなことは、嫌いだったのです。ぼくが参加できるような話題といえば、ぼく自身が興味のあることだけで、それは、クイズ番組や地図やフランク・シナトラの歌など、残念ながらだれも興味のなさそうなことばかりでした。中学1年生のある日の理科の授業中、だれにも聞こえないようにシナトラの歌を口ずさんでいました。いつもぼくをいじめていた男子がそれを聞いて、もっと大声で歌うように言いました。ぼくが、笑い者にするためのわなだとも知らずに「ナイト・アンド・デイ」をいかにもシナトラっぽく歌いはじめると、みんな笑いだしました。これは、ウケたんだと思いました。少なくとも注目の的となったことだけは確かで、そのときのぼくは無視されてはいなかったのです。

お母さんは毎日ぼくのお弁当を用意してくれたんですが、いつもゴミ箱に捨てていました。いつまで経ってもひとりぼっちでお弁当を捨てていたなんて、両親には言いたくなかったので、わざと、いかにもだれかと食べているかのようなふりをしたんです。お弁当を食べないということはつまり夜まで何も食べないということになり、健康的でないばかりか、もともと足りなかった集中力がますますもたなくなってしまいました。

お昼休みにはときどき、みんながバスケットボールをしている体育館に行ってみることがありました。みんなは、コートで試合をしていることもあれば、シュートの打ちあいだけのこともありました。ある日のこと、ぼくはボールを手に取って、スリーポイントラインよりもっと遠いところからシュートを打ってみました。1本目、成功（swish）。2本目、成功。3本目、成功（訳注：スッと入るという擬音語として使われているswishは、アメリカ俗語では同性愛男性を指す。主人公がこれから同性愛問題で悩むことを意識してこの表現が使われたのかどうかは不明だが、興味深い点である）。気がついてみると、スリーポイントを立て続けに10本決めていました。ぼくはバスケットボールがうまいわけではなかったので、これは驚くべきことでした。ドリブルはうまくないしディフェンスは全然できないし、片手でのレイアップシュート

は決まったためしがありませんでした。でも、スリーポイントに関してだけは、ほとんどサバンっぽいほどの特殊能力がぼくにあることを発見したのです。お昼休みにスリーポイントをみんなに見せびらかすことにハマったぼくは、少し注目を集めることはできたものの、ほんのちょっぴりみんなをうんざりさせたようでもありました。何年かまえのことですが、ニューヨーク州北部で行われた高校生の試合で、自閉症の選手がスリーポイントを6本続けて決めたということが国外でも報道されるほどの大ニュースになったと聞きました。それを聞いたぼくは、この中学1年生のときのことを微笑ましく思い出したのでした。

　両親はこのころから、もっと友だちづきあいをするようにとぼくにプレッシャーをかけはじめました。たとえば、学校のフットボールの試合を見に行けと言うのですが、そんなの行ったって、端っこの席にひとりちょこんと座って負け犬気分を味わうことになるのは見え見えでした。その次に両親にさせられたのは、信じられないことに、学校のダンスパーティーに行くことだったのです。これはもう、身の毛もよだつほどぞっとするというほかなく、その理由はいくつかありました。第一に、ダンスのしかたなんて知らなかったし、第二に、ぼくとダンスしようなんて思う女の子がいるわけありません。ぼくはいやだと言ったんだけど、しばらく両親とやりあううちに、もうこれ以上言われ続けるのもめんどうだと思って、行くことにしました。いざ行くとなるとすごく緊張しましたが、そこに待ちかまえていたのは、ぼくの想像をはるかに超えたものでした。体育館のサイドラインの外でみんなを見ていると、ぼく以外は全員楽しそうにみえました。まぶしい光が渦を巻いているうえに耳をつんざくような音楽が鳴っていて、ぼくの五感はもういっぱいいっぱいでした。一晩中だれとも口をきくことなくその場をあとにしたぼくは、どこか遠くの星からやって来た異星人のような気分でした。家に帰って両親に「楽しかった？」と聞かれるのがすごくいやでした。

　女子との関わりはあまりありませんでしたが、学校の男子数人との関わりは、まったくひどいものでした。そいつらはぼくのことを、ゲイだと言いはじめたんです。これにはすっかり混乱してしまいました。これって、ぼくが

ほんとうにゲイだということなの？　知らないうちに何か女の子っぽいことをしていたの？　もし、自分がアスペルガーだということをこのとき知っていたら、こういう状況は理解できたと思います。自閉スペクトラムの特性をもつ若者の多くは、ゲイでもないのにゲイと呼ばれることが多いのです。その理由は、心理的な性発達が遅れていることと、まだ異性に興味がわかないことです。思春期の子どもたちは、同性愛とかなんとかは全然関係なくても、ただまぬけとか変人とかいう意味で、ゲイという言葉を使うことがよくあります。でもこのとき、そういうふうにとらえることはできませんでした。ぼくもそうだったのですが、アスペルガーの青年は、ゲイと呼ばれることでひどく混乱したり恥じ入ったりすることが、残念ながらよくあるのです。

　まだ一度も女の子に恋したことがなかったということも、ぼくの混乱のもとでした。これがふつうではないということはわかっていて、ぼくが対人関係的に未熟だから興味がわかないだけなのかとも思ったりしました。女の子を好きになれないのは、まだそういう段階に達してないからというだけなのでしょうか？　それとも、何かほかの原因があるのでしょうか？

　女の子に魅力を感じないのも困ったことでしたが、もっと困ったのは、同性のクラスメート数人に心惹かれたことでした。これはぼくには理解不能でした。おまけに、ぼくが惹かれたクラスメートというのは、よりにもよって、ぼくをいじめていたやつらだったのです。どうして？　これって、何かいまだけの一時的な気持ち？　それとも……いや、そんなはずは……ほんとうにゲイ？　このことだけは、どうしても受け入れられませんでした。ぼくがゲイのはずがありません。ぼくには、変なところやみんなとちがうところがすでにいっぱいあるんです。これ以上は、もうたくさん。

　ぼくがほかの男の子たちと変わらないというところを見せるために、ぼくも女子に興味があるということをアピールしようとしました。たとえば、雑誌の『プレイボーイ』をクラスメートから10ドルで買ったりしました。ぼくが『プレイボーイ』をながめていることを知れば、もうゲイだなんて思われないだろうと考えたんです。校内のいろんな女の子に恋をしたという作り話までして、細かいところまでちゃんと話していかにも本当っぽくしたりも

しました。

　でも残念なことに、いくらこういうことをがんばっても、ぼくが思っていたような結果には結びつきませんでした。中学1年生になってからだいぶん経ったころ、いじめはますます悪質になる一方で、男子更衣室でたいへんな事件が起こりました。あるときぼくが水泳のまえに着替えていると、ひとりのクラスメートがぼくの半ズボンとパンツをとってしまったのです。そいつはぼくのほかの服も別の男子に投げわたし、ふたりのあいだでパスをしはじめました。ぼくはすっぽんぽんで立ちつくすことしかできず、恥ずかしいやら恐ろしいやらでした。でもぼくが恐れていたのは、このふたりがしていたことだけではありませんでした。下着をはいていない状態で勃起してしまうことが怖かったんです。

　ふたりのうちのひとりが、「ドゥビンちゃんのおっぱいボインボイン、映画見て吸ってチュウチュウチュウ」と言いました。更衣室にいたみんながすぐに加わって、大合唱がはじまりました。その言葉は、短剣のようにぼくの胸に突き刺さりました。そのあいだぼくの下着と半ズボンはパスで全員に回されて、ぼくはそれを必死になって取り戻そうとしていました。

　別のときにもこの同じふたりが更衣室で、ぼくを誘うようなふりをしました。「わかってるぜ、触ってみたいんだろ、ドゥビン？　ほら、触ってみろよ。オレを見て、立っちゃってんだろ？」。こいつらは、自分の下半身を出してぼくに触らせようとしたこともありました。

　このいやがらせをいつされるかまったくわからなかったので、更衣室に行くたびに、またされるんじゃないかとびくびくしていました。こういうことが何度もあったので、中学校生活を送るなかで、ぼくは情緒不安定になってしまいました。ぼくは何年ものあいだこの恥ずべき体験を記憶の外に追いやってしまったので、心理療法士のおかげでこのことをはっきり思い出し、整理して理解できるようになったのは、つい最近のことなのです。

　こういう虐待に立ち向かっていくのはとてつもなく骨の折れることで、学業に取り組むエネルギーはもう残っていませんでした。そしてその結果、ぼくの知的好奇心も萎えてしまい、大学入学まで回復しませんでした。でもど

ういうわけか、ぼくの成績はほとんど、5段階評価の2でした。そのころの
ぼくのやる気のなさを考えれば、これはかなりの出来だと言わざるをえませ
ん。言うまでもなく、成績表が家に郵送されてぼくの成績が落ちているのを
見たお母さんとお父さんは、あまりいい顔をしませんでした。中学生時代の
ぼくが力を注いでいたただひとつのことは、心が折れてしまわないことでし
た。みんなからは馬鹿にされて先生からは叱られて7時間を過ごしたあと家
に帰ればリラックスして、次の日まで学校のことは考えないようにしていた
のです。

　中学校で特別支援を受けているというのは、小学校のときよりもさらに恥
ずかしいものでした。数学と理科の学習に関してと効率的な勉強の進めかた
に関して支援を受けているということを、だれにも知られたくありませんで
した。まぬけだとかちがっているとかいうふうに見られたくありませんで
した。だから、次の授業開始のベルが鳴るまえぎりぎりまで待ち、ほかのみん
なが次の教室に行ってしまうのを見計らって、通級指導教室に行きました。

　中学校生活のあいだにぼくにうつの症状が現れはじめたのも、不思議では
ないでしょう。悲しい気分になって希望をもてず、実行に移したことこそな
いものの、ときどき自殺願望も抱くようになりました。1年のうち9か月も
地獄の苦しみに耐え続けるよりも、すべてをあきらめてしまえば楽になるよ
うに思えたので、自殺という選択肢は魅力的でした。毎日下校するときに、
線路上をわたる陸橋を通りました。もう耐えられなくなったらこの陸橋に来
よう、と心のなかで決めていました。

　中学生時代は、家庭生活もぼろぼろでした。ぼくはいつも、学校生活で味
わう怒りや恥を全部、家に帰るまでためこんでいました。悲しいことなんで
すが、こうしてためこんだ気持ちのはけ口になってしまったのは、両親でし
た。ぼくはいつも、両親に向かってどなったりわめきちらしたりしていまし
た。ほかのだれに向かってどなったりわめいたりできたでしょうか？　おか
げでぼくたち家族はひどくピリピリして家庭生活はギスギスしたものになっ
てしまい、成人したいま、このことをとても後悔しています。ぼくの両親が
こういう仕打ちを受けるいわれはまったくなかったんですが、ぼくのはけ口

はこれしかありませんでした。もうひとつ選択肢があったとすればそれは、この怒りを全部ぼく自身に向けることでしょう。両親は、ぼくの怒りを受けとめることによって、知らず知らずのうちにぼくの命を救ってくれたと言えるかもしれません。

　人生のほぼすべてについて負け犬のように感じていたぼくは、自分が特に興味あることに気持ちを向けようとしました。それは何よりの気分転換だったんです。ぼくは相変わらずクイズ番組が大好きだったし、テレビ伝道師を見てうっとりしていました。ぼくの文化的背景が人間第一主義のユダヤ文化であることを考えると、これはおかしなことでした。こういうカリスマ的なひとたちがどんなふうに説法するかをつぶさに観察したぼくは、その何人かを混ぜあわせた架空の人物を作りあげて、「伝道者」というルーチンを編みだしました。このルーチンを一度学校でやるとすぐに人気を博しました。毎日みんながぼくのところにやって来ては、伝道者をしてほしいと言いました。ぼくのまわりに人だかりができたこともありました。ぼくは、こうして注目を浴びてみんなの笑い声を聞くのが大好きでした。

　しばらくすると、この注目は、ルーチンの日常的な強要になっていきました。ルーチンをしなければお昼代を取りあげるぞとか、更衣室で裸にしてやるぞとか言われるようになりました。伝道者をするのはもういいかげん飽きあきしていたんですが、たいていは言われるがままでした。この期に及んでも、まだ注目されたかったんだと思います。みんなはぼくのことを笑っていたのであって、ぼくといっしょに笑っていたわけではないということにやっと気がついたのは、もうだいぶ経ってからでした。伝道者をしょっちゅう要求していたのが更衣室でぼくをいじめたあいつらだったということを考えれば、このことにはすぐに気づけたはずだったんですが。

　とにかくいじめっ子たちと関わりあいたくなかったぼくは、お金で解決するようになりました。そのためにぼくが利用したのが、例のクイズ番組です。クイズ番組に参加したくないかとあいつらにまず声をかけ、ぼくが司会者であいつらが回答者だということにしました。そして、手をブザーの上に置いているように想像してもらって、「ミッキーマウスのガールフレンドの名前

は？」みたいな、ほとんどだれでもわかるような雑学クイズを出すのです。最初にブザーを押して正解すれば、1ドルもらえます。こうして、1日にだいたい5ドルくらいばらまきました。こういうやりかたでぼくの大好きなクイズ番組がうまく役に立っただけでなく、ぼくの思うとおりにことを進めながらひとと関わることができたのでした。

　ある日、けっこうイカすと思っていたあるクラスメートがぼくのところに来て、「なあニック、いままでお金をとったりして悪かったよ」と言い、お金を返してくれました。

　ぼくには、ちょっとよくわかりませんでした。「きみがお金をとったんじゃないよ。ちゃんとクイズに正解したじゃないか」

　その数日後、担任教師がぼくを呼び出して、ぼくはみんなに利用されているんだと話しました。「そんなことないです」とぼくは言いました。「クイズをいっしょにしようと言ったのはぼくで、みんなそうしてくれたんです。みんな、正々堂々と賞金を獲得しただけです」

　当時のぼくは、そう信じて疑いませんでした。いまにして思えば、そこまでしてみんなと関わりたかったんだろうなと思います。それくらい必死だったんです。アスペルガーの特性にありがちなぼくの世間知らずゆえに、「お金じゃ愛は買えない」とビートルズの歌詞にもはっきり歌われているメッセージがすっとんでいたんです。それから何年も経ってアスペルガーと診断されて初めて、このときぼくがしていたことを客観的に見つめてよく理解できたのでした。

　このころずっと、お父さんは、ぼくにいろんなスポーツをさせようとしていましたが、ぼくが多少なりともうまくできてしかも好きになれたのは、テニスだけでした。小学校のときから、地域のテニスクラブで教えてもらっていたんです。背が低くてぶきっちょだったぼくですが、確かなストロークとそれなりのサーブを打てるようになりました。中学2年生になるころにはかなり本格的にやるようになり、選手権試合にも出ていました。最初の6試合は、6連続完敗でした。負け続けていたにもかかわらず、お父さんは、あきらめてはいけないと言って励ましてくれました。「ひと試合ごとに上達して

るぞ、ニック」とお父さんはよく言いました。「とにかく粘り強く続けるんだ。そうすれば、きっとトッププレイヤーになれるぞ」。そのとおりでした。

　ある日ぼくは、コリーという男の子と敗者復活戦をしていたんですが、すべてがうまくかみあった感じがしました。全セット、ストレート勝ちでした。試合のあとコリーは、いつかまたいっしょにやりたいから電話番号を教えてほしいと言ってくれました。小さいころ両親がぼくのためにセッティングしてくれた遊びの約束を除けば、相手のほうからぼくと関わろうとしてくれたのは、これが初めてでした。そしてそのとき、ひらめいたのです。こうやって友だちを作ればいいんだ、と。テニスで勝てばいいんだ。何か上手にできることがあるということを見てもらえばいいんだ。その日から俄然やる気を出したぼくは、次々と勝利を手にしていきました。

　テニスの腕を磨くことがぼくの人生最優先の目標になりました。暇さえあれば練習に励み、プロの試合をビデオに録画して研究することもはじめました。録画した試合を何回も見るうちに、ジョン・マッケンローやイワン・レンドルやアンドレ・アガシといった選手たちの幾何学的な角度やその針の穴も通すような正確さのとりこになりました。中学校生活も終わりに近づくころには、地域の試合で何回か優勝もし、将来有望選手として認めてもらえるようになりました。これはもう、奇跡としか言いようがありません。太っちょでちびっこくて運動神経なんてなさそうに見えるこのぼくが、テニスのチャンピオンになったんですから。ちょうど、フォレスト・ガンプがカレッジフットボールで全米代表選手に選ばれたようなもんです。そんなこと、だれが予想できたでしょうか？

　ただ残念だったのは、ぼくが行っていた中学校には、テニスを本格的にやっていた生徒がほかにいなかったことです。だからぼくは、指導を受けていたテニスクラブやいろんな試合のときにしか、テニス仲間を見つけることができませんでした。でも、学校以外でのテニス仲間が何人かはできて、ときどきいっしょに打ちあいをしたり試合をしたりしました。やっとのことでほかの子と関わりをもてて、ぼくが本気で打ちこめることを楽しむことができるようになったんです。とってもいい気分でした。

中学2年生の夏、テニス友だちのジェイクとその友だちのスペンサーといっしょに、テニス合宿に参加しました。合宿があったのはオーバリン大学で、そこの寮で3人いっしょに寝泊まりしました。ジェイクとスペンサーは、ある日からぼくのことを「レインマン」と呼ぶようになりました。これは、同名の映画でダスティン・ホフマンが演じた自閉症の人物のことです。いま思えば、ふたりがそう呼ぶようになったのは、ぼくが知識をひけらかして一目置いてもらおうとして、いつもテニスに関する統計のうんちくをたれていたからだと思います。でもそのときは、そう呼ばれたことで傷ついたし腹も立ちました。レインマンは自閉症なんです。ぼくはもちろん自閉症なんかじゃありません。ジェイクとスペンサーは、いったいどうしてぼくをあんなひとといっしょにするんでしょうか？　でもその答えは、ずっとあとになってわかったのでした。

　ユダヤ教の成人式にあたるバル・ミツワーのお祝いをするのは伝統では13歳になったときですが、教会堂でも学校でも1年遅れだったぼくは、14歳のときにしました。それは、おめでたいけれども孤独なものでした。おめでたかったのは、バル・ミツワーの日に会衆のまえでぼくがしたスピーチでした。ぼくが通っていた教会堂の慣習では、バル・ミツワーを迎える男子が模範的な英雄ユダヤ人をひとり選び、そのひとについて調べて、家族・友人・会衆のまえで発表することになっていたのです。ぼくが選んだ英雄は有名芸人ジョージ・バーンズで、理由は、そのすばらしいユーモアと生きる力でした。100人を超えるひとたちのまえで発表するというのは、それまでのぼくの人生のピークでした。たくさんのひとのまえでしゃべるのは初めてでしたが、なかなか気分いいもので、元気をもらえました。笑いをとるところではちゃんとウケてもらえて、みんな、ぼくのことを笑っているのではなく、ぼくといっしょに笑ってくれているのがわかりました。発表のあと、ユダヤ教指導者からも会衆からも、ぼくはなかなかの演者だといって惜しみない賞賛をもらいました。このおかげで、すっかり自信がつきました。

　バル・ミツワーで孤独だったのは、翌日のパーティーです。恒例では、バル・ミツワーを迎えた男子は、友だちをみんな呼んでパーティーをすること

になっていました。幸い、学校でのぼくの立ち位置は、日陰者からダサい変人に昇格したばかりでした。スリーポイントと、伝道者ルーチンと、お金をばらまいたおかげでした。いじめはまだあったものの、ほとんどの子どもたちは、ぼくがわりといいやつだということをわかってくれて、いい意味で放っておいてくれるようになりました。この昇格のおかげもあって、バル・ミツワーのパーティーに何人か招待してみようという気になれたんです。

　でも、ぼくの思いと現実はちがっていました。ほとんどの子がぼくの招待を受け入れてくれましたが、それは友だちだったからではなくて、ワーリーボールパーティーに参加したいからというだけでした。このワーリーボールというのは、要は、専用の遊び場でバンパーカーに乗ってやるラクロスです。いまからもう20年以上まえのことになりますが、そのときのことはいまでもありありと思い出せます。そのパーティーはまるで、ぼくのためではなくて、だれかほかのひとのためのようでした。バル・ミツワーのパーティーでは主役の男の子に注目が集まるのがふつうなんですが、だれもぼくと話そうとはしませんでした。もうぼくはだんだんどうでもよくなってきて、自分のためのパーティーなのに、この場にいたくないと思いました。ぼくのお祝いのために来てくれた子はいないということは、直感的にわかりました。ただ、日曜日の昼下がりにワーリーボールをしたかっただけなんです。まさに、レスリー・ゴーアの「涙のバースデイ・パーティー」というヒット曲が、そのときのぼくの気持ちにぴったりでした。ほんの24時間まえのぼくは、例の発表を終えて得意の絶頂だったんです。そしていまは、自分のためのパーティーで孤独を味わっていました。ここにきてまだ、どれだけぼくが孤立していたかを改めて思い知らされた、悲しい瞬間でした。

　皮肉なことに、中学生時代を通じて一番悲惨だったのは、卒業式だったかもしれません。地獄のような中学校生活から解放されるんだから、うれしかったんじゃないかと思うでしょう？　でも、卒業パーティーのときのぼくは、みんなが3年間の思い出を楽しそうに語りあっているなか、フルーツポンチ片手にひとり寂しく座っていたんです。この3年間、ぼくはひとりも友だちを作れなかったんだということに気がつきました。

その翌日、合衆国最大級のテーマパークであるシダーポイントへの卒業旅行に、中学3年生全員が出かけました。ぼくは、ジェットコースターや観覧車やホットドッグ屋台を見ても、お祝い気分になれませんでした。テーマパーク内をひとりでうろうろしていたぼくは、同じクラスのある男子と女子がキスをしているのを目撃しました。このときぼくは、自分はなんてオクテなんだろうと感じました。これくらいの年ごろなら女の子にキスしたいと思ってもよさそうなものですが、ぼくは全然でした。これで、ぼくの負け犬感がいっそう増しました。シダーポイントを満喫しているみんなを尻目に、ぼくはただただバスに乗りこんで安心できる家に帰りたかったんです。

　高校入学がもう目のまえです。やっと、ぼくの得意分野を生かすときが来たと思っていました。中学校にはテニス部がありませんでしたが、高校にはあるんです。シダーポイントからデトロイトに戻るバスの車中、高校のテニスで活躍して中学校3年間の悲惨な汚名をそそぐことに思いを馳せているぼくなのでした。

4．山あり谷ありの高校生活

　高校の新入生としてまずは、テニス選抜チームの選考試験が待ち遠しくて
なりませんでした。ぼくの取り柄はテニスしかなく、シングルスの上位に出
場することが目標でした。選考試験がどんな感じになるかは見当もつきませ
んでしたが、地元での最大のライバルだったひともその選考試験に参加する
ことは知っていました。

　ジェフリーとぼくとは、過去数年のあいだに何回か対戦経験がありました。
トップクラスの選手だったジェフリーには、ちょっとうぬぼれた一面もあり
ました。何度か選手権試合の決勝でぼくに敗れたときは、ぼくに負けたこと
をすごく恥ずかしく思っているようすがありありとわかりました。あるとき
など、ぼくがリードしている試合の真っ最中に、気分が悪いと言って途中棄
権したほどです。あとになってジェフリーのお父さんは、ぼくにまた負ける
のがいやで仮病を使ったジェフリーが腹立たしい、とぼくのお父さんに話し
ていました。思うに、左右ちぐはぐの靴下や安物のテニスシューズをしょっ
ちゅうはいていて、接戦を落としたら泣くこともあるようなぼくに負けるな
んて、ジェフリーのような花形選手にとってはよっぽど屈辱的だったんでし
ょう。

　まだ1年生だったにもかかわらず、高校選抜チームのシングルス一番手は、
けっきょくジェフリーかぼくかにしぼられました。ぼくたちはふたりとも、
絶対にこのポジションがほしかったのですが、その理由はそれぞれちがって
いました。ジェフリーはジェフリーで哀れなはみだし者より格下になるなん
てがまんならなかったし、ぼくはぼくで何かひとより秀でたものをもってい
るというところを見せたかったんです。どちらが一番手になるかを決めるた
めに、コーチはぼくたちふたりに何試合かさせることにしました。ジェフ

リーは試合を落としても絶対負けを認めず、再試合を主張しました。これを何回か繰り返してコーチはもうじゅうぶんと判断し、シングルス一番手にはぼくが選ばれました。

　ジェフリーは、ぼくの実績に泥を塗るために、ちょっとした悪ふざけをするようになりました。それは、デトロイト東部での遠征試合のときでした。もうそろそろ試合が終わりに近づいたころ、ぼくはコーチに指示されて、近くの角を曲がったところまで行って、バスの運転手にもうすぐ出発だと伝えました。ぼくが戻って来ると、ジェフリーが泣いているではありませんか。どうしたのか尋ねると、いいところまでいって負けたんだと言うのです。なんとか慰めようとしたんですが、ジェフリーはただただ泣くばかりでした。ジェフリーが負けず嫌いなのは確かですが、こんなになるところを見たことはなかったので、ちょっと変だと思いました。

　ぼくがバスに乗りこむと、みんなニヤニヤしたりクスクス笑ったりしています。いまのこの状況がどうしてみんなにはおかしいのか、わかりませんでした。しばらくニヤニヤが続いたあと、とうとうジェフリーがこう言ったんです。「おいニック、オレは負けてなんかいないよ。おまえが負けたときのまねをしていただけさ」そしてみんな、コーチまでが、ゲラゲラ笑いだしたのです。信じられない光景でした。全員で、ぼくをからかうためだけにひと芝居打ったんです。ジェフリーとチームメートがしたことにも傷つきましたが、コーチまでもがそのいたずらに加担したことがショックでした。あとでこのことをぼくから聞いたお父さんは激怒して、コーチに大目玉を食らわせました。コーチの名誉のために断っておきますが、あとでちゃんと謝って、自分がしたことは不適切だったと認めてくれました。いまふりかえってみると、どうしてコーチがあんな子どもっぽいことをしたのか、わかるような気がします。初めてのコーチ経験で、選手たちとそんなに年が離れていなかったんです。それに、チーム全体はジェフリーのほうがシングルス一番手にふさわしいと感じていたようなので、ぼくを選んだコーチはそのチームをなんとか味方に引き入れようとしていたんでしょう。

　ジェフリーの敵意は別にしても、テニスチームの一番手だからといって人

気者になるわけではないということが、だんだんわかってきました。ぼくが一番手になりたかったのは、みんなに好かれたかったからでした。でも、そうはなりませんでした。ぼくのテニスの腕前を尊敬もしてくれたし賞賛もしてくれたものの、校外で遊ぶときに誘われたことはありませんでした。パーティーに招待されたこともなければ、だれかといっしょにちょっとブラブラということもありませんでした。じっさい、ぼくがみんなと共有できることといえば、テニス以外にはほぼありませんでした。たとえて言えば、高校アメフトチームの花形クオーターバックでありながら、チーム内の人気は最低みたいなもんです。スポーツの才能さえあれば好かれたり受け入れてもらえたりすることを期待していたぼくは、みごとに裏切られました。当時はぼくにアスペルガーがあるなんてわかっていなかったので、どうして自分がチーム内で孤立してしまうのか全然わかりませんでした。

　孤立していたのは、テニスチームだけではありませんでした。高校1年生のとき、毎年ちがう都市で開催される、ユダヤ人青年のためのオリンピックのようなスポーツ競技会、マカビア競技大会に参加しました。ぼくは、デトロイト代表テニスチームの一員として、セントルイスに行きました。マカビアの伝統として、1週間めんどうをみてくれるホストファミリー宅に、ふたりずつ滞在させてもらうことになっていました。世界中から何千人という選手たちが集結し、スポーツで競いあうだけでなく、いろんなイベントで交流する機会がありました。ぼくはこういうイベントはできるだけ避けて、パーティーを欠席するために仮病を使ったことさえありました。その1週間、滞在先のおとなのひととの交流以外、だれとも関わりあいをもちませんでした。

　人間関係で孤立していただけでなく、心理的にもそれから性的にも幼いような気がしていました。選抜チームのシングルス一番手だったにもかかわらず、ずっと、10歳児くらいのような感じでした。たとえば、昼休みはいつも家でひとりぼっちで昼食を食べてテレビを見ていました。これはもちろんふつうのことではないので、お母さんはとても心配しました。お母さんには、ずっと学校にいなさいと言われたんですが、ぼくは、7時間ぶっ続けで学校にいることには耐えられませんでした。

ぼくが何に興味をもっていたかにも、ぼくの幼さが現れています。ライブ放送のスーパーボウルを見るよりも、1980年ウィンブルドン男子決勝の録画を見るほうが好きでした（たとえ85回目でも！）。暇さえあれば、クイズ番組やテニス関係の統計に時間を費やしていました。ぼくが興味あることは、いわゆる大衆文化とはほぼ無縁でした。歌手のマドンナとかアニメの『ビーバス・アンド・バットヘッド』とか『ザ・シンプソンズ』とかの何がそんなにいいのか、わかりませんでした。高校1年の大晦日は、同級生とのパーティーには行かずに、歌手アル・グリーンの公演に両親と行きました。そんな選択をするやつはまずいないということはわかっていたんですが、お父さんお母さんと過ごす時間が好きでした。こういう年ごろはふつう、親には反抗しまくって友だちとベッタリしていたいものなんですが、ぼくはむしろいままで以上に両親にベッタリで、まるで、手にしているだけで安心する毛布みたいなもんでした。中学校入学直後にスクールカウンセラーに話したみたいに、できることなら時間をさかのぼりたいといつも思っていました。
　高校時代のいい思い出といえば、州外で行われるテニス選手権大会に参加するために、お父さんとふたりだけで旅行したことでした。こういう大会は全米テニス協会公認で、高校のシーズンと無関係でした。旅行の道中、ぼくはお父さんをひとりじめできたんです。小さいころお父さんに遊んでもらったときのことを思い出しました。お父さんといっしょのときは、素でいられるんです。試合に負けてお父さんの目のまえで泣いても、恥ずかしいとは思いませんでした。試合まえに緊張しているときは、恐怖感や心細さをお父さんに話したら必ず落ち着かせてくれたんです。お父さんはどっしりとかまえて、何があっても大丈夫だと静かな口調で言ってくれました。
　高校のチームメートとうまく関われないこととは別に、そのうちの数人に対して、なんだかよくわからない性的感情が芽ばえてきました。どうしてそんな気持ちになるのか自分でもさっぱりわかりませんでしたが、居心地がとても悪く、もう死にたいと思うことさえあるくらいでした。ぼくが高校生活を送っていた1990年代中盤、LGBT問題はまだ広く理解されておらず、廊下や更衣室や、ときにはテニスコートでも、「おかま」という言葉がふつう

に飛び交っていました。ゲイと思われること以上の屈辱は、なかったんです。

　こういう性的な混乱はあったものの、まだぼくはゲイなんかじゃないと思っていて、こんな気持ちは一時的なものだろうと考えていました。自分の性的な面がどういうふうに育ちつつあるのかをわかっていなかったので、混乱していたんだと思います。ぼくももうちょっと成長すれば、テニスチームのみんなと同じように年齢相応の男どうしのつきあいができるようになるだろうという希望をもっていました。もしそうなれば、女の子への興味もわいてくるにちがいありません。異性への関心が芽ばえるのが遅れているだけで、そのときはいずれ訪れるだろうと、切に願っていました。だってそうでしょう、スキーに行ったこともないのに、スキーが好きかどうかなんてわかりっこありません。ほかの男子たちがすでに経験していることをぼくはまだ経験していないので、自分に何が足りないのかがわかっていないだけなんです……たぶん。

　ぼくが高校2年生だった1994年、テニス・ヨーロッパという夏期テニスプログラムを両親が見つけました。これは、ある程度以上のレベルの中高生テニス選手を対象に、3週間にわたってヨーロッパ中のいろんな都市を回って大会を行うものでした。マカビア競技大会やオーバリンテニス合宿のことがあったので、最初ぼくは気が進みませんでした。自宅を離れるだけでもたいへんなことなのに、両親と3週間もお別れで、しかもちがう大陸に行くなんて、もうハンパなくとんでもないことでした。両親は、ぼくが親離れできていないことや友だちづきあいができていないことが心配でした。両親にしてみれば、テニス・ヨーロッパは、この両方の壁を打ち破るよい機会だと思ったようです。お父さんが、ぼくを説得しにかかりました。もうこんな機会はないんだぞ、としつこく言われました。エッフェル塔のてっぺんにまで行って、すごくきれいな町並みを見ることができるんだぞ。ベルギーのチョコレート工場に行って、世界一おいしいチョコが食べられるんだぞ。お父さんの話には、けっこう説得力がありました。ぼくの大好きなテニスができるうえに、高校のチームメートからちょっと距離を置くいい機会だ、とも言われました。ぼくの負けでした。

ニューヨークのジョン・F・ケネディ国際空港でテニス・ヨーロッパ仲間
とおちあうために、お父さんとぼくは車でデトロイトを出発しました。ペン
シルベニア高速道路を走っているとき突然、とんでもない恐怖心に襲われた
ことをいまでも覚えています。いま思えば、急性不安発作でした。汗がドッ
と噴き出して、全身が麻痺したような感覚でした。これからの3週間、自由
を奪われるような気がする、とお父さんに言ったのをいまでも思い出します。
お父さんは、困ったような顔をしてぼくを見て、「ニック、そりゃ正反対だ
よ。自由を謳歌しに行くんだよ」と言いました。お父さんにはわからなかっ
たんです。全然知らない、しかもぼくと友だちになろうなんて絶対思わない
であろうひとたちといっしょに3週間も過ごすなんて、そんなのぼくにとっ
ては自由でもなんでもないということを。むしろ、何かの罰みたいでした。
かなりビクビクでしたが、もうあともどりはできませんでした。
　ジョン・F・ケネディ国際空港でお父さんとお別れするのは、それまでの
ぼくの人生のなかで、一番恐ろしいことでした。お父さんが姿を消してしま
ったあと、ぼくは、全然知らない仲間8人と、付き添いのおとな2人と取り
残されました。ちくしょう、お父さん、なんだってぼくをこんなところに置
いてきぼりにしたんだ？　と思いました。*ぼくにはまだこんなの無理だ！*
お父さんとこんなに長く離ればなれになるなんて無理だ！　でも、現実は現
実です。お父さんはもうデトロイトに向けて帰ってしまって、ぼくはこれか
らボーイング747に乗ってフランスのパリへと向かい、3週間もかけてヨー
ロッパ中を旅するのです。
　最初のうちはなんとなく無難な感じでした。長時間の国際便機内ではぼく
はひとりで座って、パリに着いてルームメートに紹介されるまでだれとも口
をききませんでした。ジェイソンがいいやつだということは、すぐにわかり
ました。ニューヨーク州ライ出身で教養があって、ぼくがそれまで出会った
だれともちがっていました。じっさいのところ、テニス・ヨーロッパで出会
ったほとんどのひとたちは、デトロイトで知っているだれとも似ても似つき
ませんでした。東海岸の洗練された中高生は、デトロイト郊外に住むクラス
メートたちなんかより、ずっと開放的で親しみやすいひとたちでした。ぼく

は、特にジェイソンが大好きでした。楽器もいくつか弾けていろんなタイプの音楽をよく知っているうえに、フランク・シナトラに関してはぼくと対等に話せるほどでした。ぼくが、シナトラの同じカセットテープを何回も何回もウォークマンで聞いているのに気づいたジェイソンは、シナトラ以外に何か聞いたことはあるのかと尋ねました。そして、「なんてこった、世のなかにはもっといろいろあるんだぜ」と言いました。ニーナ・シモンとかそのほかのジャズの歌姫とか、ぼくがいままで聞いたこともなかったミュージシャンたちを教えてくれました。そしてその音楽を、ぼくはすぐに好きになりました。どうしてぼくの故郷には、ジェイソンみたいなひとがいないんでしょうか？

　ジェイソンとぼくは、普段の生活について語りあいました。ジェイソンは人気者で、彼女もたくさんいて、マンハッタンのアッパー・イースト・サイドのいろんなクラブでハードロックのバンド公演もしていました。ぼくのルームメートは、まだ高校生なのにロックのスターなんです。カッコよすぎる！　ジェイソンはマリファナも吸ったし、彼女とCまでイッチャッタことも何回かあったと自慢していました。そんなジェイソンにぼくが対抗できるでしょうか？　無理に決まってます。なので、嘘をつきました。ぼくにも彼女がいるし、いままでにも何人かいたし、ぼくもCまでイッタことがある、と。ジェイソンにこんな嘘を言うなんて、胸が痛みました。いったいどうしてここまで卑屈にならないといけない？　ひょっとしたらジェイソンはぼくの嘘を見破っていて、でも現実に直面させたりしないように気をつかってくれていたのかもしれません。ジェイソンは、アウトサイダーと親しくなるのが好きなタイプでした。学校での友人の何人かは日陰者でいじめにあっていて、そういうやつらといっしょにいるのが好きなんだと言っていました。ジェイソンはどうしてぼくにわざわざそういうことを話すんだろう、とちょっと思いました。ぼくもそういうひとりだっていうこと？　ジェイソンにはちがった目で見られたくなかったので、ぼくもいじめにあっていたということは言いませんでした。

　ジェイソンはぼくよりずっとずっとおとなだったので、しばらくいっしょ

にいると、まるでお兄さんのような感じでした。同い年とは全然思えないくらいでした。ぼくはまだ子ども子どもしていたのに、ジェイソンは知恵も経験もあって、17歳よりも上に見えました。そしてぼくは、そんなジェイソンに対して気持ちが傾くと同時に、身体的な何かも感じていたのですが、その当時はよくわかっていませんでした。なんかこう、いままでになくモヤモヤしていて、居心地の悪さマックスでした。ほんとうに怖くなるほどでした。何かがまちがっているような、汚らしいような、罪深くさえあるような感じでした。自分のことがいやになりましたが、でも、こう感じてしまうのはどうしようもありませんでした。こんな気持ちになっていることをジェイソンに悟られまいと、すごく身がまえるようになってしまいました。

この旅行で一番忘れられないのは、ベルギーのアントワープでのできごとです。ぼくの試合相手は、ベルギー全土でもトップクラスの12歳でした。ぼくより5歳年下でしたが、そんなの関係ないくらいの腕前でした。いままでのぼくの相手はたいてい、同い年か年上でした。たとえ勝負に勝っても、気持ちのうえでは5歳くらい年下のように感じるのが常でした。

このベルギー選手はぼくを相手に、全ゲームストレート勝ちで第1セットをとりました。テニス・ヨーロッパのチームメートがぼくに声援を送ってくれてはいましたが、相手には大応援団がついていました。第2セットも相手のほうが断トツでリードすると、大応援団の声援はどんどん盛りあがる一方でした。それがぼくに火をつけます。もう負けが目に見えてきたとき、ふと、チームメートが見ているまえで、こんな12歳になんか負けるわけにいかないぞと思ったのです。こういうときふつうのぼくだったら、負けそうなことがただ悲しくてもうあきらめるしかないと思ってしまうのですが、このときはちがいました。中学校でぼくをいじめたやつらと同い年のこの相手にはずかしめを受けるなんて、絶対いやだと強く思いました。もうこれ以上はがまんできないと思いました。その瞬間から、何かを切り替えることができました。3時間の試合で身も心もクタクタでしたが、勝利を手にしました。年の差にもかかわらず本命は相手のほうだったんですが、そのときのぼくが出したやる気は、かつてないものでした。ほとんど何かに憑かれたような感じで、

これはもうテニスの問題ではありませんでした。テニス・ヨーロッパのチームメートが見ているまえでこの12歳に負けるわけには、絶対にいかなかったんです。けっきょくこのアントワープ大会では、ぼくが優勝しました。

　この旅行でもうひとつ忘れられないのは、アムステルダムの町をひとりでブラブラしたことでした。ジェイソンはほかのグループといっしょだったので、少しひとりの時間を楽しむことにしました。そのうちぼくは、いつのまにか赤線地区に来ていました。その界隈というのは、性体験のなかったぼくにとっては、もう目ん玉が飛び出るくらいびっくりでした。アムステルダムの性の開放感は、いままでの生活でぼくがもっていた性のイメージとは全然ちがっていて、信じられないくらいでした。

　3週間のヨーロッパ旅行のあいだ、毎日少なくとも1回は両親に電話しました。会えないのがもう寂しくて寂しくて、また会えるまでがものすごく長く感じられていました。この別れのおかげで、両親が死んでぼくひとり残されたらどんな気持ちになるか、ちょっぴりわかったような気がしました。物心ついてからずっと、両親が死んでしまう恐怖感はずっとぼくにつきまとっていました。ヨーロッパから毎日電話をかけたのも、ふたりが無事でいてくれることを確かめるためでした。いまみたいな携帯電話はまだ発売されていなかった1994年当時、公衆電話を毎日見つけるのはけっこうたいへんでした。ジェイソンがいないときにホテルの部屋から電話できるようなラッキーな日もありましたが、なんらかの理由で電話がつながらなかったりする日があると、それはもうパニックでした。

　テニス・ヨーロッパもようやく終わって、ニューヨークのジョン・F・ケネディ国際空港まで迎えに来てくれる両親と会えると思うと、ドキドキしました。飛行機を降りてからまずしたことは、旅行中チームメートに嘘をついていたと両親に明かすことでした。いままでのぼくの生活を、すっかり作り替えていました。これを両親に告白するのは恥ずかしいことでしたが、それだけ罪悪感が強くて、一刻も早く打ち明けてさっぱりしたかったんです。全体としては、テニス・ヨーロッパはいい体験になりました。ぼくが一番うまいことは最初から明らかで、高校とはちがってうまければ尊敬もしてもらえ

たし、ぼくがいままで切に望んで得られなかった、みんなに受け入れてもら
えるという体験もできました。

　家に戻ったぼくは、テニス・ヨーロッパのチームメートに会うことはもう
ないだろうと思っていました。でも次の秋、ジェイソンともうひとりのチー
ムメートのサムが、ニューヨークで会って全米オープン男子決勝をいっしょ
に見ようと言ってくれたんです。英雄アンドレ・アガシがミヒャエル・シュ
ティヒ相手に全米オープン初優勝を勝ちとるようすを見ることができたうえ
に、テニス・ヨーロッパの友だちふたりと数日過ごすことまでできて、ぼく
はもうワクワクが止まりませんでした。

　ニューヨークから帰ったあとは、ジェイソンやサムに連絡をとる気にはな
りませんでした。ジェイソンからも連絡はありませんでしたが、サムはとき
どき電話してきてくれました。サムと話せるのはうれしかったんですが、こ
ちらから電話することはありませんでした。ぼくがこの友人関係を続ける努
力をしなかったのはどうしてなんでしょうか？　いまにして思えば、ぼくが
ジェイソンに対して抱いていたあの変な感情を、蒸しかえしたくなかったん
だと思います。サムに関しては、いままでさんざん拒否されてきた、あれと
同じことにまたなってしまうのが怖かったんです。そしてとうとう、サムも
電話してこなくなりました。ぼくがふたりとの友人関係を続けなかったので、
お母さんはおかんむりでした。お母さんは、ふたりに電話するよう、耳にタ
コができるくらいぼくに言い続けてきたんです。せっかく友だちをもてるこ
の機会をぼくはわざわざ自分でぶちこわしにしたんだとお母さんは思ってい
て、ぼくにも単刀直入にそう言いました。実を言えば、まったくお母さんの
言うとおりだったんです。

　その次の1995年の夏、富裕層の多い郊外にあるカントリークラブでテニ
スを教える仕事に就きました。ぼくが上位に入るプレイヤーであることを知
っていたそこの上司は、夏のあいだフルタイムの指導員として働いてみない
かと言ってくれました。何か仕事をするようにといつもお父さんに言われて
いたので、どこかで最低賃金の仕事をするよりはこのほうがずっとマシだと
思いました。

仕事をはじめるとすぐに、上司のアーロンは、ぼくの風変わりさに気がついたようでした。例によってぼくは、スタッフともメンバーとも雑談ができませんでした。冗談を言われてもわからないうえに、みんなが話している話題にまったく興味がないのが見え見えだったと思います。おまけに、ぼくのぶきっちょさゆえに、テニスコートに白線をまっすぐ引くといったような単純作業にも難がありました。アーロンは、レッスンを受けに来た子どもたちのまえでも、ぼくを茶化しました。ぼくの歩きかたがペンギンっぽいと思ったアーロンはぼくのことをよく「よたよたマン」と呼んだのですが、ぼくはそのあだ名が嫌いでした。ぼくがちょっと太めだったこともあって、「ブタバラ（pork-barrel）くん」と呼ばれることもありました（訳注：米語pork-barrelは、政治家が人気取りのためにばらまく金のことも指す。他人に好かれることを切望していた主人公を揶揄する表現としては皮肉がきいているが、ここではそのように意図したわけではないだろう）。ある日アーロンは、とうとう一線を越えてしまいました。ぼくがクラブハウスのトイレに入っているあいだ、アーロンが子どもたちにトイレのドアを閉めさせて、ぼくが出られないようにしたんです。最初ぼくは、自分で自分を閉じこめてしまったと思ったので、ひたすら押し続けたんですが、なんだかすごい力で向こうから押されている感じでした。そのうちアーロンと子どもたちの笑い声が聞こえてきて、いっぱい食わされていることに気がつきました。歴史は繰り返すとはこのことです。5年生のときにブランコに縛りつけられた事件もこんな感じだったし、高校のチームメートとコーチに笑い者にされたときもこんな感じでした。そしていま18歳のぼくは、名声あるカントリークラブのプロ指導者でありながら、子どもにもおとなにもいじめられ、馬鹿にされているんです。そして、「よーし、もういいだろう。出してやれ」とアーロンが言うのが聞こえました。ぼくは泣きながら走り出して、自分の車に直行しました。その日かぎりで仕事は辞めました。相手が何歳であっても、もうこれ以上いじめを受けるのはごめんでした。

　高校最終学年では、州代表選手に選ばれていくつかの新聞にも載りました（訳注：アメリカの高校は4年制）。地区大会でも優勝したし、高校のチームの

最優秀選手にも選ばれたし、年齢別ではミシガン州南東部のトップでした。スポーツ選手としての輝かしい業績に比べると、ぼくの学業成績は平々凡々でした。テニス選手として認められようと必死になるあまり、勉強はすっかりお留守になっていました。中学校のときと同じで、ぼくにとっては優先順位の低い勉強に費やすエネルギーは残っていませんでした。もっともっと大切なことがあったんです。それはつまり認めてもらうことであって、優等生になれるような見こみはありませんでした。代数だの生物だの文学だの世界史だのといった科目には、まったく興味がわかないか、向いているようには思えなかったんです。授業で出される課題もとてつもなくむずかしく感じられたのでまったく手もつけず、別の道で認めてもらおうとしていました。

　長年、クイズ番組とその司会者には関心があったので、放送の授業だけはぜひ履修したいと思いました。クイズ番組司会者のように声を張りあげるのが好きで、毎日スピーカーを通してまねをする自信がありました。ワクワクしながら申しこんだんですが、担当教師のブラウン先生は、毎日使う録音機器の操作がぼくのようなぶきっちょにはむずかしすぎるんじゃないかしらと言いました。もしぼくがその都度助けてもらう必要があるなら、そのせいでほかのひとが手を取られて日々の放送作業に支障が出ると言うんです。ブラウン先生はぼくの個別支援計画会議にまでしゃしゃり出てきて、両親と特別支援担当教師とぼくに直接、この授業は履修しないほうがぼくのためだと思うとまで言いました（訳注：アメリカの公立学校では、特別支援対象児童生徒に関する定期的な支援会議に保護者や本人も出席する）。

　両親はショックを受けると同時に激怒し、ぼくの希望のあと押しをしてくれるよう特別支援担当教師に要請したんですが、驚いたことに、そして残念なことに、その教師もブラウン先生と同じ考えでした。両親もぼくもそこに座ったまま、口もきけませんでした。特別支援担当教師と放送担当教師の両方にぼくの履修を拒否されたいま、ぼくはほんとうにこの授業を受けたいんだろうかと疑ってしまいました。ふたりの意見が同じなら、ひょっとしたらそのほうが正しいのかもしれません。でもお母さんは怒り心頭に発していて、思いをぶちまけました。たとえば、ぼくが録音機器担当の日だけだれかにつ

いてもらうとか、なんとかやりようはあるはずだと言うんです。単にぶきっちょだというだけでぼくが興味ある分野で才能を発揮する機会を奪ってしまうのは、あからさまに不公平だし差別的だ、ともお母さんは主張しました。こうなるともう、うちの両親はあとには引きません。テニス以外の何かでぼくに自信をもたせたかったふたりは、この授業でチャンスを与えてやってほしいと訴えました。1週間検討した結果ブラウン先生はついに折れ、とりあえず試験的に授業に参加することを許可してくれました。支援体制も手配してくれました。録音機器の操作は確かにひとりではできませんでしたが、ブラウン先生が思っていたほどたいへんではありませんでした。

　毎日スピーカーを通して全校放送を流すのが、ぼくは大好きになりました。映画『グッドモーニング、ベトナム』でロビン・ウィリアムズが演じた主人公のように、「シホウム高校のみなさん、おっはようございま ―― す！」とはじめるのが、ぼくのトレードマークになりました。みんなの注目を集めるのに、これ以上のやりかたはありませんでした。この出だしのおかげで、ぼくは校内で有名になりました。

　放送以外でぼくの関心を惹いた授業は、社会心理学でした。ひとびとがなぜこうするのか、を学ぶのが大好きでした。でもある日先生が出した課題は、ぼくにとってとても居心地の悪いものでした。それは、クラスの生徒全員の名前を一枚の紙にひとりずつ書いて、その生徒を表す形容詞を3つずつ挙げるというものでした。この課題は匿名で行われることになっていました。先生はこれを全部集めたあと、それぞれの生徒に、自分に対するコメントが書いてある紙を配ったのです。クラスメートたちがぼくに対してどんな形容詞を挙げたかを見てみると、よく出てくるのが、「ほんとに変」「変わってる」「なんかちがう」「部屋をうろうろする」「おもしろいけどバカ」などでした。みんながぼくのことをどういうふうに思っているか、これでまたひとつはっきりしました。

　中学校のときもそうでしたが、高校の卒業も悲しい体験でした。両親はぼくのために卒業パーティーを開こうとしましたが、ぼくは断固としていやでした。だって、ぼく自身祝ってもらいたいとも思えなかったし、みんなの注

目の的になるなんてとんでもないことです。両親も断固として譲らなかったので、大バトルになってしまいました。

　問題のひとつは、ぼくは卒業式と同じ日にパーティーなんかしたくないということでした。刺激が多すぎます。アスペルガーのことがわかっていれば両親をなんとかうまく説き伏せるもって行きかたもあったと思いますが、このときはお母さんお父さんに軍配があがり、卒業式のあとにうちでブランチということになって、出席したのはおもに両親の友人や親戚でした。そのときの写真を見れば、ぼくがどれだけ沈んでいたかわかります。お葬式から帰って来たところか、お葬式に向かう途中みたいです。いま考えてみれば両親は、ふつうの家族にとってふつうはハッピーな行事をふつうにお祝いしたかっただけなんだと思います。

　両親主催のパーティーとは別に、公民館で行われる高校の公式卒業パーティーもありました。卒業式当日に行われるそのパーティーは、オールナイトということになっていました。こんなに社交行事が続くのは、ぼくにとっては無理です。だって24時間のあいだに、卒業式、自宅でのブランチ、それから夜通し続くクラスメートとのパーティーですよ。どうせまたみんなのなかで孤独を味わうつらい夜になることはわかりきっていたので拒否しましたが、またもや両親に押し通されて参加する羽目になりました。

　午後8時くらいに着いてみてすぐわかったのは、勝手にトンズラしてどこかで酒を飲んだりする輩が出ないように、おとなの世話人が目を光らせて、翌朝までだれも退場できないことになっているということでした。20分くらいいたらすぐ出て行こうと思っていたぼくは、困ってしまいました。さながらカーニバルのように盛りあがっているパーティーのさなか、ちょうど4年まえのシダーポイントへの中学卒業旅行のときと同じような気持ちを味わっていました。

　パーティーのあいだずっと、家に帰りたい、そればかり考えていました。こんなひどいイベントのなかにもうこれ以上1分もいたくない。みんなは、大学に行って友だちと離ればなれになることを悲しんでいます。友だち？　何の友だち？　気分はもう、『クリスマス・キャロル』のスクルージでした。

へん、ばかばかしい（訳注：原文はBah Humbug。主人公スクルージはこう言ってクリスマスを祝うひとたちを馬鹿にしている）。高校なんかくそくらえ！　午後11時くらいにはもう限界だったので、勇気をふりしぼっておとなの世話人のひとりに、退場する許可が必要なので両親に電話してくださいと頼みました。気分が悪いからと言ったんですが、心理的にいえば嘘ではありません。幸い両親は電話に出てくれて、ぼくが電話をするのは想定内だったようでした。許可を得てパーティーをあとにしたぼくは、これを最後に、公立学校とはおさらばすることができたのでした。

　けっきょく、4年間の高校生活で得たものと失ったものは何だったんでしょうか？　テニスチームではシングルス一番手で主将も務めましたが、友だちはひとりもできませんでした。朝の放送のユニークさは認められましたが、性的な混乱状態は続いていて、クラスメートからもはじき出されたままでした。家を離れてヨーロッパを3週間も回りましたが、気持ちのうえでは両親の腰にしがみついていました。

　少なくとも学業成績に関しては、5段階評価で平均4をキープして卒業することができ、これはぼくのやる気のなさを考えれば驚くべき好成績でした。ラッキーなことに、それなりの大学に入るにも、いまほどハードルは高くない時代でした。ミシガン州西部にある人気州立大学に合格して自分でも驚いたんですが、ここには、非常に優秀なテニス部とすばらしい特別支援体制がありました。テニスコーチと会ってキャンパスを見学したぼくは、このグランドバレー州立大学に秋から入学することを決めました。ぼくにとって自宅を離れることはたいへん困難ではありましたが、地元の大学への進学はなぜか考えていませんでした。みんな遠くの大学に行っているので、ぼくも、と思っていたんです。一番の心配は、両親から270キロも離れたところで1年間ひとりでやっていけるかどうかでした。

5．絶望のふちの大学1年目

　1996年に大学に入学した当時の19歳のぼくを思い起こしてみると、法律上は成人だったということが信じられません（訳注：ニックが住んでいるミシガン州を含むアメリカのほとんどの州では18歳が成年年齢）。まだそんな年でもないくせに実家を出て、270キロも離れた大学に行くという、とってもおとなの決断をしてしまった気分でした。その当時のぼくは、そう決断する理由がちゃんとあると思っていました。グランドバレー州立大学は学問的にも評価が高かったし、ぼくがシングルス一番手になれる見こみもあったし、特別支援が必要な学生のためのすばらしいサポートもあったんです。

　ぼくの決断の一番大きな理由は、いっしょに高校を卒業した同級生たちのほとんどが、故郷を離れた大学に行ったということでした。ぼくもみんなと同じになりたかったのであって、いまもママとパパといっしょに住んで地元の大学に行っている負け犬に見られたくなかったんです。いまふりかえると、この決断についてぼく自身のなかに迷いがなかったことが驚きです。とにかく故郷を離れて遠くの大学に行きたいばかりで、自分にとってほんとうに必要なのは何かがまったく見えなくなっていたんです。高校最終学年だったほんの3か月まえには、まだ毎日わざわざ家に帰ってお昼を食べていて、友だちはほぼいなかったんです。ぼくがこういう決断をしたので、自宅を離れて自立する心がまえがぼくにできていると両親は解釈し、成長しておとなになったあかしだと理解したようでした。いままでどんな形であれ両親と別れることを拒んできたぼくが、いまやそれを歓迎しているように見えたのです。

　毎週帰省するために、自分の車をもつことがまず重要でした。そこで、両親がぼくをグランドバレーに連れて行ってくれた日、ぼくたちは別々の車に乗ってキャンパスまで行きました。家から遠ざかるにつれて、ぼくはだんだ

んビビってきました。バックミラーに映る両親の姿を見ていると、涙が止まらなくなってきました。*ぼくはいったいなんでこんな目に遭う羽目になったんだ?* と思いました。*何の準備もなしに、いったいどうしてやっていけるというんだ? 何週間も何か月も両親から離れていられるのか?*

　正直言って、グランドバレーに行く決断をしたそのときから、家を離れてやっていく自信は全然ありませんでした。でも、その恐怖に猛然と立ち向かおうとしていたんです。19歳になったら家を離れても大丈夫のはずで、ぼくにだってやれないことはない、と自分に言い聞かせる自己欺瞞の世界でした。いままでのことを考えれば、ひとり立ちするなんてぼくには早すぎることは自明の理だったんですが、こういうこじつけにねじ伏せられた形でした。

　両親とぼくがグランドバレーに着いたのは、8月下旬のある午後でした（訳注：アメリカの学校では9月に新年度が始まる）。すぐに、ルームメートに引きあわされました。ぼくたちのあいだには、グランドバレーの学生であるという以外に何の共通点もないことはすぐわかりました。ミシガン州の小さな町出身のそいつは、ぼくに何も言いませんでした。ぼくはなんとか親しげにふるまおうとしましたが、相性が良くないことは最初から見え見えでした。ぼくは、その一部始終を見ていた両親に、行かないでほしいと哀願しました。でも、それが無理なことはわかっていたんです。両親はもう帰る時間でした。ぼくとハグしあって涙ながらに別れを惜しみ、両親はデトロイトへの帰途につきました。お母さんは、帰り道ずっと泣いていたそうです。

　大学最初の3週間は、ぼくにとって生き地獄でした。ぼくはいままでひとりで過ごす時間が多かったんですが、いまや常にだれかがいっしょで、こんなのいやでした。おまけに、ちょっと大きめのクローゼットくらいのこの部屋を、別の人間と共有しないといけないんです。平穏と静寂に慣れていたぼくにとって、寮生活はあまりにも騒々しくててんやわんやでした。昼夜わかたず、大音量のヘビメタがほとんどの部屋から一日中鳴りまくっていました。音に過敏なアスペルガーにとってこれは、悪夢の感覚刺激でした。

　よく眠れるように寮の騒音を遮断して、不快感を少しでも和らげるために、ホワイトノイズ発生器を初めて買いました。この発生器を使ってもいいかど

うかルームメートに尋ねると、どう見ても軽蔑のまなざしをされましたが、いいと言ってくれました。けっきょくのところ、発生器を使ったからといってルームメートには何の影響もありませんでした。ぼくがいくら一生懸命寝ようとしていても、そいつはほとんどいつも、一晩中出たり入ったりするのでした。それで、ノイズ発生器を使っていても、ルームメートの出入りのせいで眠れないのでした。ドアをもう少し静かに開けたり閉めたりしてほしいと頼んだんですが、スルーされました。

　最初の1週間も終わりを迎え、ルームメートやグランドバレーから離れて270キロの道のりを家路につくのが、待ち遠しくてたまりませんでした。その途中でグランド・ラピッズの街中にある楽器屋に立ち寄って、カウント・ベイシーのCDを手に入れました。それからの15週間というもの、一度の例外を除いて、毎週金曜日に自宅に向かい、学校を出たその瞬間にベイシーのCDをかけるのがお決まりになりました。ベイシーの音楽の楽しくも勇ましい感じが、ぼくにとっては何かとても象徴的な大切さを帯びてきました。その音楽を聞くと解放された気分になったので、ぼくはこれを自由の賛歌と呼び、家に向かうドライブの舞台背景となりました。慣れ親しんできた安心できる生活に、戻ることができたのです。

　大学新入生のほとんどは、自宅を出て独立を勝ちとったことを誇りに感じていましたが、ぼくはその真逆でした。ぼくが素のままで自由を謳歌できたのは、安心安全な自宅で両親と過ごすときだけでした。混沌と混乱に満ちた大学生活は、ぼくを囚人のような気分にさせるだけでした。ぼくは、週末のたびに衰弱していきました。毎週金曜日には機嫌よく家に帰るんですが、日曜日にグランドバレーに戻るときには、完璧に落ちこんでいました。1年のあいだ往復540キロを毎週行ったり来たりできたのは、カウント・ベイシーのおかげとしか言いようがありません。

　自宅で過ごす週末は、自分の小学生時代のビデオを見て、時間をさかのぼってあのころに戻りたいという思いに浸りました。そういうときは、小学生の自分にすっかりなりきってしまって、いまの自分に違和感を覚えたものでした。このビデオを見ることによって古き良き時代へのノスタルジアが満た

されたおかげで、家にいる短い時間のあいだに元気を取り戻すことができました。日曜日に家を出るときは、毎回大騒ぎでした。ぼくが泣きたてて両親は困り果ててしまうんですが、大学に戻ってまた1週間辛抱するしかありません。

　グランドバレーで過ごす1週間、毎日数回は自宅に電話しました。両親のようすを確かめるための短時間の電話ではありません。特にお父さんとの会話は1時間にも及ぶことが多く、ぼくがどんなに寂しい思いをしているか、あと1日、いわんや1年間をどう過ごしたらいいのかわからないといったことをグチりました。お父さんがあの手この手を使って安心させようとしてくれても、ぼくは馬耳東風でした。

　ある夜、激しい雷雨のために寮が停電になりました。例のノイズ発生器は電池式ではなくてコンセントに接続されていなければいけなかったので、これはぼくにとっての緊急事態でした。さらにこの停電のおかげで、寮内はいつもに増して騒々しくなってしまいました。この突然の想定外事態が原因で、ぼくは最大級のパニックを起こしました。パニックって見境を失ったぼくは、管理人さんを捜して、真っ暗になった寮の廊下を半狂乱で右往左往しました。足を踏み鳴らしながら泣き続けるその声は、もはや咆哮レベルでした。管理人さんがぼくを精神病院に入院させなかったのが不思議なくらいです。

　管理人さんに、ぼくはもうムリですと告げました。管理人さんはうなずいて話を聞いてくれましたが、ぼくがどれほど追いつめられていたかはわからなかったと思います。今晩、どこかほかのところで過ごしたいと言いました。管理人さんは笑って、自分はぼくの母親ではないのでわざわざ許可を求める必要はないと言ってくれました。そこでぼくは近くのホテルに行って、そこに一晩泊まりました。そして取り乱したままお母さんに電話して、一部始終を話しました。お母さんは、ぼくがなぜホテルに泊まったのか、ほんとうにわからないようすでした。どうして寮にはいられなかったの？　そんなおおごとだったの？　そんなお母さんの反応に、ぼくは腹が立ちました。数か月まえまでのぼくは、毎日お昼には家に帰ってたのを忘れたわけ？　いまのぼくの苦しさをお母さんにもわかってもらえないんだったら、いったいだれがわかってくれるの？　もちろん、いまから思えば、そんなお母さんを責める

わけにはいきません。ぼくのアスペルガーをお母さんが理解しているわけではなかったし、ぼく自身もそうだったんですから。

　大学の授業が始まって3週間も経つころには、ぼくにとって寮生活はもう限界で、いつ大学をやめようかと思っていたくらいでした。その週末はいつものように家に帰るのではなくて、夏休みに家族でよく訪れていた、ミシガン州サウスヘイブン近くのリゾートで両親とおちあいました。両親はたぶん、そこで会うことでぼくが楽しい思い出に浸ることができ、元気になると思ったんでしょう。ぼくはお父さんとだけ話したかったので、人里離れたところまでふたりでドライブしました。そしてお父さんに、もし来週まで寮にいないといけないのなら、もう大学を退学するか自殺すると話しました。ぼくが本気で言っているということは伝わったと思います。ぼくが自殺うんぬんを口にしたのはこれが初めてで、お父さんはそれを真剣に受けとめてくれました。そして、何かいい解決法を考えることを約束してくれました。さらに、もしぼくが1年間がんばることができたら、赤ちゃんの頃からずっと好きだった、ボブ・バーカーが司会を務めるテレビ番組『ザ・プライス・イズ・ライト』の公開収録を見にロサンゼルスまで連れて行ってくれるというのです。これはまさに天才的な作戦でした。『ザ・プライス・イズ・ライト』を見に行くという約束は功を奏して、1年間がんばり続ける気にさせられたのでした。

　サウスヘイブンで会った翌週電話してきたお父さんから、グランドバレーのキャンパスから5キロくらいのところに下宿先を見つけたということを聞きました。夫婦が住んでいる家の地下の寝室が空いていて、そこを借りられるというんです。そこに住んで、毎日車でキャンパスまで行けばいいというわけです。この家がある場所というのがまた、ド田舎でした。

　ためらうことなく寮を出ることを決め、その部屋を借りることにしました。もうしぶんない条件とまでは言えませんでしたが、とにかく一時的にでも寮を出れば、気分転換になると思いました。たとえそれが人里離れたトウモロコシ畑のなかにあっても、一軒家に住めるというのは、寮よりもいくらかマシでした。静かだし、飲んだくれて乱れた生活を送る大学生に囲まれることもありませんでした。

その下宿で穏やかに過ごせたのは確かですが、他人の家に住むというのはあまり居心地いいものではありませんでした。かといって、キャンパスで何かしたりだれかと何かしたりということにも興味がなかったので、ほぼ毎日、授業が終わったらキャンパスから40キロくらい離れたグランド・ラピッズ周辺をドライブして時間をつぶしました。どうしてぼくが毎日こんな長距離ドライブをしたかは、アスペルガーを知っているひとにしかわからないでしょう。いままでずっと都市郊外に住み慣れていたぼくは、田舎に住んだことがありませんでした。ぼくが当時していたことをふりかえってみれば、なじみのある場所、つまり実家近辺に似た感じの場所に身を置きたかったんだと思います。青々と茂る街路樹が立ち並ぶ町、植民地時代風の2階建て邸宅、歩道……こういう風景を見つけては、故郷に戻ったような気分にひたりました。でももちろんほんとうに故郷に戻ったわけではなかったので、じっさいに帰省できる金曜日はいつも楽しみにしていました。

　このドライブでぼくがもうひとつやったことは、食べ放題のバイキングに立ち寄ることでした。その当時は意識していませんでしたが、不安やうつ気分を、食べることで発散していたんです。ぼくはその年、むちゃ食い症を発症してしまい、大量に食べまくるようになってしまいました。各曜日にちがうバイキングレストランに行くパターンが定着しました。そして、このパターンを崩さないことが、何よりも優先されるようになっていきました。1学期が終わるころには7キロ近く太ってしまったんですが、テニスのシーズンが迫っていたのでこれは由々しき問題でした。

　この1学期に履修した哲学の講義は、ぼくに決定的な影響がありました。ぼくの人生にとってとても有用かつ目新しいことがあったと同時に、実存的危機にもさらされたんです。良かったのは、ぼくがいままで考えたこともないような哲学的思想や哲学的問題に目が開かれたことでした。偉大な思想家の哲学を学ぶとすごく特別な友人と初めて会ったような気分になり、そのなかには、プラトンやヘーゲルやショーペンハウエルやニーチェ、そしてフロイトすらも含まれていました。こういった諸思想が一丸となって、知的発見の新しい道筋に導いてくれたんです。中学生時代以来沈黙してしまっていた

ぼくの知的好奇心が再度目覚めたのは、この哲学講義のおかげでした。

　この講義はぼくの気持ちを、ひどく傷つけることにもなりました。教授は、キリスト教改革者ジャン・カルヴァンをしょっちゅう引用するひとで、同性愛に対する差別意識をあからさまにしていました。この教授は、期末試験まえの最後の講義で、同性愛を特に槍玉に挙げて欠陥であると決めつけ、同性愛者は破綻した人間であると言ったのです。そしてこともあろうか、獣姦にもたとえました。さらに、20世紀の先駆的な性科学者アルフレッド・キンゼイのことを、科学史上最悪の詐欺師だとでも言わんばかりに紹介しました。この教授に言わせれば、キンゼイはただの風見鶏です。ぼくはそれ以来キンゼイ博士について読みあさった結果、この勇気あるひとは、LGBTの性的平等権擁護者であるだけでなく、女性の権利支持者でもあると確信するに至りました。

　おひと好しだったぼくは、カルヴァン大学とハーバード大学で神学博士号と哲学博士号を取得したこの教授の言うことを鵜呑みにしてしまい、同性愛についても丸めこまれてしまったんです。強い口調で講義する教授を聞いていると、どうにもやりきれない気持ちになりました。ここしばらくのあいだ、同性に惹かれ続けてきたぼくのことです。たぶんぼくは、教授の言うとおりの破綻人間で、人間とは名ばかりの存在だったんでしょう。最近数年間は、両親も含めたほかのだれかに、ぼくの性的混乱を見破られてしまうのではないかとビクビクしていたのも事実です。教授の発言は、ぼくの心をかき乱してこの恐怖に拍車をかけ、ぼくの理性的な判断をも曇らせてしまいました。ぼくは、自分は実はゲイであると思いこむようになってしまったんです。疑心暗鬼に陥ったぼくは、自殺まで考えました。中学校でも高校でもゲイだと言われ続けてきたぼくですが、ぼくがほんとうにゲイかどうかを知っていたひとはいませんでした。でもそれがほんとうだったら？　ぼくは憎悪犯罪の犠牲者になる運命なんでしょうか？　このことが知れただけで、だれかに殺されてしまうんでしょうか？　両親にも勘当されてしまうんでしょうか？生きる資格すらないのかもしれません。ぼくはもう、どうしようもないくらいのダメ人間なんです。

ぼく自身の性的指向（sexual orientation）についてこういう感情をもつことは、とても苦しいことでした。そもそも、奇妙に聞こえるかもしれませんが、自分自身のなかに性的な面があるということ自体を受け入れることからして困難でした。自分がゲイかもしれないと考えるだけで気分が悪くなるほどでしたが、問題はそれだけではありませんでした。ぼくは性と無縁の存在になりたかったんです。別の言葉で言えば、ぼくは自分自身を、それからすべての性的な衝動を否定したかったんです。こういった衝動はぼくを混乱させるだけでした。ふつうに社会生活を送るだけでもじゅうぶんたいへんなのに、性という、よけいに厄介なものをさらに上乗せされるなんて。

　だけど、ぼくは性をもった存在であり、いろんな空想や関心をもつことは否定できません。ぼくは大人のからだのなかで生きています。ぼくが感じている性欲を消し去ることができないことはわかっているけど、それがぼくにとっては大問題なんです。

　ふつうは、性的に親密になろうと思えば、まず基本的な対人関係からです。でもぼくに関するかぎり、ふつうの対人関係もむずかしいんだから、だれかと性的に親密になるなんて論外でした。おまけに、何年間も男子にいじめられてきたこのぼくが、同性をその相手に選ぶなんてありえないことでした。

　このときぼくがどんな気持ちだったかは、恥ずかしながら、トム・ハンクス主演の映画『ビッグ』にたとえるとよくわかっていただけるんじゃないかと思います。もし、中学生の男子の心が、ある日突然19歳のからだに宿ってしまったらどうなるでしょう？　そんなに急に変わってしまったら、対人関係や性的関係にどうやって向きあえばいいんでしょう？　第一に、おとなのからだだと居心地悪いことは確かです。第二に、ほかの19歳のひとたちと対等な対人関係を結べないでしょう。第三に、ふつうの19歳が感じる性衝動に圧倒されるにちがいありません。『ビッグ』の主人公と同じく、19歳のぼくはまるで育ちすぎた子どもみたいで、周囲の期待に合わせてなんとかおとなっぽくふるまおうとはするけど、中身は楽しかった子どものころから変わらないままといった感じだったんです。

　こういう幼さは別としても、ぼくがそのとき直面していた問題は、自分の

性的アイデンティティでした。自分がゲイだなんてとても受け入れられなかったぼくは、自殺したいくらいでした。だれかの助けがいることはわかっていました。性的指向に関するぼくの悩みを、これ以上両親に隠しておくわけにはいかないと思いました。ぼくがどんなにひどい息子であるかを両親は知っておく必要があり、そのことを知らせる義務がぼくにはあると感じたんです。もちろん、ぼくの心の折れやすさを考えると、このことを直接伝えるというのは無理でした。そこで、手紙を書いて、翌週帰省したときに渡すことにしました。

　その夜のことは、いまでも忘れません。お父さんに手紙を渡したときのぼくの目には涙がいっぱいたまっていて、お父さんがそれを読んでいるあいだ家にいるのは耐えがたかったので、長時間ドライブしていました。いまその手紙を読み返してみると、当時の自分を思い出して、悲哀と同情を禁じえません。そのころのぼくの気持ちをおわかりいただくために、少しだけ引用してみます。

　　お父さんとお母さんへ

　　いまこの手紙に書いていることをお父さんとお母さんに伝えるのは、ぼくの人生で一番むずかしいことかもしれません。……これを伝えなきゃならないのはすごく残念なんだけど、ぼくはゲイだと思います。このことで、ぼくとお父さんお母さんとの関係がすっかり変わってしまうのが、ものすごく怖いです。……別人になれるもんならなりたい、いまのままではいやだ、と何度思ったかわかりません。どうか、下劣なやつだなんて思わないでください。いままでと変わらずぼくと接してください。……これからの人生では、だれともそういう関係になるつもりはありません。存在価値もないと思われることすらあるような、そんな見下されたグループの一員にはなりたくないんです。そんな行為に手を染めたくなんかありません。……ありのままのぼくは、社会からはじき出されているように感じてます。自分ではどうしようもない欠陥をもって生まれてしまったために、社会全

体から嫌われているように感じます。……お父さんお母さん、ぼくってほんとうにそんなにダメ人間ですか？　ほんとうにそんなに下劣ですか？　生きている資格ありますか？　こういうことを考えても考えてもわからないので、ぼくの頭のなかはグチャグチャです。

　家に戻ると、手紙を読み終えたお父さんがハグしてくれて、ぼくは、心の広い愛情を感じることができました。お母さんもハグしてくれました。手紙の内容について話しあうなかで、ぼくが何度も自問自答してきたことを聞かれました。ぼくがゲイだということがどうしてわかるのか？　同性も異性もキスすらしたことないのに、どこにその確かな証拠があるのか？　両親にこう尋ねられたぼくは、肩の荷がおりたように感じました。両親もぼくと同じことを考えていたんです！　これこそぼくが聞きたかったことだったんです。異性とちょっとおつきあいしてみるだけで異性愛のスイッチが入って、問題は解決するのかもしれません。

　ゲイとストレート（＝異性愛者）のどちらになりたいかと当時のぼくが聞かれたら、何も迷いはありませんでした。ストレートになりたかった。両親もぼくがストレートであることを望んでいましたが、それは、同性愛嫌いだったわけでもゲイに偏見をもっていたわけでもありません。ぼくにはそのほかにも、立ち向かわなければいけない問題や障害がすでに山のようにあったからです。

　話しあいを続けた結果、こういう問題に詳しい第三者と相談しようということになりました。両親が調べてくれて、ミシガン大学の性科学研究者兼セラピスト、レニー・スワンソン先生を見つけました。人間の性に関する研究分野では、とても評価の高い先生でした。この重要な問題の現状にきっと決着をつけてもらえるだろうと思って、さっそく予約を取りました。ぼくは哲学教授が言っていたような「ムカつく」連中と同類ではない、と言ってくれることを期待して。

　オフィスでお目にかかったスワンソン先生は、ぼくが思っていたのと全然ちがっていました。かしこまった学者風のところはまったくなく、とてもフ

レンドリーで、陽気で社交的でした。両親もぼくも、最初からリラックスできました。壁にかかった額に入れられていたのは、キンゼイ研究所セミナーの修了証書でした。ぼくはそれにすぐ気がつきました。

「アルフレッド・キンゼイのもとで学ばれたんですか？」と尋ねました。

「直接にではないけどね。しばらく長いあいだ留守にしていらしたの。たくさんのひとを助けた偉いひとだったわ」と先生は言いました。この発言は、あの教授が断言していたことと正反対でした。ぼくは混乱しましたが、それよりも大切なことを話しあわなければいけないのでした。

　そしてスワンソン先生に、ぼくが何のために来たのかを説明しました。ぼくの感情や、惹かれてしまう気持ちを話し、ぼくがゲイだと思うかどうか単刀直入に聞きました。これに対して先生は、ぼくにどれくらい性的経験があるかを尋ねました。

「経験っていうと、どういうことですか？」

「女の子とデートしたことは？」

「ないです」

「じゃあ、男の子とは？」

「ないです」

「あのね、ようく聞いて。論より証拠っていうこと。してみてもいないのに、どうしてわかるの？　試してみる必要があるわね。そうしたらきっとわかる。ごく自然にわかると思うわ」

　両親もぼくも、ほっと胸をなでおろしました。スワンソン先生は、ぼくたちがさんざん話しあってきたのと同じことを言ってくれたんです。じっさいに経験してみないことにはわからないということを。まるで、先生は超能力をもっていて、ぼくが望んでいた回答をわかっていたかのようでした。しかも、こんなに信頼できるひとの口からその回答を聞けたんだから、もう言うことありません。なにしろ、ミシガン大学の性科学専門家が下した評決なんです。ぼくはゲイとはかぎらない。ヤッターッ！　バンザーイ！！

　ただ問題なのは、自分の性的指向を確認するために、経験してみる必要があるという点でした。その点だけはバンザイどころではありませんでしたが、

とりあえずこの性的アイデンティティの問題は保留となったわけです。謎は謎のままです。この性の問題の解決にはもう少し時間がかかることになるのでした。正確にはあと14年ですが。

　とりあえずこの問題が山を越えたということで、自分がすべきことにまた目を向ける余裕ができました。テニスです。冬から春にかけてのシーズンが目前に迫っていて、これは、毎週帰省するわけにいかなくなるということを意味していました。命の危険を冒して冷たく凍てついた道路を疾走する日々は、もう終わりです。自由への賛歌を歌いあげる金曜日も、後ろ髪を引かれる日曜日も終わりです。ぼくの望みどおりチームの一員としてテニスをするのであれば、自宅で週末を過ごすのはあきらめないといけません。テニスはぼくのたったひとつの持ち味なので、これを手放すわけにはいきません。そこで、2月初旬からずっとキャンパスにとどまって、テニスチーム参加に向けて調整してゆくという困難に立ち向かうことになりました。

　帰省せずに最初の数週間を過ごすのは、まさに地獄の苦しみでした。ドラッグの禁断症状みたいです。唯一の心の支えだった両親に会いたくて会いたくてたまりませんでしたが、チームの選考試験はもう目のまえで、高校時代のようにシングルス一番手になりたいと思っていました。その競争は、それはすさまじいものでした。約2万人の学生がいるグランドバレー州立大学は、全米大学体育協会（NCAA）ディビジョンⅡに所属しています（訳注：NCAAに所属する大学はレベルによって3区分のディビジョンに分けられ、ディビジョンⅡは中間レベル）。これは、他大学のかなり強いチームと対戦することを意味します。念願の一番手になるためにはまず、シーズンまえの練習試合で、たくさんいる手強い競争相手を倒さなければいけませんでした。そしてぼくは、一番手を勝ちとったのでした。

　いま思うと、最高位をゲットできたのは奇跡です。体重が増えたこと、環境に適応するのに苦労したこと、精神的にも性的にも混乱したことに加え、勉学についていくのもたいへんだったんですから、テニスに集中するだけのエネルギーがこれだけあったということ自体、驚きです。さらにびっくりしたことに、シーズンを終えてみると、楽々と勝ち越していました。ある週な

ど、グランドバレーの「今週の注目アスリート」に選ばれ、地元公共放送局のニュースでもとりあげられて、そのインタビューでコーチがぼくの自慢をしていました。このたいへんな時期を乗りきるうえで、コーチの褒め言葉はぼくの自尊心の大きな支えになりました。

　このシーズンは、良いこともありましたがたいへんなこともありました。ある週末、チームは試合に出場するために、サウスカロライナ州ヒルトンヘッドアイランドに遠征しました。みんな、試合が終わると、夜はバーやダンスクラブに出かけました。ひとづきあいする気もお酒を飲む気もないぼくは、ひとりホテルに残りました。チームのみんなとは、何も共通点がないような思いでした。そのうちの何人かには性的関心をちょっと抱きましたが、スワンソン先生から聞いたことを思い出して、ふり払おうとしました。

　このテニスシーズンは、高校時代と同じで、山あり谷ありでした。全体的に、競技自体に関しては申し分ありませんでしたが、友だちづきあいはまったくしませんでした。シーズン最後の試合のときにぼくの頭にあったのは、ロサンゼルスに行って『ザ・プライス・イズ・ライト』を見ることでした。

　お父さんには、頭が下がる思いです。ぼくは、お父さんがあんな約束をしてくれたのはぼくを大学に行かせるためだけでほんとうに実行してくれないんじゃないかと、心のどこかで疑っていました。でもきっちり約束を守ってくれて、学期が終わった2日後にはロサンゼルスに向かう計画になっていたんです。ぼくの頭のなかはもう、3歳のころから見続けていたクイズ番組を生で見られるということでいっぱいでした。そのことを考えただけで、目のまえはクラクラ、気分はウキウキ、カリフォルニアのサン・クエンティン州立刑務所を出所した2日後にウィリー・ワンカのチョコレート工場に行くようなもんです（訳注：ウィリー・ワンカは、児童小説『チョコレート工場の秘密』と映画『チャーリーとチョコレート工場』の登場人物）。

　この旅行に備えてインターネットで調べてみると、観客もクイズに参加することがあるので、事前にプロデューサーたちがスタジオに入るひとりひとりを1分ずつインタビューするんだそうです。ぼくは、プロデューサーたちの印象に残りたかったので、とっておきのTシャツを用意して思いっきり目

立ってやることにしました。Tシャツには、この番組の伝説的司会者ボブ・バーカーの写真とともに、その有名キャッチフレーズを5つプリントしました。そのうち一番有名なのが、「ペットはちゃんと去勢しましょう」でした。

　Tシャツにプリントした写真はもともと、ぼくが7歳か8歳のころボブ・バーカーに送ったファンレターのお返しとしてもらったものでした。そしてこのTシャツが、ぼくにとっての黄金切符になったのです（訳注：黄金切符は、前出『チョコレート工場の秘密』『チャーリーとチョコレート工場』の、チョコレート工場への招待状）。というのも、番組冒頭で、ナレーション担当のロッド・ロディが「ニコラス・ドゥビン、こちらへどうぞ」と呼び出したんです。そして気がついてみたら、全国放送で、いろんな商品の値段を当てるクイズに参加していたんですから。けっきょく、リサイクル用キャビネットをゲットして、ステージに立ちました。バーカーさんといっしょにステージに立ったぼくは、賞金として5000ドルと、1000ドル分の賞品を獲得しました。でもぼくを興奮させたのは、賞金でも賞品でもありませんでした。それは、物心ついてからずっとぼくのアイドルだったボブ・バーカーに会えたことだったんです。ぼくのTシャツに書いてある自分のキャッチフレーズを読んだバーカーさんはほくそ笑んで、ステージ上でぼくをちょっとイジってくれました。これはもう、体外離脱体験のようなもので、そのタイミングがまた絶妙だったわけです。『ザ・プライス・イズ・ライト』に出演できたのは、苦悩の連続だった1年間を終えたときだったんですから。

　こんなにシュールでしかもテンションマックスの体験をしたあとには、大きな決断が待っていました。もう1年グランドバレーに留まってテニスチームでプレーし続けるのか、それとも、自宅に戻って地元の大学に編入するのか、です。自宅に戻るのなら、大学チームでテニスをすることはあきらめなければなりません。テニスが唯一の持ち味だったぼくにとって、これはとてもむずかしい決断でした。グランドバレーでの生活は大嫌いでしたが、どうしようかさんざん悩みました。幸いなことにこの夏休み、ぼくの悩みに関して賢明な助言をして、正しい選択をさせてくれたあるひとに会うことができたんです。

6. 将来の選択に悩んだ大学時代

　1997年の7月、グランドバレーから帰省してもう1か月がたっていましたが、ぼくは、大学をどうするかまだ決めかねていました。でもこれは、そんなに頭を悩ませる必要がある問題ではなかったはずなんです。だって、講義以外、グランドバレーにいたいと思うことはなかったんですから。テニスの試合があるときを除けば、毎週末帰省していたんです。ひとりの友だちもできませんでした。学期中はずっとうつ状態で、自殺を考えることもしばしばありした。こんな状態で、何を迷う必要があったんでしょうか？

　この決断を下すうえでの最大の問題は、脱落者と思われるのは絶対いやだということでした。もちろん、こういうことを心配すること自体、無意味なことでした。なぜって、みんながぼくのことを心配しているとかぼくがどういう選択をするのか注目しているとかいった、ありえない状況を前提としていたんですから。戻るべきか戻らざるべきかに悩んでいたぼくは、自分にとって精神的に必要なことは何かということよりも、他のひとにどう思われるかということを優先して考えていました。ちょうど高校最後の年に、グランドバレーに行くことを決めたときのように。

　ぼくの偏った世界観によれば、もしぼくが心理的な未熟さを露呈してしまえば、他のひとは即ぼくのことを負け犬と思うにちがいないと確信していました。自宅に帰ってまた両親と生活するなんて、ぼくがまだどれだけ子どものままかを世間に知らしめるようなものです。ぼくにとっては、できるだけ正常にふるまって、なんらのちがいも感じさせないことが何よりも大切でした。ぼくはハンパない劣等感を抱いていて、いつもなんとかそれを埋めあわせようとしてきました。そんな劣等感があったからこそ、けっきょく、テニス・ヨーロッパを除けば、テニス経験が全然満足のいくものにならなかった

んです。だれかにまるごと受け入れてもらえるような、そんな友だち関係を求めていたぼくでしたが、テニスのトッププレイヤーになっても、それは得られませんでした。

　不幸なことに、ぼくは20歳になっても自己受容ができていなかったし、自分の長所短所もわかっていませんでした。ひとりの人間として生まれもった良さや値うちが自分にもあるなんて、思ってもいませんでした。このように自己受容ができていなかったからこそ、所属するテニスチームでは常に一番になろうとしていたんです。こういうことにまだ気づけていなかったぼくにとって、大学でテニスをしなくなるというのは、自分というものをまるまる捨ててしまうようなものでした。それまでにぼくが収めた成功と言えるものは、多かれ少なかれテニスに絡んだものばかりでした。グランドバレーに戻らないということは、20歳にしてテニスから引退することを意味し、ほかのひとの目には負け犬と映ってしまうことはまちがいなしでした。この決断の利害得失について両親と何度も話しあいましたが、なかなかふんぎりがつきません。だれか第三者に入ってもらって、冷静な意見を聞きたいと思いました。

　全然知らなかったんですが、ぼくがグランドバレーにいるあいだ、両親はジュリア・プレスというセラピストのカウンセリングを受けていたんです。それは、家を離れた大学生活でぼくが面していた危機をどう乗り越えるか、助言してもらうためでした。両親は、ぼくがこの重大な決断をするにあたって、ジュリアに会えば少し頭の整理ができるんじゃないかと思ったようです。両親が、ぼくに断りもなく、見ず知らずのひとにぼくの恥ずかしい秘密を全部打ち明けていたなんて、ちょっとびっくりしたし腹も立ちました。裏切られたような気持ちでムッとしてはいましたが、この際頼れるものには何でも頼るしかないと思って、ジュリアに会うことにしました。

　ぼくの不安とは裏腹に、ジュリアはとってもすてきなひとでした。ぼくのことをほんとうにわかってくれると思えるひとは、いまでもあまりいませんが、ジュリアは常にそのひとりです。現在に至るまで、ジュリアは、ぼくの人生ですごく大切ですごく支えになってくれるひとであり続けてくれていま

す。最初に会ったときからすぐ、ぼくのことを何から何までわかってくれると感じることができたんです。ジュリアは、ぼくの考えの矛盾点を指摘するのも巧みでした。初めて会ったときに、もしぼくが自宅に戻ったらみんなの目には負け犬・落伍者・怠け者だと映ってしまう、とぼくが言うと、それは、ぼく自身の自己批判の声だということを辛抱強く説いてくれました。ひとのためにこうしないといけないとかひとにこう思われたらいけないとか、そんな妙な想像を膨らませるんじゃなくて、自分にとって何が必要かをちゃんと考えたうえで決心をする権利と責任がぼくにはある、とも言ってくれました。その言葉は、ぼくの目を覚ましてくれました。自分はひとに良く思われたいということばかり考えてきたということを、生まれて初めてはっきりと自覚した瞬間でした。ジュリアの賢明な助言のおかげで、ぼくの精神状態の安定のほうが、テニスの試合で勝つよりも大切なんだということに、改めて気づかされました。その日ジュリアと話したあと、テニス部はないけれども自宅から車で15分ほどのところにあるオークランド大学に編入することを決めました。

　それからの3年半は、授業と家の往復の毎日でした。ときどきだれかとテニスをする以外、ひとづきあいは皆無でした。だれか相手が必要なときには、相変わらず両親に頼りっきりでした。ほんとうに退屈でワンパターンの生活ぶりでしたが、まえの年のひどい混乱と戸惑いのあとだったので、ぼくにとって不満はありませんでした。

　2年生になって初めて将来どうするかを真剣に考えはじめたぼくは、テニス以外にこれといって取り柄がないことに気がつきました。でも、高校のときの放送担当がすごく楽しかったことは覚えていたので、放送業界で働けたら、と考えるようになりました。もちろん、『ザ・プライス・イズ・ライト』の司会者としてボブ・バーカーのあとを継ぐなんていうのは、夢のまた夢です。そこで、もっと現実的に思えることに目を向けることにしました。ラジオのDJです。コミュニケーションを専攻に選んで、学生ラジオ局で毎週の番組を担当させてもらえるかどうか申しこんでみました。

　学生マネージャーに会って話をしてみると、審査のための録音テープを作

る必要があるということでした。それは形だけだったんですが、ぼくは真剣に取り組みました。この放送局の番組編成方針では、ふつうの商業用ラジオ番組では流さないような曲ばかりを集めることになっていました。ぼくは自分好みのアーティスト以外の音楽はよく知らなかったので、この方針はちょっと問題でした。レゲエとかクラシックとか電子音楽とかブルーグラスとかいった、何か特定の音楽分野に詳しいわけでもありませんでした。なんとかなるのは、ジャズくらいしかなかったんです。ジャズが好きだったお父さんが、何回かジャズの有名ミュージシャンを聴きに連れて行ってはくれました。でも、ぼくがジャズ好きとはいっても、そこまで熱を入れていたわけでもありません。そんなに知識もなかったんですが、急いでなんとかしないといけなくなりました。ジャズの勉強に向けて、ぼくの集中力をレーザーのように一点集中することにしました。

　ジャズにどっぷりハマってみて初めて、人生最良の友をどこに求めるべきかがはっきりわかりました。それはじっさいに関わることができるひとたちではなくて、現実世界の複雑さと厳しさから安全に逃避させてくれる、ジャズ奏者たちの輝かしいサウンドでした。『ザ・プライス・イズ・ライト』で獲得した5000ドルを、全部ジャズのCDにつぎこむことにしました。そして、ジャズ史上の偉人たちに関する本を、手当たり次第に読みまくりました。ジャズの知識を増やすだけでなくジャズとの恋に落ちたのでした。ジャズの魅力は、完全に、ぼくにとっての特殊な関心事になりました。そしてついに、曲の最初の数小節を聞いただけでだれの演奏かがわかるほどになり、これは、ちゃんと訓練を受けたミュージシャンにしかできないような芸当でした。

　ジャズに恋したぼくは、『グレイト・アメリカン・ソングブック』に行きつきました。これは、マンハッタンのティン・パン・アレー地域に音楽会社が林立していた古き良き時代から、1960年代までの楽曲を集めた本です。ここに載っている楽曲は、もはや古典とみなされていたので、「スタンダード」とも呼ばれていました。ジャズの偉大なミュージシャンはほとんど、このスタンダードを演奏していました。こういった楽曲に関するぼくの知識は、どんどん広がっていきました。いまでもぼくは、ほぼ全部のスタンダードが

すぐにわかるだけでなく、だれが作曲したかとか、どのジャズ奏者またはジャズ歌手がそれを録音したことがあるかとかまで知っています。

　ぼくが好きな曲のほとんどがスタンダードだというのは、皮肉です。こういう曲のテーマになっているのは、たいてい、愛とか失恋とかあこがれとか絆とか、ぼくがまだ恋愛関係のなかで経験したことがない気持ちばかりなんです。ひょっとしたら、こういうきれいな楽曲を通じてそういう気持ちを疑似体験していたということかもしれません。

　ぼくにとって、毎週ラジオ番組を放送するというのは、無上の歓びでした。番組名を、セロニアス・モンクの曲にちなんで『ストレート・ノー・チェイサー』にしたのは、その響きがカッコいい感じがしたからでした（訳注：この選択には「ストレート」になりたいという主人公の願望が表れているのかもしれない）。当時、一度もお酒を口にしたことのないぼくには、その意味はわかりませんでした。この放送をするのが好きだった理由のひとつは、ひととの関わりがほぼ必要なかったからです。こぢんまりとしたスタジオにひとりでいるのが好きでした。他人とのやりとりを要求されないこの仕事は、アスペルガーをもつ大学生にぴったりでした。でもぼくには、もうひとつ大切な理由があったんです。それは、ぼくの分身ともいえる音楽をかけることができるということでした。DJとして、ぼくの趣味にぴったり合うミュージシャンの音楽ばかり流すようになっていきました。この番組をすることで、ほかのひとにどう思われるかを気にすることなく、ぼくがほんとうに好きな何かを思う存分楽しむという経験ができました。

　大学2年生のとき、地元の公共ラジオ局でジャズ番組を担当していたピートというDJに手紙を書きました。ラジオ業界とコネを作ろうとしていたんです。何かピートの力になれることがないかと思っていました。ピートは長年デトロイトのジャズフェスティバルの音楽監督を務めていて、ジャズ史に残る偉大なミュージシャンともたくさん会っていました。ぼくはピートの番組に耳を傾けるのが好きで、音楽の趣味が合うんじゃないかと思っていました。少なくとも、ピートに会えればいいのですが。

　ピートはすぐに返事をくれ、一度会おうと言ってくれました。ぼくには、

テニス関係以外の職歴がありませんでした。そのときのぼくにあったものといえば、ジャズに傾ける情熱とジャズについての知識だけでした。ひとづきあいが下手だと思われたくなかったので最初会うときものすごく緊張しましたが、すぐに気に入ってもらえたようでした。ぼくが年のわりにはジャズのことをよく知っていることに驚いたピートは、毎年夏に開催しているジャズとブルースのフェスティバルのためのチラシを州内の大学構内で配ってくれないかと言いました。もちろんOKです。報酬はありませんでしたが、ピートのために何かできることはぼくにとって名誉であり特権でもありました。

　まもなく、ぼくは毎週土曜日の夜を、ラジオ番組を放送しているピートのかたわらで過ごすようになりました。放送局の膨大なライブラリーのなかからピートのためにCDを探して渡すのは、とてもいい経験になりました。7時から10時まではスタジオのなかではふたりだけで、まるでその場がぼくたちのものであるような気分でした。そのうちぼくが気づいたのは、これは例外的な状況であって、ラジオ業界のふつうの現場ではもっともっとたくさんのひとと関わらないといけないということでした。もうひとつピートが教えてくれたのは、ラジオDJの給料はあまり多くないということでした。これはぼくにとって喜ばしいことではありませんでしたが、だからといってやめようとは思いませんでした。放送業界で働くことがぼくの目標であるということは、揺らぎませんでした。

　悲しいことに、この目標はほどなくして打ち砕かれました。オークランド大学の学生DJ指導教授が、ぼくの声は高すぎるからもうラジオ放送は任せられないと言ったんです。その言葉にぼくは疑いをはさみませんでした。この業界で働くという夢のためにあんなにがんばってきたぼくは、打ちひしがれてしまいました。

　その後、当時デトロイトから放送されていたマリアン・ウィリアムソンのラジオ全国放送で実習するためにぼくが面接を受けられるよう、両親の友人が手配してくれました。立派な精神的指導者だったマリアン・ウィルソンは、著書『愛への帰還』がベストセラーになったり『オプラ・ウィンフリー・ショー』にも出演したりして有名で、多くの崇拝者たちがいました。何回か講

義を受けたことがありますが、その話術の巧みさとスピリチュアリティについての考えかたに感動しました。

　初めての正式な面接をまえに、ぼくは緊張していました。これまでのテニス関係の仕事は全部、向こうから依頼されたものでした。この面接に受かるのはそう簡単ではないことはわかっていましたが、これもいい経験だと思って前向きに挑むことにしました。ですが、放送局に着いたとたん、いやな予感がしました。そこは、ピートの放送局のような落ち着いた雰囲気ではありませんでした。スタジオは、騒々しくて慌ただしくてテンションマックスの場所でした。そこで働こうと思えば、ひとづきあいを上手にこなしつつ一度にいくつかの仕事を同時並行していく必要がありましたが、これはどちらもぼくにとっては超苦手なことでした。胸が苦しくなったぼくには、自分にはこの仕事はできないということがすぐにわかりましたが、依頼された仕事ではなかったので、無理する必要はなかったんです。大忙しのラジオ放送局に足を一歩踏み入れたとき感じたことは、いまでも忘れません。あの瞬間、はっきりわかりました。ラジオ放送とぼくとは合わない、と。でも、ちょっと遅すぎました。それまで2年間コミュニケーションを専攻していたぼくは、ほかに何をしたらいいのか見当もつかなかったんです。

　両親がぼくに勧めていたことがひとつあったんですが、ぼくはそれをするのが断固としていやでした。将来、仕事としてテニスを教えたらどうかと言うんです。アルバイトとしては高校時代以来いろんなクラブで教えてはきましたが、全然駄目でした。テニス選手としては良くっても、教師としては駄目なんです。この事実はぼくにははっきりわかっていたんですが、両親にわかってもらおうとするといつもけんかになってしまいました。プロ試験を受けるようプレッシャーをかけられて、しかたなくそうすることにしました。いまになって両親が説明するには、当時のぼくにとって音楽以外の興味といえばテニスしかなかったから強く勧めたんだって言うんです。それは確かにそうでした。学業のほうもパッとせず、専門科目以外はかなり苦労していましたから。

　テニスのプロとしての道を歩むつもりはありませんでしたが、学生生活を

続けながら、アルバイトとしてテニスの仕事もしていました。大学2年目のとき、ぼくが所属した高校の選抜チームコーチをしていたテニス友だちが、二軍コーチにならないかと言ってきました。そのころはほかにこれといってできる仕事もなかったので、しぶしぶ引き受けました。テニス生活に完全にピリオドを打ってしまうのがいやな自分もいたので、コーチとしてテニスと少しでも関わっておきたいという気持ちもありました。ひとの運命とはおもしろいもので、のけ者として過ごした高校のコーチに、ぼくがなるんです。無力感をさんざん味わわされた場所に今度は偉いひととして戻るのは、ある意味いい気分でした。

　でもけっきょく、この仕事を引き受けたのは大失敗でした。マリアン・ウィルソンのところで感じたよりももっとひどい胸苦しさに初日から襲われたぼくは、しまったと思いました。すぐにでも辞めたかったんですが、もう契約書にサインもしてしまっています。いったいなんでこんな羽目に……？

　何が問題なのかというと、毎日高校1年生や2年生を見るたびに、昔のいじめっ子たちを思い出してしまうんです。その結果、生徒たちを恐れて、機嫌を伺うようになってしまいました。こんな心理が働いてしまったおかげで、コーチとしてのぼくの権威は失墜し、身動きがとれなくなってしまいました。練習中の統率はまったくとれず、みんな好き放題でした。練習をサボる連中も多く、ぼくはもうどうしていいかわかりませんでした。もし注意でもしたら、選手たちにいじめられてしまうんじゃないかと怖くなってしまいました。自分が指導すべき立場にある選手たちをコーチが恐れるなんて、という感じですが、いま思えば納得できます。年齢のうえではぼくのほうが何歳か年上だったかもしれませんが、精神的にはぼくのほうが幼いように感じていたんですから。

　ぼくのコーチとしての未熟さが露呈したよい例が、高校のときだれとつきあっていたのかと数人の選手たちに尋ねられたときです。ぼくは嘘をついて、連中が知っているかもしれない女の子の名前を挙げてしまったんです。こんな嘘が通用するはずがないのに、ほんとに子どもっぽい馬鹿なことをしたものです。ぼくがどれだけ、なんとしてでも性に関する混乱を隠し通してふつ

うに見られたいと思っていたかが、おわかりいただけると思います。

この仕事は1年しか続けられませんでした。いまにして思えば、この仕事を引き受けることはスズメバチの巣のなかに放りこまれるようなもんだ、という直感になぜ従わなかったのかと悔やまれます。ぼくをいじめたやつらと同じ年の連中に関わるとたいへんなことになってしまうというあたりまえのことが、どうしてわからなかったんでしょうか。ここでもやはり、自分の気持ちに正直じゃなかったんです。直感も胸苦しさも、過去の経験も生かすことができませんでした。

ほかにもテニス指導の仕事をいくつかやりましたが、結果はいつも同じで、そのたびに同じ問題に直面させられるのでした。なんだか、偉いひとの立場を演じる子どものような気持ちでした。皮肉なことに、自分の不安をひた隠しにしておとなっぽくふるまおうとすればするほど、ぼくがしていることはますます子どもっぽくなっていくのでした。

たとえば、あるクラブで教えていたときのことですが、より権威的になれるかと思って、拡声器を手に入れました。ぼくがふつうの声で指示を出しても子どもたちが言うことを聞かないんなら、大きな声なら聞くんじゃないかと思ったわけです。上司に許可を得たのかって？　そんなこと、考えもしませんでした。言うまでもなく、この作戦を知ってあきれかえった上司には、即刻拡声器を捨ててしまうよう言われてしまいました。ここはカントリークラブであって、ノートルダム大学のファイティング・アイリッシュみたいなアメフトチームじゃないんだ、と。

また別の事件ですが、その朝ぼくがクラブハウスの鍵を開けることになっていました。その日鍵をもっていたプロは、ぼくだけでした。例によって手先のぶきっちょなぼくは、なかなかドアを開けることができませんでした。2組のジュニアチームが、なかに入るために待っていました。鍵を開けられなくて待たせる時間が長引けば長引くほど、ぼくはどんどん恥ずかしくなる一方でした。とうとう、12歳の子に鍵を開けるよう頼むと、その子はあっというまに開けてしまいました。そしてみんなが爆笑するという、いつものオチでした。

見こみのない2とおりの進路を模索するなか、オークランド大学での3年半で一番気がかりだったのは、性の問題が完全にノータッチだったことでした。この期間、両親とこのことについて話しあうこともなかったんです。部屋のなかの象もいいところです（訳注：「部屋のなかの象the elephant in the room」という英語表現は、だれの目にも明らかなのにだれもそれに触れないことを意味する）。ただ一度この問題がもちあがったのは、だれかと交際するよう両親がぼくにプレッシャーをかけたときでした。こういうときはたいてい、「まだそんな気分じゃない」とでもテキトーに言っておけば、それ以上何も言われることはありませんでした。スワンソン先生と会ってから何年ものあいだ、両親もぼくも、ぼくのゲイ問題に触れることはありませんでした。事実上、このゲイ問題にふたをしてしまっていました。

　卒業を間近に控え、精神的にも性的にも、自分がどれだけ幼いかをひしひしと感じるようになりました。おとなのからだに宿った子どものように感じていたので、自分の性的な面を理解したりいろいろ試してみたりということも、できませんでした。もしかしたら、人間関係でも性的関係でも遅れているせいでゲイのように感じてしまうのかもしれないとも考えました。結論を言ってしまえば、ぼくにとって、性はまったく不可解なものだったんです。

　いまのところは今後の進路選択が問題だったので、性的混乱に向きあうのを先延ばしにしていました。これから自分がどうしたいのか見当もつかないまま、大学を卒業することになりそうです。いま岐路に立っているぼくは、早くおとなになる必要がありました。もう子どもではいられません。いまや大卒なんです。人生のこの大きな転換点で、いったいどうすればいいんでしょうか？　仕事としてテニスの指導を続けるのか、ラジオに復帰するのか、それともいままで考えもしなかったような何かほかのこと？

7．どんづまりの修士課程とデート

　思い出せるかぎりでは、ぼくは自分の誕生日を楽しんだことはありません。プレゼントがいらなかったわけではなくて、同級生よりもいつも幼いと思っていたぼくにとっては、誕生日を迎えるたびにそのギャップを改めて痛切に感じさせられたからでした。23歳になったときも、そうでした。そのときのぼくの人生のどこをとっても、あてもなくフラフラしているような状態でした。コミュニケーションで学士号を取得して大学を卒業はしたものの、どんな仕事をしたいのか、まだまったく定まっていませんでした。放送とテニスを除外したぼくは、インスピレーションと方向性を必要としていましたが、何をやってもおぼつかないので、向いた仕事なんてなさそうでした。ときどき、ぼくと同年代のひとが法学部や医学部に進学するとか、株式仲買人や会計士やジャーナリストとしてすでに働いているとかいったことを耳にしました。ぼくも、そういうひとたちみたいに成功したいと思いました。

　方向性の定まらなさに加え、両親は、ますます交際のプレッシャーを強めてきました。この時点までのぼくは、そんな気はまったく起こりませんでした。でも、2000年に大学を卒業したころから、高校の同級生が婚約したとかいうこともちらほら耳に入るようになりました。のちのちアスペルガーの診断を受けることになるいとこも、デートなんてしたこともなかったんですが、突然彼女ができました。そのいとこの兄はぼくより何歳か年上で、ぼくはいつも劣等感を抱いていたんですが、結婚もしていてちゃんとした仕事もあって、もうすぐ子どもも生まれる予定です。お気づきと思いますが、ぼくはこういう同級生や親戚に対して、嫉妬を感じていました。ぼくも同じようになりたかったんですが、それは何も、奥さんをもらったり父親になったりすることが夢だったというわけではなくて、年齢相応になりたかっただけな

んです。結婚して子どもをもてば、ぼくもちゃんと成長したということをみんなにはっきりとわかってもらえるでしょう。ひとに認められたいというぼくのいつものパターンがまた繰り返されようとしているのは、明らかでした。それではぼくのためにならないということはわかっていても、グランドバレーに行くために家を離れたときのように、みんなと同じになりたかったんです。

　卒後の進路選択を検討するなかで、デートだの交際だの性の問題だのはとりあえず棚あげしておくことに決めました。そのときは、進路について考えるだけで精一杯だったんです。幸い、あるひとつの経験がきっかけとなって、何をしたいのかが見えてきました。大学を卒業してすぐのころ、重症の学習障害と戦ってきた障害者権利運動家ジョナサン・ムーニーの講演を聴いたんです。さまざまな困難にもめげず、文筆家としても講演者としても、とても成功しているひとです。ムーニーの話は、ぼくにとてつもない影響を与えました。その情熱や使命感が、よく伝わってきました。ムーニーは、一生誤解され続けて苦しんできたひとたちを大切に思い、そういうおとなたちに手を差し伸べたいと思っていました。講演会場をあとにしたぼくは、ムーニーの愛他主義的使命感に親近感を感じるようになっていました。自分以外の何かのために働けという天の声が、生まれて初めて聞こえたような気がしたんです。ラジオ放送のときは、聴いてほしいと思っていました。テニスのときは、腕前を認めてほしいと思っていました。いま、このふたつに、ひとの助けになる何かをしたいという目標が加わりました。何らかの形で、力を発揮したいと思いました。

　ぼくは、障害をもつひとたちを助けたいという新たな情熱を胸に、デトロイトマーシー大学の特別支援教育修士課程に応募することにしました。そして、驚いたことに、合格しました。学業にそんなに真剣に取り組んでこなかったぼくが大学院に入るなんて、びっくりです。いまやぼくは、特別支援教諭になるための長い道のりに直面しているのでした。将来の目標が定まって見通しが立ったぼくは、ちょっとおとなになったような気分に浸っていました。ぼくの職業上の優先順位がはっきりしたいま、これから学んでいく分野

に関する本を手当たり次第に読みあさりました。こうして知的には花開こうとしていたんですが、対人関係や性のこととなると、話はまた別でした。

　グランドバレーでの落ち着かない一年を経て、オークランド大学在籍中は自宅に戻っていました。ぼくにとって同居が必要であることを両親は理解してくれていましたが、卒業後はアパートでひとり暮らしするようさかんに言ってくるようになりました。そうすれば心理的に親離れできて、ひとり立ちできると思ったようでした。このことについては1年近く話しあい続けましたが、自宅を離れると考えただけで頭が真っ白になってしまうようなありさまでした。

　両親とカウンセラーのジュリアに助けられて、2001年8月11日にとうとう自宅を離れ、およそ8キロ離れたところにあるアパートに引っ越しました。そのときのぼくの不安がどれほどのものだったかというと、まるで中国にでも来てしまったかのような感じでした。ぼくはまだいろんな面で両親の助けがいると感じていたので、別々に暮らす決断をするのがとてもむずかしかったんです。たとえば、家賃も両親が払ってくれていたし、そのほかの生活費も援助してくれました。知的な成長はみられたものの、ほかの面ではまだまだでした。

　その結果、ぼくの知的発達と人間関係や性的発達とのあいだに大きなギャップが生じてしまいました。大学院レベルの教育を受ける一方で、毎日のように自宅に帰っていたんです。複雑な学術論文を書くことを楽しめる一方で、同級生と5分間雑談するような対人関係すらうまくこなせなかったんです。3時間の講義を聴き続けるのは苦もなくできる一方で、だれかがいきなり電話してきたりだれかとの待ちあわせに5分以上遅れたりすると、パニックを起こしていたんです。

　デトロイトマーシー大学で過ごした3年半のあいだ、授業は全部楽々で、しかも成績もそのほとんどで5段階の5でした。ハワード・ガードナーやジャン・ピアジェやローレンス・コールバーグといった発達心理学者たちの理論を勉強するのは、楽しめました。ぼく個人にも当てはまるところがあったので、学習障害のことはよく理解できたし、その困難さもわかりました。も

っと実践的なことになると、そこまで興味がわきませんでした。小学校の理科や社会の教授法を身につけようとは思いませんでした。こういうことはぼくの関心外だったんですが、それでもなんとかやりきっていきました。

　ぼくの対人関係の問題や性的な問題はここしばらく進展がありませんでしたが、そろそろ動きが出てきました。あるときまたお父さんに、デートでもするようにと言われたんですが、女性と性的に親密になるにはどうしたらいいのかさっぱりわからないから、まだそういう気になれないと答えました。そして、ぼくの性的指向を確認するためには実体験が必要だと言ったスワンソン先生も引きあいに出しました。お父さんは、どういうふうにすればいいかはそのときになったらわかるもんだと言って、なんとかぼくにわからせようとしていましたが、ぼくにはそんなの無意味でした。だれかとつきあうなんていうこと自体ありえないことでしたが、たとえそうなっても、女性と性的に親密になる方法をあらかじめ知っておかないことにはどうしたらいいのかわからないとお父さんに言いました。ぼくが恐れていたのは、まったく未経験の状態では馬鹿を見るんじゃないかということだったんです。問題は、そのあらかじめの経験をどこですることができるのかということでした。

　お父さんはこのジレンマをよくわかってくれて、解決策を一生懸命考えてくれました。インターネットで、性的代理人についてまで調べてくれました。性的代理人というのは、多くの場合精神科医や心理士と連携して、デート恐怖症や不感症を抱えるひとたちとかセックスに自信のないひとたちを、身体接触を通じて援助するひとのことです。お父さんが調べたところによると、性的代理人は一般的に、違法とはみなされないそうです。お父さんはまたもやデートを勧めてきましたが、とてつもない不安と性的混乱のために、ぼくは拒み続けました。

　いろいろ考えたり調べたりした結果たどりついた唯一の選択肢は、性的代理人とはまたちがう、合法的売春宿でそういう体験をしてみることでした。わらにもすがる思いだったぼくは、自分の性的問題をもっと整理して、デートしてみる気になれるくらいの自信をつかみたいと思っていました。断っておきますが、こういうことを進んでしてみようと思ったわけではありません。

でも、理想とはほど遠いアイデアとはいえ、うまくできなくても非難されないような安全な状況で性的体験をするためには、これがぼくに思いつく唯一の解決策でした。スワンソン先生の「論より証拠」という言葉は、忘れられません。

　最初お父さんにこのアイデアを話したときは、あまりいい顔をされませんでした。法的にどうなのかとか安全なのかとかいった心配ももっともだし、そんなことをしてぼくが動揺したり傷ついたりしないかとも心配したようでした。ぼくはぜひそれを試してみたいと思っている、そして、もうほかに方法は考えつかないと話すと、やっと、少し考えてみると言ってくれました。でもまず、完全に合法で安全であることを確認する必要があるとも付け加えました。ぼくがさらに調べてみると、ネバダ州のなかに売春宿が合法になっている地域があることがわかり、ぼくもお父さんもさんざん考えぬいた結果、そこに行ってみることを決心しました。出かけるまえにお父さんが電話をかけて、内気な童貞専門のひとをリクエストし、その条件にあったひとを予約してくれました。

　この旅行に出発するまでのぼくは、神経衰弱状態でした。ぼくの運命がこれで決まってしまうくらいの気持ちだったんです。いま思えば、ぼくがあんなに不安だった理由のひとつは、女性に性的魅力を感じることができるかどうかわからなかったからでした。じっさいのところは、ぼくの極度の対人恐怖と不感症のために、相手が女性だろうと男性だろうと身体的接近は恐ろしかったんですが。

　この試みはけっきょく、悲惨な結果に終わりました。予約していた女性とは、気持ちがまったく通じあいませんでした。部屋は寒くて殺風景で、蛍光灯が煌々とついていて（これはアスペルガーにとっては悪夢です）、床は硬いリノリウムでした。親密な関係とかロマンチックな関係どころではなくて、何かお医者さんの診察でも受けるような雰囲気でした。内気な男性専門のはずのこの女性はよそよそしくて、ぼくにがまんがならないようすでした。いつまでも続くように長く感じられたこの時間は、失敗でした。ぼくは、すっかりしょげかえって帰宅しました。

いま考えてみれば、こういうやりかたに期待するほうが無理だったんです。どこまでもウブだったぼくは、この女性と1時間過ごしさえすれば、ぼくの性に関する疑問が全部解消するだろうなんて思ってたんです。それ以来、この経験を客観的にふりかえってみて、ある種の性的代理人が合法になれば、そういう訓練を受けたプロがぼくのような人間の性的問題を解消してくれるかもしれないのに、と思うようになりました。知りあいのあるセラピストが話してくれたんですが、そのひとが面接している自閉スペクトラムのひとたちのほとんどは性的体験がほとんどないかあるいはまったくなく、非難されることのない安全な状況でだれかと性的に親密になる方法を学ぶことを望んでいるそうです。

　ネバダ州での惨めな体験は、ぼくの性的混乱をいっそう増しただけでした。ぼくが願っていたような結果にはならなかったわけですが、あんな状況だったら、だれでもそうだったと思います。自宅に戻ってからのぼくは、以前にも増して悲惨でした。この旅行は、何の解決にもなりませんでした。よけい落ちこんでしまって、自殺まで考えました。

　この時点で両親はぼくのことがますます心配になり、性的問題の専門家に相談する必要があるんじゃないかと思うようになりました。グランドバレー時代以来ときどき会っていたジュリアも、同じ考えでした。両親がいろいろ調べてくれた結果、性的問題専門の、評判のよい心理士が見つかりました。

　グリーン先生と会ったそのときから、ぼくはとても感動しました。何年ものあいだにいろんなセラピストに会ってきましたが、みんなだいたいぼくに対して上から目線で、役に立つ助言をしてくれるひとはあまりいなかったんです。ぼくが話したことを、そのまま繰り返すだけでした。いまぼくに必要なのは、そんな繰り返しじゃありません。だれか、はっきり言ってくれるひとが必要なんです。それが、このグリーン先生でした。頭の回転が速くてぼくの話をよく聞いてくれて、先生が思ったこともちゃんと言ってくれました。

　グリーン先生は、面接を続けるなかで、ぼくがいつも不安がっていて落ちこんでいることも多いということにすぐに気がつきました。そして、ぼくが適応できていないのは深刻な問題だと思ったようでした。ぼくが両親におん

ぶにだっこになってしまっていることも、心配していました。ぼくに友だち
がいないこととときどき自殺したくなることも、グリーン先生は知っていま
した。毎回の面接で先生がしようとしたことは、毎日毎週直面するさまざま
な困難を、とりあえずぼくが乗りきっていくことでした。相談をはじめるき
っかけとなったのは性的な混乱でしたが、日々の困難さのほうが優先課題と
なっていったんです。その後知ったんですが、アスペルガーのひとのセラ
ピーでは、こういうふうに問題の焦点が変わることは珍しくないようです。
生活上の問題が多すぎて、性の問題はうやむやになってしまうことが多いん
です。

　逮捕されて以来、アスペルガーの成人や青年と関わるセラピスト何人かと
話をする機会がありました。セラピストたちはみな、面接のなかで性につい
て話しあうことはあまりしないと言っていて、その理由は、性の問題がアス
ペルガーのひとたちにとってはあまりにハードルが高いというだけでなく、
もっと緊急性のあるほかの問題が山のようにあるからだということでした。
アスペルガーの子どもをもつ保護者たちも、子ども本人と同じく、性の問題
を話しあうことには消極的でした。その結果、性の問題にはいつまでたって
も目が向けられないんです。このような、アスペルガーのひとの性の問題が
注目されないような状況はなんとかしないといけません。アスペルガーがあ
ると性的発達にも影響が及ぶこと、そしてそのためにいろんな問題が起きて
くるということは、研究でも示されているんです。アスペルガー患者の治療
に携わるひとたちは、性的発達が定型発達の場合とどうちがうのかをちゃん
と理解しておく必要があります。残念ながら、自閉症と性の両方に精通した
心理士やセラピストは、ほとんどいません。

　グリーン先生の面接をはじめたころ、ぼくの慢性うつ状態の原因は性に関
する混乱だと思うので結婚すれば治ってしまうんじゃないか、とぼくが言っ
たことがあります。グリーン先生は、そうは思っていませんでした。結婚し
てもうつが治るとは思えないと先生は言ったんですが、ぼくは譲りませんで
した。このときもまた、ほかのひとと同じ人生を送りたいと思っていたんで
す。ぼく自身迷いはまだあったんですが、デートをしてみていいとグリーン

先生に言ってほしい気持ちもありました。ネバダでの経験にもかかわらず、自分が「ジー・エー・ワイ（GAY＝ゲイ）」かどうかまだはっきりわからない、とも先生に言いました。

「ニック、」とグリーン先生は言い、「きみは、この言葉を発音することすらできないじゃないか。アルファベットでしか言えない。それはいったいどうしてだと思う？」と尋ねました。

「わかりません。教えてください」

「きみに考えてみてほしいんだ」

「ぼくは、ただほかのみんなと同じがいいんです。結婚して、子どもを作って、何もかもうまくいって」

「待ちたまえ」と先生が口をはさみました。「年齢に関係なく、独身であっても良い人生を送っているひとはたくさんいる。そういうひとたちは、自分でも、幸福で満たされていると感じている」。この先生の言葉に、ぼくはショックを受けました。そのときまで、結婚できたひとだけが幸せで成功できていると思いこんでたんです。

「ということは、たとえ結婚できなくても、負け犬ではないんですね？」

「もちろんだ。どうしてそういうふうに思っていたんだね？」

「この文化ではそういうことになっているように思います」

「ニック、この際ストレートに言っておこう。あ、いまのはシャレじゃないから（訳注：英語の「ストレート」には、ゲイではないという意味もある）。きみがゲイかどうかわかるのは、きみだけだ。わたしのからだはきみのからだとはちがうので、わたしにはわからない。だが、きみがゲイという言葉を発音することさえできないという事実は、何かを意味していると思う。そのことについて、ちょっと考えてみてほしい」

　ぼくは、「オッケー。ま、いっけど」と、もうどうでもいいといった感じで答えました。

　いま考えれば、ぼくがゲイだということはもう明らかだったと思うんですが、当時のぼくにはまだ抵抗がありました。そのことをぼくが認めることができるには、まだ何年もかかったんです。

そのころのぼくがどうしてゲイであることがいやだったかを、説明します。ぼくのいとこのひとりも、お父さんの親友も、ぼくのラビ（＝ユダヤ教指導者）もゲイだったんです。うちは、同性愛嫌いとはほど遠い家庭でした。でもぼくも、ゲイだといっていじめられたひとの例に漏れず、そのいじめのおかげで、同性愛についていやなイメージを植えつけられてしまったんです。さらに、セラピーのなかでゲイであることを認めたくなかった、より大きな理由がありました。だって、ひととのちがいがもうひとつ増えてしまうことになるし、何より、結婚して子どもを作ってひと並みになることが、ますますむずかしくなってしまうじゃないですか。こういうわけで、まだ心の整理はついていなかったものの、ただただひと並みになるために、デートしてみることにしたのでした。

　いま多くのひとがそうするように、ぼくも、デートウェブサイトを通じてデート相手を見つけました。最初の相手はジャズ歌手で、ぼくがジャズ好きだったことを考えれば、絶対うまくいくはずだと思っていました。ぼくは彼女をすてきなレストランに連れて行ってあげて、バラの花束を渡しました。会話がとぎれないよう彼女についてたくさん質問しつつ、自分についてはなるべく語らないようにしました。ふりかえってみれば、この一方的なやりとりと、最初のデートにバラをもって行ったということが、彼女を引かせてしまったようでした。翌日彼女に電話しましたが、それ以降連絡はありませんでした。このパターンが、少なくとも3〜4人続きました。デートして、翌日電話かメールして、すぐ返事がなければ、留守電に怒りのメッセージを残すか、相手の無神経ぶりを非難するメールを送りつけるんです。どう考えても、ぼくのソーシャルスキルは最悪でした。

　もう金輪際デートはあきらめようと思っていたその矢先、ユダヤ人専用デートウェブサイトで、ある女性に出会いました。彼女も教師になることを目指していたので、ぼくたちには、ユダヤ人であるということと教師を目指しているということの、ふたつの共通点がありました。なんとなく馬が合わない感じで、性的にグッとくる感じもぼくにはなかったんですが、2か月ほどつきあいました。最初から彼女はぼくを気に入っていたようなんですが、

ぼくたちには、ある決定的な問題がありました。一度映画館にいっしょに行ったとき、彼女がぼくの手を握ろうとしたので、ぼくはからだがカチカチになって引いてしまいました。彼女はたぶん、拒絶されたと思ったでしょう。また別のときには、彼女が予告なくぼくのアパートに来たので、ぼくはたまげてしまいました。まえもって言ってくれないなんて思いやりがなさすぎる、と彼女に言ってしまいました。彼女は、すっかり怒って帰って行きました。もうひとつ彼女にとって不満だったのは、電話で話すよりもメールでやりとりするほうをぼくが好んだことでした。電話でのやりとりは、いまでも苦手です。とどめは、彼女の親友の結婚パーティーにぼくも誘われたときでした。ぼくは、ダンスもできないうえに、うまく立ち回ることもできなかったんです。その次の日にフラレてしまいました。ぼくは、拒絶感に打ちひしがれながらも、どこかホッとしていました。

　この破局とちょうど同じころ、教員免許状取得のために必要な、教育実習が始まりました。特別支援教諭になるためには、小学2年生の通常学級と特別支援学級とを対象に、2学期分の実習をする必要がありました。この2とおりの教育実習は、文字どおり、3年半の修士課程の締めくくりでした。

　ぼくは、秋からの教育実習を控えた夏休みのあいだに、字が下手なのが心配だということを実習をする予定の小学校の特別支援教諭に相談しました。その先生は親切にも、夏休みのあいだに、鉛筆のもちかたと活字体や筆記体の書きかたをいっしょに練習しようと言ってくれました。普段の生活ではパソコンしか使わなかったぼくにとって、こういうことは教員として必要なだけだったんですが、数か月の夏休みのあいだ、その先生の自宅での練習に週に3日励みました。悲惨な結果が待ちかまえているということは、この書字のひどさを考えれば予測できたはずなんです。ぼく自身にすらできないことを小学2年生に教えなければいけないというのは、何かがとてつもなくまちがっていました。

　いったん教育実習がはじまると、書字以外にも多くの問題があることが、すぐに浮き彫りになりました。子どもとどう関わっていいのかわからなかったし、子どもたちの指導者としてふるまうこともできませんでした。生徒を

しつけることもできませんでした。複数の仕事を同時並行でこなしていくという、ぼくの苦手なことが、この仕事には欠かせないということもわかりました。日々こなさなければいけないたくさんの仕事にぼくは押しつぶされそうになり、多くのことが中途半端になってしまいました。

　ぼくを指導してくれた2年生の担任は、だんだんイライラしてきたようでした。夏休みの特訓の成果もなく、黒板に書いたぼくの字は判読不能でした。子どもたちは、自分のほうが上手な字が書けると言ってぼくをからかいました。でも、字の問題はまだマシなほうでした。学校にある高価なラミネート機を壊してしまった日もありました。何か仕事を頼まれてもいつも忘れてしまいました。担当教科以外の教科指導には興味をもてませんでした。子どもたちや同僚教師たちとの関わりを避けるために、昼休みには学校を離れました。あとになって知ったんですが、ほかの先生たちは、ぼくの関わりのまずさを問題視していたのでした。

　この状況は、日々悪化する一方でした。ぼくは何ひとつちゃんとこなすことができず、この仕事を好きになれませんでした。ふつうの小学2年生を教えるのがこんなにたいへんなら特別支援教育なんてとんでもない、と怖くなってきました。最初は、ぼくのような苦労を背負った子どもたちを助けるために、特別支援教育を志したいと思ったんです。でも、よく考えてそう決断したわけでもなかったし、ここでもまた、自分の弱点や足りないところをちゃんと考慮していませんでした。4週間たった時点ですでに、もう無理でした。

　2年生担任も学校長も大学の指導者も、言葉を選びながら、いろいろと問題があるとぼくに説明し、ほかの道を考えるように強く勧めてくれました。大学の指導者は、実習以外の課題はクリアできているので、修士号は取得できると言ってくれましたが、州公認教諭にはなれないとのことでした。もう小学校教諭になる気はなくなっていたので、ぼくはある意味ほっとしました。でも、教育実習での失敗は、ぼくにとって、いままでで最悪の挫折体験でした。人生の目標を見失ってしまったんです。職業選択の道もデートの道も閉ざされてしまったいま、もう生きていてもしかたないと思うようになってしまいました。

8．アスペルガーの診断──新たな始まり

　ジグムント・フロイトは、人生で一番大切なのは愛と労働だと言いましたが、ぼくにとってはそのどちらもが失敗に終わったわけです。26歳になったぼくは、世界のいろんなできごとが移り変わっていくのを脇から眺めている、パレードの観客のようなものでした。対人関係など問題外で、充実した仕事なんて望むべくもなく、こうしたどうしようもない状況のなかで、性的混乱はまったくの手つかず状態でした。教育実習が中断になってしまってすっかり落ちこんだぼくは、両親のもとに帰る以外はアパートに引きこもってしまいました。買い物に行ったりシャワーを浴びたりするような元気すら出ない日もありました。

　このひどいうつ状態のなかで、2型糖尿病と診断されたんですが、おそらくその原因は、不安と落ちこみを紛らわせるためにグランドバレー時代からはじめたむちゃ食いの習慣でした。両親は、ぼくの長年の不摂生に対して、頭にきていました。両親の怒りでぼくの罪悪感はいっそうひどくなったんですが、こう言うと変に聞こえるかもしれませんけれど、病気になったおかげで早く死ねるかもしれないと思って安心したところもあったんです。何から何までめんどうをみてくれる両親がいなくなって、ひとりで年をとっていくという状況を想像しただけで、身のすくむ思いでした。つまり、ぼくのほうが早く死んでしまえば、そういうつらい状況を回避できるわけです。グリーン先生の面接を続けるかたわら、グランドバレー時代からずっと薬を出してくれている精神科医にも見守られていたにもかかわらず、ぼくの人生はまったく不毛に感じられていました。

　ぼくにはふたつの選択肢しか残されていないように感じました。あきらめるか、それとも、戦うかです。手も足も出なくなって何か月もアパートに引

きこもっていたぼくは、後者を選ぶことにしました。もし生き続けることにするなら、何かを変えないといけない、それはわかっていました。ぼくの人生がなぜこんなに問題だらけなのか、白黒はっきりさせる必要がありました。ぼくがどうしてここまでひととちがうのか、なぜ人生でこんなに苦労するのかは、学習障害だけでは説明つきません。ぼくが孤立する理由、決まりきったルーチンが必要な理由、変化に対応できない理由、慢性的な不安とうつの理由、性的に混乱する理由は、何かほかにもあるはずです。それに、特別支援教育の修士課程を優等で卒業したぼくが、教育実習ではなぜあそこまでみじめな思いをしないといけなかったのかも、知りたいと思いました。

　こういうもろもろの疑問に終止符を打つために、本屋さんを回って、ハウツー本や心理学の本を読んでみました。いろんな診断名があることがわかり、少し当てはまるものはありましたが、ぼくが感じていたむずかしさを全部説明してくれるようなものは見当たりませんでした。うつ病は引きこもりの原因だったかもしれませんが、ぼくが音に過敏だったり同じ動作を反復したりするのは、うつとは関係なさそうでした。ぼくの強迫的な性格と不安が結びついているのは確かでしたが、ぼくの対人的な未熟さや精神的な幼さは、不安とは縁がなさそうでした。心的外傷後ストレス障害は、中学校で受けたいじめやセクハラの影響を理解するヒントにはなりましたが、それよりずっと以前の幼児期にみられた、ピョンピョン飛び跳ねたり手をバタバタさせたりといった神経学的行動の説明にはなりませんでした。何か月たってもこの調子で、ぼくがどうしてこんななのかをまとめて理解できるような説明はどの本にも見当たらず、だんだんイヤになってきました。

　こうしてぼくの問題の原因探しを続けながらも、進路決定の重圧は肩にのしかかっていました。ひとつだけわかっていたことがあります。それは、就職はまだ早いということでした。就職を先延ばしにするためという理由だけであっても、学生生活を続けなければなりません。もう追いつめられた気分でした。これ以上失敗を重ねたくはありません。大学院で何を専攻すればいいんでしょうか？

　どんな分野に進むべきかを考えるなかで、修士課程で履修した講義のうち

でも、心理学的ないし理論的色彩の濃いものは楽しく学べたことを思い出しました。それに、ジョナサン・ムーニーの講演を数年まえに聴いて以来、ひとのありようというものに目を向けるようになっていたし、ひとのためになりたいという気持ちも強くなっていました。理由はたったこれだけでしたが、ミシガン臨床心理大学院の博士課程に応募する決心をしました。

　面接試験のとき、総長先生に、どうして教育実習を中断したのかと尋ねられました。4年間の博士課程をぼくがちゃんと終えられるのかどうか、心配したのかもしれません。教育実習をしていて自分は小学校教員には向いてないことに気づいた、とだけ話しました。面接のあと、不合格なんじゃないかと心配になりました。驚いたことに、入学のために必要な大学レベルの心理学コースをいくつかパスすれば、という条件つきで合格していました。

　そのコースのひとつが、異常心理学でした。この授業は、自分がなぜひととこうもちがうのかということをいままでずっと考え続けてきたなかで、決定的なものとなったんです。ある授業のなかで、なんとなく聞いたことはあった診断名に出くわしました。それが、アスペルガー症候群だったんです。教科書の説明を読んだぼくは、あごがはずれるほど驚きました。その説明は、ぼくという人間と、ぼくがいままで経験してきた問題にぴったりでした。ただ、この診断名が自閉症との関連でとりあげられているという点だけが、合点がいきませんでした。そのとき、オーバリンのテニス合宿で「レインマン」と呼ばれたことを思い出しました。あれは、このことを予言していたんでしょうか？　ああ言ったひとは、実はぼくのことをよく観察していたのかもしれません。生まれて初めて、自分が自閉的であるということをほぼ確信しました。

　すぐに本屋に行って、尊敬する共著者トニー・アトウッド先生が書いたアスペルガーの本を手にとりました。その本は、文字どおりぼくの命の恩人になりました。そこに書いてあることは逐一ぼくの性格に当てはまったし、いままで生きてきてむずかしかったことがすべて理解できました。アトウッド先生は、アスペルガーのひとたちがもつ多くの長所・特技・才能も強調してくれていて、特殊な関心事を見つけてそれにハマる傾向のことも書いてあり

ました。ぼくの場合、クイズ番組・テニス・ジャズに没頭したことがそれに完全に該当しました。27歳にしてようやく、探し求めていた解答を見つけたのでした！

　この大発見を知ったら両親もさぞかし喜んでくれるだろうと思うと、早く伝えたくてたまりませんでした。でも、ことはそういうふうに進まなかったんです。ふたりとも、ぼくが自閉的だとは思いませんでした。両親が心配していたもうひとつのことは、自閉症関連のレッテルを貼られてしまうと、ほかのひとも、そしてぼく自身も、そういう目でしかぼくを見られなくなってしまうんじゃないかということでした。ぼくはひるむことなく自分の考えを述べ、証拠として、いろんな本を両親に見せました。ぼくの確信は揺らぐことなく、神経心理学者の評価を受けることにしました。お父さんもお母さんも、しかたなく同意してくれました。

　いろいろとリサーチした両親は、シェルドレイク先生という、評判の良い自閉症スペクトラム障害専門の神経心理学者を見つけて予約をとってくれました。この評価には何種類かの心理検査が含まれていて、数日かかりました。1週間後、ぼくと両親は、結果を聞くためにまたシェルドレイク先生と会いました。そして判決はくだったのです。ぼくはまちがいなくアスペルガー症候群をもっていました。ヘンデルの「メサイア」からハレルヤコーラスを！

　両親は、ぼくが自閉症だということに最初は抵抗を感じていましたが、いままでぼくがもがき苦しんできたさまざまな困難の理由がわかって、明らかにホッとしたようでした。ぼくたち3人とも、長きにわたって求め続けていた答えがわかって、感謝感激雨あられです。ぼくはもうこれで、自分で思っていたような謎の存在ではなくなりました。教育実習ができなかったのにも、自宅を離れての大学生活に適応できなかったのにも、小学2年生のときに教室のドアを開けられなかったのにも、いじめのターゲットになりやすかったのにも、おとなのからだに宿る子どものように感じていたのにも、デートをする気になれなかったのにも、みんなと全然ちがうと感じていたのにも、全部理由がちゃんとあったんです。

　シェルドレイク先生は、アスペルガーのほかに、非言語性学習障害の診断

をぼくにつけました。非言語性学習障害というのはアスペルガーのひとには
よくみられ、言語性知能指数と動作性知能指数に大きな開きがあるものです。
言語的には高い能力をもっていたぼくは、ネクタイを結ぶとか図形を見て模
写するとかいった、視空間情報処理がからむ動作課題を与えられると全然駄
目なのでした。シェルドレイク先生は、ぼくの動作性知能指数は言語性知能
指数よりも4標準偏差分低いと言いました（訳注：一般的な知能検査の標準偏
差は約15なので、指数にして約60というきわめて大きな差があることになる）。
この結果が何を意味しているかというと、ひととのやりとりの機微を察知し
て対人関係を築いていくことが、ぼくにはとてもむずかしいということなん
です。

　結果を全部説明してくれたあと、シェルドレイク先生は、ぼくが心理学博
士号をとって心理療法家として働くことはちょっと心配だと言いました。ぼ
くの長所短所を考えると、向いていないと言うんです。心理療法というのは、
心理療法家と患者とのあいだの密な人間関係のなかで行われるもので、そう
いう仕事はぼくにとって精神的負担が大きすぎるかもしれない、という説明
でした。博士課程にすでに合格が決定していたぼくにとって、これは重大な
ジレンマでした。
「博士課程をあきらめるとすると、何をしたらいいでしょうか？」とシェル
ドレイク先生に尋ねました。
「そうだな、何かしてみたいことはあるのかな？」と先生が聞きました。
　そのとき突然、ほとんど何も考えることなく、答えがひらめいたんです。
「ほかのアスペルガーのひとたちを助けたいです」と言いました。「どんな
ことでもいいから、自閉スペクトラム特性をもつひとを援助する技術を磨く
ために、心理学博士号をとりたいと思います」
「そういうことなら、その目標に向かっていっしょに頑張ろうじゃないか」
とシェルドレイク先生は言って、こう付け加えました。「だが、診断がつい
たからといって博士課程をやめてしまう必要はないんだ。むしろ、診断がわ
かったおかげで、人生の目標が見えてきたようだね。わたしの報告書には、
大学院できみのために配慮してもらえるよう書くつもりだ。そうすれば、自

閉スペクトラムのひとを助けるというきみの目標に近づけると思う。ニック、ぼくは、きみはそういうひとたちのためになることができると思う。コミュニケーションも勉強したし、自分の考えをはっきり言える。専門家として、そして当事者として、家族や学校教師や自閉スペクトラム特性をもつひとと関わる医療関係者たちのために、アスペルガーをもって生きるというのがどんなことなのか、伝えてあげてほしい」

そのときは気づいていませんでしたが、先生はぼくの将来に道筋をつけてくれていたんです。

診断を受けたぼくは、微妙な立場にありました。博士課程に合格はしたものの、審査委員会はぼくがアスペルガーだということを知りません。診断がついていても受け入れてもらえるのかどうか、そして、シェルドレイク先生の報告書にある配慮をしてもらえるのかどうかを確かめるために、診断を伝えておいたほうがいいように思えてきました。

ぼくは、審査委員会との面談予約をとりつけて、シェルドレイク先生の報告書をもって行きました。すごく不安でした。診断のことを隠してまで大学院に進学したくはなかったので、すべてを洗いざらい話したいと思っていました。合格の時点では診断はついていなかったということと、いまとなっては、心理療法家になるのはぼくには適していないと思うということを話しました。そして、博士号を取得することが、ぼくの将来の目標にとってどんなメリットがあるかも説明しました。臨床実習を免除することや資格試験を目標としないことなど、シェルドレイク先生の報告書にある配慮事項についても触れました。そのほかの点に関しては、学位論文も含めて、ほかの学生とまったく同じでよいのです。なんとか頼みこんだ結果、審査委員会は、ぼくが意図していることに嘘偽りはないことをわかってくれました。委員会は最初少し疑ってかかっていたようでしたが、数日間の審議を経て、大学院総長から電話がかかってきました。配慮はしてもらえるということと、喜んで大学院に受け入れるということを言ってもらえました。これ以上の幸せはありません。こういう最低限の配慮をしてもらえたおかげで、未来が開けてきたんです。

それからは明けても暮れても勉強でしたが、結果として、性の問題は放置
されていました。性的アイデンティティの問題をどうこうするよりも、職業
上の成功にエネルギーを注ぐことが先決だと思っていました。両方に目を向
けることはできなかったし、新たな人生目標に向かって、なにものにも邪魔
されたくなかったんです。

9．博士課程──最良で最悪の時期

　不安いっぱいのまま、2004年の9月から、ミシガン臨床心理大学院博士課程の講義がはじまりました。その1か月くらいまえに大学院近くの別のアパートに引っ越したので、人生の新たな節目を迎えたんだということをひしひしと感じました。でも、博士課程を乗りきる精神力があるのかどうか、すごく不安でした。教育実習は失敗したし、自閉症スペクトラム障害と診断されたばかりだし、いまでも年齢よりずっと幼く感じていたんです。同級生とは全然かみあわないんじゃないかと思っていました。同級生のほとんどはぼくよりも年上で、精神医療畑で何年も働いた経験もあると聞かされていました。ぼくは、アルバイト程度でテニスを教えていただけです。そんなに頭がよくて心理畑ですでにやってこられていてぼくよりもずっと成熟したおとなであるひとたちに、ぼくがついていけるんでしょうか？　でも、ふたを開けてみると、同級生たちがおとなだったおかげで助かったんです。

　講義の初日、これから4年間をいっしょに過ごすひとたちと初めて顔を合わせたんですが、ほとんどはすでにセラピストとして働いていました。みんな順番に自己紹介をしました。みんなとてもオープンで、隠さず話していました。心臓バクバクでしたが、ぼくの番が回ってきたときには、アスペルガーのことも話そうと腹をくくりました。すぐに応援してくれる声が上がり、それはまるで、みんながぼくの成功を祈ってくれているようでした。こんなふうに受け入れてもらえたことは、いままで一度もありませんでした。

　ぼくの向かい側に、ちょっと年上くらいの親しみやすそうな女性が座っていました。ケイティという名前でした。自己紹介によると、自閉症の子をもつ保護者のカウンセリングをしているんだそうです。ミシガン大学で働きながら、自閉症相談業務を自営でやっていました。このひとの経歴もすごいと

思いましたが、それよりも、自閉症やアスペルガーをちゃんと理解してくれるひとが同級生のなかにいることをうれしく感じました。人生のこの時点でケイティに出会えたことは、とても幸運でした。

　ケイティとぼくは、すぐに仲良くなれました。その温かさ、賢さ、ユーモアのおかげで、いっしょの時間を楽に過ごすことができました。ぼくは自分のことを深刻に考えこみすぎるたちだったので、ケイティの楽観的なところに救われました。すごく元気いっぱいで自分の考えを率直に言えるところも、思いをちゃんと言えないぼくにとっては、尊敬の的でした。自閉症とアスペルガーについての学問的知識も臨床経験もケイティにはあったので、ぼくのことをよくわかってくれたし、ぼくも、ほんとうの友だちとして信頼することができました。両親以外で、こんなにも信頼を寄せることができたひとは初めてでした！　しばらくすると、なんだかお姉さんのようにも思えてきました。

　精神的にけっこうたいへんだった博士課程をなんとかこなせたのも、ケイティのおかげでした。授業では、自分の体験を紹介したり、グループで話しあったり、何かをじっさいに体験したり、ロールプレイをしたりといったことが多く、ぼくにとってはかなりきついものでした。こういうふうにひととの関わりが多くなってくると、ぼくはとても居心地が悪いんです。講義スタイルの授業のほうが、だれの目にもつかないように教室の端っこのほうにひっそりと座っていることができてだれとも関わる必要がなかったので、ずっと楽でした。ぼくにとってどんな授業がしんどいかをちゃんとわかってくれていたケイティは、リラックスできるように、ストレス解消ボールをくれました。しんどさを発散するために知らず知らずのうちに貧乏ゆすりをするなどぼくがスティミング（＝自己刺激）をしてしまうときは、脚を軽く叩いて気づかせてくれました。また、しんどいときには息抜きをするよう促してもくれました。息抜きのためには、中庭に行ってしばらくひとりの時間を過ごせばリフレッシュできました。博士課程を通じて、困難なことはけっこうたくさんありましたが、ぼくのかたわらには、気持ちをよくわかってくれる親友がいつもいてくれたんです。

博士課程1年目のとき、ぼくとお父さんは、あることを企画しました。ア
スペルガーという新たな理解を視野に、ぼくの暮らしぶりと診断についての
ドキュメンタリーを作ろうというのです。その目的は、アスペルガーという
のはどんなものなのか、それは本人や家族にどう影響するものなのかを伝え
ることでした。もうひとつの目的は、アスペルガーと関わりのある教師・精
神医療関係者・家族そのほかのひとたちに情報提供して、この障害をよりよ
く理解してもらうことでした。

　公共放送のためのドキュメンタリーを作った経験があるお父さんは、この
企画にノリノリでした。言語療法士や幼稚園の特別支援担当教諭や何年もめ
んどうをみてくれたベビーシッター、そして最初のテニスの先生など、ぼく
の成長発達を見守ってくれたひとたちを、インタビューすることにしました。
そのおかげで、アスペルガーにはどんな特徴と特性があるのか、ぼくの発達
がどうちがっていたのかが、いっそうわかりやすくなりました。ぼくを診断
してくれた神経心理学者のシェルドレイク先生もドキュメンタリーに協力し
てくれて、アスペルガーの専門家として、より広い臨床的視野から自閉スペ
クトラムについて解説してくれました。

　ホームビデオも利用することにして、ピョンピョン飛び跳ねたり手をバタ
バタさせたりしていた幼児期から『ザ・プライス・イズ・ライト』への出演
までのいろんな映像が、ぼくの人生を生き生きと描きだしてくれました。ぼ
くもお父さんもこのDVDにはかなり自信があったので、グランド・ラピッ
ズにある、自閉症児者と家族のためのすばらしい組織、グレイセンターにこ
れを送って販売を打診しました。DVDを見てもらったあと、ぼくとお父さ
んはグランド・ラピッズまで車で行って、グレイセンターの世話人ふたりと
面会しました。世話人たちは、DVDを配布する気マンマンでした。ぼくた
ちもワクワクしていました。これが、ぼくが自閉症やアスペルガーのひとた
ちと関わりをもつようになるきっかけでした。

　ちょうどこのころ、ぼくとお父さんは、テネシー州ナッシュビルで開催さ
れた全国自閉症会議に初めて出席しました。ぼくの人生で、これほど目から
鱗が落ちた経験はありませんでした。参加者の多くは、ぼくと同じように自

閉スペクトラムの特性をもつひとたちでした。この3日間の会議は、ぼくを
ほんとうに発奮させてくれました。こんなに多くの勇気あるひとたちが、自
分のことについて、賢く、ユーモアも交えて、正直に、そして堂々と語るの
を見たことがありませんでした。何よりも良かったことは、そういう話を自
分にも当てはめて聞くことができたことでした。

　その会議に参加するまで、自閉文化の存在すら知りませんでした。さらに、
講演したひとのうち何人かは、脳の多様性という考えかたを支持していまし
た。これは、神経学的な発達のちがいを、ハンディや障害としてとらえるの
ではなく、人間行動のタイプととらえる立場です。この考えかたのもとでは、
自閉的な特性のあるひとたちを変えようとしたり治療しようとしたりするこ
となく、ありのままに受け入れます。自閉症は欠陥などではなくて授かりも
のだというのも、いままでぼくが思ってもみなかった考えかたでした。でも、
もっともだと思いました。いまぼくは、アスペルガーであるおかげで、何か
役に立つことができそうな気がしてきました。

　その後、初めての講演契約をケイティが確保してくれました。自閉症児の
ための学校やクリニックを経営する団体が主催する、チョイシズ・イン・
オーティズム（＝自閉症における選択）という会で講演したんです。その日
最後の演者だったぼくの持ち時間は、30分でした。内容はそのまんまで、
アスペルガーを抱えたぼくの人生というものでした。人生を描いたDVDま
で作ったのに、ぼくという人間がそんなに興味深いとは思えませんでした。
聴衆が、わざわざ30分ずっと座ってぼくなんかの話を聴いてくれるのかど
うか、自信がありませんでした。ステージに上がることを考えると身がすく
む思いがしましたが、バル・ミツワーの成功体験を思い出して、なんとかな
るだろうと期待するしかありませんでした。ぼくがパニクっているのに気づ
いたケイティが、ぼくの出番直前に駐車場を散歩させてくれたので、落ち着
くことができました。ぼくの番が回ってきたとき、文字どおり、ひたすら原
稿を読みました。たいしてめざましい講演とは言えませんでしたが、とにか
くなんとかやりきりました。ケイティはその場でぼくの支えになってくれた
だけでなく、パワーポイントの操作もしてくれました。話し終えたあとの会

場の反応は、圧倒的でした。嵐のような拍手が沸き起こったんです。保護者たちがぼくのもとに来て、ぼくに元気をもらったということや、自分の子どももいつかぼくみたいになってほしいということを言ってくれました。信じられません。ぼくに？　元気をもらった？

　アスペルガーのひとは聴衆をまえにして話をするときとても不安になるものですが、ぼくはその不安をどうやって克服したのかとよく尋ねられました。ぼくにとってパワーポイントを使っての講演は、完全に原稿どおりにやればいいだけだということをみんな知らなかったんです。次々出てくるスライドをひとつひとつこなしていけばいいだけなので、どこにも曖昧さがありませんでした。だれかとふつうに会話することの方が、相手がどう出るか予測がつかないし、それにどう応じたらいいかもわからないので、よっぽどおっかなかったんです。

　数か月後、地元の図書館に連絡をとって、ぼくのDVDの無料映写会を開きたいともちかけてみました。図書館はふたつ返事でOKしてくれて、地元の新聞に広告まで出してくれました。主催者側は、この図書館で開かれるこの手の催しのいつものやりかたにならって、25席くらいでじゅうぶんだろうと踏んでいました。ところがなんと、200人ものひとたちが詰めかけました。主催者もぼくも、こんなにたくさんのひとが来たのを見て腰を抜かしてしまいました。聴きに来てくれたのは、自閉スペクトラム特性をもつ子どもや若者、その保護者や親族、それから、これらのひとたちと関わっている教師やセラピストたちでした。この話題がこんなに注目されていたなんて、だれが知っていたでしょうか？

　DVD上演に続いてぼくが10分から15分くらいしゃべったあとは、質疑応答の時間でした。ぼくの人生があたかも自分の子どもの人生でもあるかのように、保護者たちが個人的な質問をぶつけてきました。「宿題をしなさいと親からうるさく言われたんですか？」「中学生のとき友だちはいましたか？」ぼくの助言を求めたひともいました。「うちの子は学校から帰るといつも機嫌が悪くて、口をきいてくれないんです。どうしたらいいですか？」ぼくとしては、「ぼくになんか聞かないでください。育児専門家のスポック

先生じゃないんだから」とでも言いたいところでしたが、ぼくに考えつく答えをなんとか絞り出すと、それでなんとかなったのでびっくりです。こうして注目され、尊敬もされ、専門家としても扱ってもらえたこの夜は、ぼくにとってはまったく新鮮な体験で、たじたじになりながらも、ワクワクドキドキでした。

　このあと、近隣のいろんなグループや団体から、アスペルガーについて話してほしいという依頼を受けるようになりました。経験を積むにつれて話しかたや話の組み立てがだんだん上達し、原稿に頼る必要がなくなってきました。保護者受けはよく、お手本として見てもらえました。でも自分の人生についてばかり何度も何度も話すのは、ちょっとナルシストっぽいような気がしてきました。博士課程を修めるなかで研究を進めて専門分野を広げ、ぼくがつらい経験をしてきた問題について、同じ目に遭っているひとたちを助けたいと思うようになりました。そこでまたグレイセンターに連絡をとって、今度はいじめ対策のDVDを作りたいと提案してみました。グレイセンターは予算不足のためにDVD制作はできないとのことでしたが、ジェシカ・キングスレイ社（JKP）を紹介してくれました。JKPに企画書を提出すると、いじめDVD販売の同意が得られました。DVD制作にあたっては、いじめ被害者としてのぼくの実体験と、アスペルガーといじめに関する研究とを織り交ぜていきました。子ども時代にひどいいじめを経験したぼくにとって、この問題は当時もいまも個人的な問題です。そんなぼくとしては、ぼくが味わってきた仕打ちからたったひとりでも救うことができたなら、それでじゅうぶんでした。

　いじめDVD発売後は、いろんな学校・団体・学会から、いじめ対策についての講演依頼が舞いこむようになりました。ラジオやテレビのインタビューもありました。このDVDが売れたため、JKPは、いじめ問題についての本を書かないかと言ってきました。ぼくはこの話に乗って、いじめ対策とアスペルガー症候群についての本を執筆しました。この本がまたよく売れたために、全国から講演依頼が殺到しました。博士課程を進めるなかで、本を執筆し、DVD2枚を制作し、多くの講演をこなしてきたというのが、自分で

も信じられません。ぼくの知性と創造性は全開でしたが、気持ちはだんだん張りつめてきました。

　グリーン先生との面接は、2年まえに終結していました。シェルドレイク先生はアスペルガー症候群の専門家でぼくを診断してくれたので、グリーン先生からシェルドレイク先生に乗りかえたのでした。しばらくのあいだは、アスペルガーについてよく知っている先生と会うのが、楽しくて仕方ありませんでした。だれもわかってくれないようなことをシェルドレイク先生には理解してもらえたので、面接のあと家に帰ったときのぼくはニコニコでした。たとえば、ぼくの人間関係のむずかしさとアスペルガーとの関連を、だれよりもわかりやすく教えてくれました。ぼくが抱えるさまざまな問題について、心理学的というより神経学的に理解してくれたんです。ただ、ぼくの性的な問題は、シェルドレイク先生の手には負えないようでした。なので、ちょっと面接を中断することにしました。ちょうど大学院での研究も進み、アスペルガーや自閉症関係者のあいだでは名が売れてきはじめたところでした。生まれて初めて、いろんなことがうまくいきはじめたんです。治療なんてもういらないのかも。生まれてこのかた、ずっと治療を受けてきたような気もします。もうたくさん。こうしてぼくは、2年間を無治療で過ごしました。

　そのあいだ、ぼくは勉学でも仕事でも、ますます多忙になりました。マサチューセッツ州・ペンシルベニア州・バージニア州・フロリダ州・テキサス州・メイン州・ニューヨーク州・ミネソタ州・ケンタッキー州・インディアナ州・ハワイ州で講演しました。ともに弁護士であるアラン・ダーショウィッツやジェルフィー・トゥービンのような有名人といっしょに、全国ユダヤ文化関連図書展で講演しました。世界中で読まれている雑誌『自閉症・アスペルガー・ダイジェスト』のコラムの隔月執筆も依頼されました。この期間、自分にこなせる以上の仕事を引き受けてしまいましたが、たとえじゅうぶんな講演料をもらえなくても、講演依頼を断ることはぼくにはできませんでした。勉強についても仕事についても、ぼくがやりすぎだということをケイティはいつも心配してくれていました。そして、どれほどのプレッシャーがぼくにかかっているかということや、どれほどの不安や抑うつがぼくに襲いか

かっているかを、見抜いてくれていました。

　そしてぼくは、ますます不安定になっていきました。たとえば、アスペルガーの子どもの保護者に講演会でよく質問されたのが、「デートしたことありますか？」とか「結婚するご予定はあるんですか？」といったことでした。こういう質問は、意図していないとはいえ、ぼくにとって一番痛いところをついているので、何と答えていいのかわかりませんでした。回答に窮したのは、この話題だけでした。たいていは、「何でもアリだと思います」みたいな漠然とした答えかたでしのいできたんですが、正直なところ、自分が同性愛者ではないかという不安にまだ苛まれていたんです。

　この不安が行きつくところまで行ってしまったので、ケイティに、自分は「ジー……エー……ワイ（＝ゲイ）」じゃないかと打ち明けたのでした。ケイティの反応は、数年まえに、その言葉さえ言えなかったときのグリーン先生の反応と同じでした。ケイティは、ぼくがゲイだろうがどうだろうが、ぼくのことを好きだと言ってくれたんですが、もしこのことが知れわたってしまうと、もう講演を依頼されなくなってしまうんじゃないかとか、自閉症関連のひとたちから干されてしまうんじゃないかとか心配になりました。こういう根も葉もない心配をしたところで何か手を打てるわけでもなかったんですが、当時のぼくはそう思いこんでいたんです。アスペルガーのひとたちのあいだでは受け入れてもらえてきたことを台なしにしたくはなかったので、この恐怖のために感じる不安とストレスはもうマックスでした。

　こういう心配を抱えながらも外見的にはまだなんとか保ててはいましたが、心は折れてしまっていたんです。こういう状況で使える対処スキルは、ぼくにはありませんでした。いままでにも増してひとづきあいを避けるようになったうえ、運動もせずにむちゃ食いを続けたので、数か月で約14キロも体重が増えてしまいました。

　博士課程での研究と仕事に目を向けてみると、ぼくの知的な成長と、人間関係や情緒的、性的な面でも成長とのあいだのギャップが、ますます開いてきているのが感じられました。していることはとてもおとなっぽいことなのに、内面は全然そうじゃなかったんです。心はまだまだ幼いのに、一生懸命

背伸びしようとしている感じでした。例を挙げると、全国どこにでも出向いてハキハキと講演できるのに、対人関係がからっきしダメなので、世話人との夕食はパスでした。本を執筆するときには5か月か6か月もあれば原稿を書けるのに、ケイティ以外に友だちはいませんでした。性的にいえば、まだ思春期も迎えてないくらいのところで立ち止まっていて、そのことがますます苦痛に感じられていました。こうして、対人的、性的発達と知的発達とのギャップは開いていく一方で、むなしさのあまり自暴自棄になってしまいそうだったので、またグリーン先生の面接を受けることにしました。

　グリーン先生の専門は性的な問題だったので、診断を受けて以来、アスペルガーについて先生はあまり詳しくないんじゃないかという点が両親には心配だったようです。アスペルガーに精通したセラピストでないと治療がうまくいかないんじゃないか、と感じていたんです。アスペルガーのことをよく理解してくれていたシェルドレイク先生は、性の問題は取り扱っていませんでした。両親は、両方に詳しいセラピストを探したんですが、見つかりませんでした。そこで両親がグリーン先生に相談してみると、確かにアスペルガーに詳しいわけではないけれども、なんとかやれないことはないと答えてくれたんです。

　久しぶりにグリーン先生に会ったぼくは、この2年間にあったことを先生に話す気満々でした。自分がやり遂げたことを誇らしく説明する一方で、そのために支払った代価も大きかったことを話しました。ゲイのこと、両親に先立たれる不安、仕事に就けない不全感、といった、以前話しあったもろもろの恐怖も相変わらずで、むしろよけい深刻になっていてもうヘトヘトなんだということも伝えました。

　こういう恐怖と並んで、自分の性的アイデンティティを模索してきたけれどもうまくいかないので、かなり落ちこんでいると話しました。これに対してグリーン先生は、成人ポルノ雑誌を使って、興味がわくかどうか試してみてはどうかと助言してくれました。このやりかたなら、ひとと関わる恐怖を感じることなく試すことができるので、ぼくにとってストレスにならないだろうというんです。そこでぼくは、ちょっとばかりみすぼらしい界隈に足を

運んで成人専用書店を見つけ、異性愛と同性愛両方の露骨な雑誌を数冊買い
こみました。雑誌のなかのいろんな写真を見ていると、自分では認めたくな
かったんですが、同性愛のほうが興味深く感じられました。

　ひととの接触をもちたがらない多くのアスペルガーのひとたち同様、ぼく
にとっても、世界との主たる接点はパソコンでした。研究資料を集めるにも、
興味関心事の情報収集のためにも、ひととやりとりするためにも、パソコン
はなくてはならないものでした。たとえば、毎日何時間もネット上でジャズ
音楽を検索して、お勧めをフェイスブック上に掲示したりしていました。

　当時のぼくにとって、雑誌を眺めることから同じような画像をパソコンで
眺めることに移っていくのは、まったく自然の成りゆきでした。デートした
り、ネバダ州まで出かけたり、成人専用書店に行ったりするよりも、パソコ
ンを使うほうが断然違和感がなくて安心できました。

　パソコンで成人男性の画像を眺めるようになって驚いたのは、いとも簡単
に、しかも無料でそういう画像にアクセスできてしまうということでした。
さらに、もっと露骨なサイトへのリンクが、見ている画面上に勝手に現れる
ということにもすぐに気がつきました。結果的に未成年者の画像を見ること
になったのは、これがきっかけだったんです。興味はありました。そういう
画像に写っているひとと自分が同じくらいの精神年齢だと感じられる部分が
あったので、こうすることによってぼくの性的な面に目を向けることができ
るように思ったんです。この手の画像を見ることが恥ずかしい気持ちもあり
ましたが、未成年者と身体的に接触する願望をもつおとなとして見ていたわ
けではありません。ぼくが見ていた画像には暴力的なシーンはいっさいあり
ませんでしたし、おとなと子どもがいっしょに映ってもいませんでした。じ
っさい、おとなが未成年者と性的な行為をするというのは、昔もいまも、考
えただけで虫酸が走ります。

　グリーン先生には、成人男性と男の子のポルノをパソコンで見たと話しま
した。先生は、成人ポルノを見るのは治療的だが、未成年者の画像を見ては
いけないと言いました。自宅のパソコンでだれの目に触れることもなく無料
の画像をダウンロードすると、のちにぼくの身にふりかかる重大な法的問題

に発展してしまうということを、そのときのぼくは理解していなかったんです。

　当時のぼくが知らなかったもうひとつのことは、画像に写っている子どもたちは、画像製作のなかで虐待被害者となっているということでした。ぼくがしていたことがだれかに害を与える結果になっていたなんて、天に誓って、思いもしていませんでした。そのあたりの事情のつながりが全然わかっていなくて、こういう情報をいちいち説明してもらわないと理解できないなんて、恥ずかしいかぎりです。ぼくが逮捕されたあと、グリーン先生はかなりの時間をさいて、被害者配慮の問題を説明してくれました。あそこに写っていた未成年者たちが虐待されていたということを知ってぞっとし、また、自分がそれに気づくことができなかったということにはあきれかえってしまいました。もし子どもたちの虐待を知っていたら、こういう画像を二度と見ようとはしなかったと断言できます。

　トニー・アトウッド先生が執筆してくださった章では、心の理論の障害がとりあげられています（p.163）。心の理論というのは、ひとの立場に立って物事を考える能力のことで、つまり、ほかのひとが考えたり感じたりしていることを察知できないんです。グリーン先生は、検事に提出した報告書のなかで、子どもたちが被害者だったとぼくが知らなかったということを次のように書いてくださっています。「自らが犯した罪の重大さをニックが完全に認識してはいなかった可能性は、非常に高い。児童ポルノを閲覧する行為と児童ポルノ被害者の子どもに害を与える行為とが、ニックの認識のなかではまったく結びついていなかった、と私は確信している」

　治療のなかでは、性の問題以外の多くの問題にも取り組んでいました。学業や講演で多忙を極めたことも、性問題の解決を遅らせた要因でした。治療という点では、性問題は二の次になってしまっていたどころか、話題にものぼらなくなってしまいました。生活上次々出くわすさまざまなハードルに対処するのが精一杯で、グリーン先生も、性の問題から目が離れてしまっていたんです。

　博士課程も終わりに近づき、学位論文に一生懸命取り組んでいました。

JKPから出版するための本も執筆しつつ、ふたつの自閉症団体の理事にもなりました。大学院では、自閉症支援機関での実習をはじめようとしていました。そのころのぼくがかなりの無理をしていたのは明らかで、圧力鍋みたいにいまでも暴発しそうなときさえありました。

　いろんなゴタゴタにもかかわらず、講義はすべてこなして学位論文も完成し、心理学博士号を取得して卒業できました。そして次の問題です。この学位をもって、どんな仕事ができるんでしょうか？　親友のケイティは、だんなさんが転職したので、ほかの州に引っ越すことになりました。ケイティはぼくと離れて新たな生活をはじめるので、ぼくもそうしないといけません。心理士の免許を取らなかったぼくにとって、選択肢はあまりありませんでした。講演活動や執筆活動を続けることはできますが、自営では収入も安定しないし医療保険もありません。経済的に自立したいと思っていました。診断以来、聡明で有能なアスペルガーのひとたちの多くが無職のままか能力に見あわない仕事に就いているのを見てきたので、ぼくはそうなりたくなかったんです。

　このころ、うちから1時間ほどのところに、アスペルガー症候群の生徒のための新しい高校ができるということをお母さんが聞きつけました。そして、校長に連絡をとってみてコンサルタントがいらないかどうか聞いてみたらどうか、とぼくに言ってくれました。これまでの仕事がうまくいったためしがなかったので、最初ぼくは躊躇しました。

　グリーン先生にもこのことを話して、助言を求めました。先生は、まずは学校に連絡してみるよう励ましてくれて、失敗を恐れて新しい体験を避けてはいけないとも言いました。こうしてグリーン先生の賛同も得たぼくは、校長との面会をとりつけました。

　ぼくにとって、初めての就職面接です。最初はビクビクでしたが、校長先生に会うとすぐに落ち着けました。驚いたのは、校長先生がアスペルガーについてほとんど知らなかったことです。お孫さんがアスペルガーだということを最近知って、学校を作ることにしたんだそうです。公立学校教師として40年間のキャリアがありましたが、私立学校長になるのは初めての冒険と

のことでした。ぼくの経歴を説明すると、著書や講演やアスペルガーとしての人生経験に感心してくれたようでした。そして、家に帰って職務明細書を自分で書いてメールするよう言われました。生徒たちを支援する校長先生やほかの先生たちのためにぼくがどんなお役に立てるかをいくつか考えて、メールしました。1か月後に、採用してもらえました。

　この学校でのぼくの主な役割は、生徒たちを支援するために必要なアスペルガーに関する情報を先生たちと校長先生に提供することでした。先生たちは、教科指導に関しては高い技術をもっていましたが、特別支援教育についてはまったく経験がありませんでした。そこでぼくは、開校まえから、先生たちの校内コンサルタントとして仕事をはじめました。開校してからは、どうしたら学習内容を生徒たちにわかりやすく伝えられるかという相談に乗りました。アスペルガーについての勉強会も企画して、高名な講演者たちを学校に招きました。自分が公立学校に行っていたときにはなかったような教育環境を作りあげていくのは、とてもワクワクする体験でした。やっと、人生の目標に手が届いたんです。何か役に立つことをする、という目標に。

　この新しい仕事をはじめてまだ1か月しか経っていないときに、FBIに逮捕されました。この日、ぼくの人生のすべてが停止してしまったんです。その後、刑事司法制度がぼくの運命を決定するまでの2年半にわたる宙ぶらりん生活のなかで、ぼくと両親が地獄のような毎日を送ることになろうとは、夢にも思っていませんでした。

10. アメリカ合衆国対ニコラス・ドゥビン

　ぼくのアパートがFBIの手入れを受けたのは、2010年10月6日の朝でした。捜査官たちが立ち去ったあと、お父さんは弁護士に電話しました。その日のうちに、連邦検事からお父さんに電話があり、罪状認否手続きは翌日であることを正式に告げられました。さあ、これからお父さんは、明日何が行われるのかぼくに説明するという、途方もないことに挑戦しなければなりません。お父さんは、「罪状認否手続き」という基礎的な法律用語の意味すら知らないぼくに、とてもかみ砕いて説明してくれました。合衆国政府によって起訴されたぼくは、治安判事のまえに出頭することになるんだそうです。ぼくは、あまり質問もしませんでした。答えを聞くのが怖かったし、その日の朝の手入れのショックがまだ残っていたんです。その夜は、一睡もできませんでした。

　翌日、何が待ちかまえているのか見当もつかないまま、お父さんに連れられて、デトロイト中心部にあるセオドア・レビン連邦裁判所に赴きました。連邦裁判所というのは、とてつもなく堂々とした建物です。どこを見ても、連邦執行官がいっぱいいます。セキュリティチェックも受けないといけなかったんですが、空港のセキュリティなんかよりよっぽど威圧的でした。起訴されて刑務所行きを控えた囚人たちも、オレンジのつなぎを着て何人か歩いていました。ぼくも、ああなっちゃうんでしょうか？　見るもの聞くもの何もかもがおどろおどろしくて、カフカ小説の世界みたいでした。

　最初は、予備審問担当官の面接でした。お父さんはぼくのために同席を希望したんですが、断られました。予審官には、ぼくの経済状態はどうなのかとか、自殺願望はあるかとか、どこに住んでいるのかとか、そのほかいろんなことを聞かれましたが、これは、釈放のための保釈要件の有無を治安判事

が決定するためだそうです。保釈要件？ 釈放？ これって、ほんとにぼくのこと？

　面接と出廷とのあいだに2時間ほど空いた時間があって、お父さんといっしょに裁判所の外に出ることが許可されました。メチャメチャ緊張していたぼくは、行ったり来たりしていました。ぼくは、本来この時間は独房で過ごすことになっていたんですが、ありがたいことに、ぼくの弁護士の尽力でそれは避けることができました。自分の身に起こっていることが信じられませんでした。ほんの1日まえまでのぼくは、アスペルガー症候群をもつ生徒のための高校のコンサルタントであって、全国で講演活動を行っていたのに、わずか数時間のあいだに、刑事事件の被告人として連邦裁判所に出廷しているんですから。もう自分が何者なのかもわからなくなり、かつてないほどおびえきってしまいました。

　法廷に入ると、まえの日にぼくのアパートで尋問したFBI捜査官がいるのが見えました。そのひとと、ぼくを起訴する連邦検事のほかに傍聴者もたくさんいて、ほかの被告人、その弁護士、報道関係者もいました。この事件が報道されると思うとぞっとしましたが、いまはそんなこと考えている暇はありません。いま大切なのは、罪状認否手続きを無事終えることです。ぼくの事件の番が来るまで、お父さんは傍聴席でぼくの隣に座りました。冷静さを保とうとしていたお父さんでしたが、その険しい表情を見ると、ぼくに負けず劣らずおびえているのがわかりました。ぼくのまえにいくつかの審理があって、もし有罪なら刑期はどれくらいになるのかを、治安判事がそれぞれの被告に告げていました。すぐに拘留されてしまう被告もいれば、保釈金で釈放される被告もいました。こうして審理が進むようすを見ているうちに、全身が恐怖で震えてきました。

　裁判所書記官が、とうとうぼくの事件を呼びだしました。「アメリカ合衆国対ニコラス・ドゥビン」。心臓はもうバクバクで、胸から飛び出しそうなくらいでした。罪状認否手続きでは、裁判がはじまるまで拘置所に入らなくてすむようにするためにはどんなことに気をつける必要があるかを治安判事が説明し、そのあいだぼくの弁護士が横についていてくれました。そして、

監視装置（訳注：原語 tether の本来の意味は物や動物をつなぎ留めておくための鎖やロープのことだが、ここでは足首に装着して GPS で行動を監視する装置を指す。ankle monitor または ankle bracelet とも呼ばれる）をつけられるということも言われました。監視装置？　どういうこと？　でも、それがどういうことかは、いずれわかることでした。証言台から傍聴席に戻る通路を通るとき、そこに座っているひとがみんな、ぼくに冷たく厳しい視線を向けているように感じました。その視線がほんとうだったのかぼくがそう感じただけだったのかはわかりませんが、それはむしろどうでもよかったんです。これ以上ないくらいのはずかしめを受けたように感じました。

　罪状認否手続きのあとは、裁判所のなかで一番恐ろしい場所に行かなければいけませんでした。留置場です。ここはミニ刑務所みたいなところで、被告たちが独房で待たされるんです。ひとつひとつの独房に大のおとながひとりずつ入れられていて、その一挙手一投足が監視カメラで見られているようすは忘れられません。ぼくの顔写真と指紋がとられたのも、留置場でした。さらに、信じられないような、現実とは思えない体験がふたつ待ちかまえていたんです。

　その後予審官にまた呼び出され、釈放中のぼくの監視役になる別の予備審問担当官と引きあわされました。6か月のあいだ、ぼくはこのひとと月に2回面会せねばならず、それをちゃんと守れば、その後は月1回になるというんです。そしてけっきょくぼくの釈放期間は、31か月にも及ぶのでした。この予備審問担当官は愛想がなくて厳しくて、いっさいの感情がない感じでした。こんなひととお目にかかるのは1回だけでもごめんなのに、月に2回もなんて、考えただけでもぞっとします。

「いまから、きみの足首に監視装置を装着する」とそのひとは言いました。「これは、きみの動向を監視する装置になっている。午前8時以前に外出してはいけない。夜は午後8時までに帰宅しないといけない。これは裁判所命令だ。わかったかね、ドゥビンくん？」

「イエッサー」とぼくは答えましたが、ほとんど声になっていませんでした。

「午後8以降は、ドアの外に一歩踏み出すことすら許されない。一歩も許さ

れないというのは、たとえ家のベランダでも駄目ということだ。もしそうすれば、われわれにはすぐにわかる。そして、駆けつけた連邦執行官に連行されて刑務所行きだ。理解できたかね？」

「承知しました」とぼくは言いました。

　FBIの手入れを受けてその翌日には裁判所に出頭するなんて、だれにとってもものすごいストレスになると思いますが、アスペルガーをもつひとにとっては、想像を絶するくらいの恐ろしさです。自閉スペクトラムの特性をもつひとは変化に弱く、特に急激な変化は、心の準備をする暇がないのでとてもたいへんです。次々と起こる急な環境変化、想定外の状況、答えのない疑問、そして、一夜にして劇的な人生の急展開、こういったすべての要素が手入れと出頭には満載で、ぼくにとっては、言葉に表せないくらいのしんどさでした。でもすぐにわかったのは、これは悪夢のはじまりにしかすぎないということだったんです。

　裁判所出頭の翌日、両親といっしょに、ぼくの弁護士のオフィスに行きました。ケン・モギルは、刑事事件専門被告側弁護士として、40年間現役でやってきたひとです。前日に罪状認否手続きと裁判手続きを終えたばかりだったので、ケンと会えてホッとしました。この話しあいでぼくが希望をもてたのは、「ニック、ぼくは負けるのは嫌いだ。根っからの闘士だからね」とケンが言ってくれたひとことでした。ただ、この言葉には望みをもてたんですが、どこかちょっとかっこつけた感じで、少し軽視されているような気もしました。そのときぼくは、えっ、これって何？　ゲームか何か？　と思いました。いまはもちろん、ケンの真の意図を理解できるし、感謝もしています。

　この話しあいで、ぼくがたどってきた人生をケンといっしょにふりかえるなかで、事件に関わる事実が明らかになっていきました。ケンは親切で思慮深いひとだったとはいえ、幼児期以来ずっと性的な経験もなく人間関係もほとんどもてなかったということを告白するのは、屈辱的でした。両親は、ぼくの成長に関する報告書を、医療関係者・精神医療関係者・教育関係者から大量に入手して、ケンに提出しました。小さいころについての報告書を見て

みると、飛んだり跳ねたりするとか、手をバタバタさせるとか、ほかの子から孤立しているとかいった、神経学的な異常がはっきりわかりました。これは、人生早期から神経系に問題があったことの証拠になるので、重要な情報だとケンは考えました。

　ケンは、ぼくの事件を刑事裁判事件として扱わないほうが絶対いいと思っていました。ぼくも家族も裁判のストレスと緊張には耐えられないだろうから、刑事事件とせずに司法取引にもちこんで、刑事司法システムではなく、ダイバージョン（＝非刑罰的処遇）である観察プログラムにのせてもらうほうがいいと言うんです。ただし、刑事事件として扱わないのなら、手続きの期限がなくなるので、ずいぶん時間がかかってしまう可能性もあります。

　罪状認否手続きの10日後、ショッキングなことが起こりました。地元テレビのニュースで、ぼくの事件が報道されたんです。それがわかったのは、ぼくが関わっていたアスペルガー関連団体の理事がその日にネットで見て、電話してきてくれたからでした。ぼくが尊敬するこのひとはほかの州に住んでいるんですが、それでもネットでこの事件を目にしたということを知って、悔しい思いでいっぱいになりました。このひと自身はぼくを慰めてくれたんですが、ぼくは理事からはずされました。

　ぼくはいまでもまだそのニュースを目にしたことがないし、今後も見るつもりはありません。でもそのニュースが、ネット空間のアスペルガー関係者のあいだであっという間に広まってしまったことは知っています。励ましの手紙をくれたひともいれば、ネット上でぼくを中傷したひともいたと聞いています。聞いたところでは、報道の内容には不正確な点もあって、ぼくにとって大きな痛手となるようなものだったそうです。仕事上の知人や私生活での知りあいがこの事件を耳にしたと思うと、慄然としました。身も心もボロボロになったぼくは、もう死にたいとまで考えました。ぼくはいまや、加害者、小児性愛者として多くのひとに見られていて、それをどうすることもできないんです。ぼくについて事実とちがうことが語られているというのはつらいことでしたが、それをどうこうする力はぼくにはありませんでした。

　事件がネット上に流れてからというもの、ぼくは文字どおり自宅に引きこ

もりました。外出はどうしても必要なときだけにして、近所のひとが1人でも外にいるときは出ないようにしました。顔が隠れるくらい帽子を深くかぶってサングラスをかけ、だれにもばれないようにしました。あまりにも恥ずかしくて両親以外の親族とも顔を合わせたくなかったので、完全に孤立してしまいました。

ぼくの評判は地に落ちて、これまで一生懸命手に入れてきたものすべてを失い、アパートにも住めなくなってしまいました。9年間もひとり暮らしをして、だれにも邪魔されない生活を楽しめるようになっていたんです。でも、FBIの手入れ以来、あんなショックなことがあったその場所にずっと住み続けるなんてとても無理なので、逮捕当日に両親の家にまた戻りました。まるで、すべてを失って初めて性格的欠陥に気づく、シェイクスピア悲劇の主人公になったような気分です。

罪状認否手続きの1週間後、裁判所命令により、性犯罪者グループ療法の個別導入面接を受けなければいけませんでした。それはそれは不安でした。何かグループに参加しないといけないときには、アスペルガーならだれでも心配と不安だらけになります。ぼくは本能的に、性犯罪者のグループに入るなんて必要ないし、そんなのできるわけないと思いました。ぼくが必要としていたのは、信頼できる安全な場でだれかに支えてもらいながら、自分がしでかしてしまった大失態をふりかえってそこから何かを学ぶことでした。けれども、このグループもそのカウンセラーも、支えてくれるなんていうイメージからはほど遠かったんです。

ぼくとお父さんが待合室で待っていると、グループのカウンセラーが迎えに来ました。このときお父さんは、スーツを着ていました。

カウンセラーのオフィスのほうにいっしょに歩きながら、「あんた弁護士か？」とカウンセラーが敵意丸出しでお父さんに尋ねました。
「わたしは弁護士ですが、この息子の父親でもあります」とお父さんはていねいに答えました。「この事件の弁護士を務めているわけではありません」
「わしは弁護士との面会はしない。それだけだ。さっきの待合室で座って待っていてくれ」

「待ってください」とお父さんは口をはさみました。「息子には、アスペルガー症候群という障害があります。ここに来ることは息子にはとても負担が大きすぎるので、そばにいてやりたいだけです」

「あんた、もし指示に従ってもらえないんなら、予備審問担当官に連絡すれば息子さんはすぐ刑務所行きになりますぜ。さあ、どうします？」。こんな脅しをされたら、お父さんは言われるとおりにするしかありませんでした。

　それからの1時間半は、オフィスでこのカウンセラーとふたりきりでした。カウンセラーに言われたのは、ぼくがグループに積極的に参加すればするほど予備審問担当官によい報告ができて、それが判決にも影響するということでした。あとで弁護士やグループのほかの参加者からこっそり聞いたんですが、ぼくがグループで話す内容に守秘義務は適用されず、法廷でそれが不利な材料になることもあるということでした（訳注：守秘義務とは、医療関係者などが患者について知り得た情報を、原則として第三者に伝えてはいけないという規則）。積極的に参加するようにとは言われるものの、あまりに「何でもかんでもオープン」にしてしまうのがよくないことはみんなわかっていて、積極的な印象を与える程度にとどめるんです。

　導入面接の1週間後が、グループの第1回でした。カウンセラーがビッグマック片手に入ってきて、それを食べながら、みんな順番に自己紹介をするようにと言いました。全員、名前と容疑を言わなければなりませんでした。ぼくの隣のひとは、児童ポルノ関連の罪でこれから14年間を連邦刑務所で過ごすことになるので、グループにはもう来なくなると話しました。14年！またまた、あごがはずれるくらいびっくりでした。その晩家に帰ってからのぼくは、何時間も異様な興奮状態でした。また別の回のグループでは、参加者のひとりが、麻薬の手入れに関連した司法取引を政府とのあいだで成立させるために「密告者」としてグループに潜りこんでるんだ、とぼくにこっそり話しました。密告者だの司法取引だのという言葉は以前も耳にしたことがあったかもしれませんが、意味はよく知りませんでした。こんなたくさんの情報、ぼくにはいっぺんにのみこめやしません。もう、精神的にいっぱいいっぱいでした。

何回か参加しましたが、グループのあとには決まってひどいパニックを起こしました。刑務所送りになるかもしれないという話を聞くたびに、恐怖におののいていました。パニックでヘトヘトになって家にたどり着いたぼくは、両親に向かって、もう死にたいとくりかえすのでした。もうぼくがほんとうに壊れてしまうんじゃないかと心配した両親は、入院治療まで考えました。ケンが予備審問担当官と電話で話してぼくの障害のことを説明し、このグループはぼくに悪影響を与えていることも伝えてくれました。でも何の助けにもなりませんでした。グリーン先生からの手紙も駄目で、また拒否されました。ケンは、グループのカウンセラーと予備審問担当官との電話会議まで開き、グリーン先生の手紙をもちだして理解を求めてくれましたが、答えはまたもやノーでした。最後にケンがとった手段は、裁判所に上申してアスペルガー専門家の報告書を提出するというもので、その報告書は、グループ療法がなぜぼくに悪影響を与えるのかを説明するものでした。その後1か月間検察側からの反論がなかったので、ぼくはグループに参加しなくてもよくなり、そのかわり、両親の支払いで週2回の個人心理療法を受けました。

　逮捕後のこの集中的心理療法のなかで、自分がしたことがどれだけ深刻なものだったかにやっと気づきはじめたのでした。逮捕される以前は、自分が虐待に加担しているなんてまったく思っていませんでした。画像に写っている子どもたちが虐待を受けていたなんて、ほんとうに知らなかったんです。こんなことも知らなかったなんて良心が痛んでしまいましたが、悲しいことに、そうだったんです。心理学博士号まで取得したこのぼくがそんなにも世間知らずだったなんて、みなさん理解に苦しむかもしれません。自分にこんな盲点があったことを心の底から悔やんでいますし、未来永劫どんなに悔やんでも悔やみきれないと思います。

　次のステップは、ぼくの障害と容疑との関連性を鑑定してくれる、自閉症スペクトラム障害専門の司法心理学者を見つけることでした。アスペルガーと性的問題の両方に精通した司法心理学者を見つけられる公算は、皆無でした。たいていの場合、性的問題の専門家は自閉症のことをよく知らないし、その逆もまたそうでした。

2か月間探し続けてやっと、自閉症スペクトラム障害が専門の心理士アンドルー・マルツ先生を紹介してもらうことができました。マルツ先生とグリーン先生を得てやっと、自閉症問題と性の問題の両方をカバーすることができるようになったんです。

　マルツ先生の初回面接では、両親の面接とぼくの面接を合わせて90分でした。その面接の最後に、ぼくは先生に、刑務所行きになることがどれだけ怖いかということと、もしそうなったらとても耐えられるとは思わないことを話しました。そうはならないとでも言って安心させてほしかったんですが、先生は、ぼくのことをまだよくは知らないので確かな判断はまだ下せない、としか言ってくれませんでした。つまり、ぼくの弁護士に雇われたからといって、ぼくの味方になってくれるとはかぎらないということです。マルツ先生は、ぼくの履歴、アスペルガーという診断の確認と再検討、それとこれから行う数種類の心理検査の結果にもとづいて意見を報告するということでした。

　2回目は、ぼくだけの2時間の面接でした。先生は、ぼくがどういういきさつで児童ポルノを見るようになったのかを明らかにしようとしていました。恥ずかしくて厄介な作業でしたが、正直にすべてをさらけ出さないといけないことはわかっていました。ぼくが先生に話していたのは、こういう画像を見ているときの自分は中学生くらいの年ごろに思えて、画像に写っている子どもはぼくがほしかった友だちでもあるかのように想像していたんだということでした。この説明はそのとき思いついたことではなくて、グリーン先生との数か月の治療のなかでわかるようになったことだったんです。自分のしたことをどれほど恥ずかしく感じているかということと、子どもを傷つけるようなことは絶対にしないということを、マルツ先生に伝えました。

　3回目の面接では、いろんな心理検査を受けました。そのなかのひとつ、ヴァインランド適応行動尺度は、対人関係・健康管理・自活といった基本的生活適応能力レベルを調べるものでした。つまりこれは、「情緒年齢」ないし「精神年齢」を調べるものであって、自閉スペクトラム特性をもつひとは、これと知能指数とのあいだに大きなギャップがあることが多いんです。驚い

たことに、ぼくの知的能力以外のほとんどの能力に関しては、思春期以前の
レベルに留まっていました。ずっとそれくらいの年齢のように感じていたぼ
くなんですから驚くことでもなかったはずなんですが、それでも、検査でそ
のことが確認されてしまうと、それはそれでショックでした。マルツ先生は
両親にもヴァインランド適応行動尺度の質問項目をぼくについて尋ねたんで
すが、その結果はぼくが答えたときとほぼ同じでした。

　もうひとつぼくが受けたのは、ミネソタ多面的人格目録（MMPI）という
もので、これは、嘘を答えてもすぐにばれるようにできていました。MMPI
はひとの性格を調べるものなんですが、ぼくについてマルツ先生が調べたか
ったのは、精神病質的傾向（＝犯罪を犯しやすい性格）がないかどうかという
ことでした。そして、そういう傾向はぼくにはないという結果が出ました。
面接と心理検査が終わると、先生は、ぼくの幼いころから27歳でアスペル
ガーの診断を受けるまでの資料に目を通しました。抗うつ薬と抗不安薬を処
方してくれていた精神科医やグリーン先生とも、話しあいを重ねたようでし
た。マルツ先生との3回の面接のあとも、先生がどんな報告書を書くかは全
然教えてもらえませんでした。

　こうしているあいだにケンは、いまぼくを起訴している刑事部の責任者を
していた、もと連邦検事に連絡をとっていました。それは、ぼくのための共
同弁護士になってもらえるかどうか尋ねるためでした。そのひとは、検事局
を退職して以来、被告人の弁護を何度頼まれても断ってきたんだそうです。
それは、ケンによれば、気持ちはまだ検事だったからだそうです。そのひと
がぼくの助けになるとケンが思ったのは、検事側から見た意見を聞けると思
ったからでした。ぼくの事件の特殊な事情をケンが詳しく説明したところ、
そのひとはぼくに会ってみることに同意はしてくれましたが、共同弁護を引
き受けるとはかぎらないという条件つきでした。真っ正面からストレートに
問いただしてくるそのひとのスタイルを、ぼくは想定していませんでした。
米連邦地検の検事だったころは、この種の容疑には可能なかぎり重い求刑を
したと、まっすぐぼくの目を見て厳しい声で言われました。弁護を希望して
いることはわかっているが、まず、なぜ弁護が必要かを納得いくように説明

してもらわないといけない、とも言われました。

　そのときのぼくはすっかりビビりきってしまっていたので、ほかにどんな会話を交わしたかほんとうに覚えてないんですが、この面談でふたつのことがはっきりしました。第一に、そのひとに弁護してもらうためには、ぼくが子どもに危害を及ぼさないということを一点の曇りもなくわかってもらう必要があるということ。連邦検事として30年のキャリアを積んできたひとなので、社会の脅威となるかもしれない人間のために古巣に対抗するようなまねはしないんです。第二に、この事件が刑事司法の対象にはならないという正当な理由があることをわかってもらわないといけないということ。面談の終わりに言ってくれたのは、ぼくに会えてよかったということと、弁護するかどうかは少し考えさせてほしいということでした。1週間後にこのひとからケンに連絡が入り、よくよく考えたすえ、共同弁護に協力してくれるという返事でした。ぼくが話したことは信用するに足るということと、アスペルガーについてはまだよくわからないが、注目に値する特殊な事件だと感じたとのことです。

　同時に、お父さんは、評価の高いアスペルガーの権威、フレッド・ヴォルクマー先生（Dr Fred Volkmar）に連絡をとっていました。イェール大学の小児研究センター長であるヴォルクマー先生は、ぼくの診察に同意してくれました。そして、ケンが裁判所に上申してくれたおかげで、この診察のためにコネティカット州ニューヘブンに行くことができました。この旅行のあいだじゅうずっと、今までの監視装置なんかよりもっとかさばるGPSを装着させられました。空港のセキュリティを通るときは必ずわきに呼ばれるので、人目がすごく気になりました。ぼくにGPSが装着されていたので、ぼくが何らかの犯罪者であることが運輸保安局職員にはすぐにわかったんです。GPSは12時間ごとに充電が必要だと聞かされていたんですが、たった3時間しか経っていないのに、フライトの最中に音が鳴りはじめました。早くホテルに着いて充電して、音を止めたくてたまりませんでした。夜は、GPSをコンセントに接続したまま寝て、夜中に音で起こされないようにしました。

　翌日ヴォルクマー先生と面談しましたが、先生は、まえもっていままでの

郵便はがき

101-8796

537

料金受取人払郵便

神田局
承認

7451

差出有効期間
2021年7月
31日まで

切手を貼らずに
お出し下さい。

【 受 取 人 】

東京都千代田区外神田6-9-5

株式会社 明石書店 読者通信係 行

‖ԼԼ‖‧‧Ի‧‖ꞏԼ‧ꞏ‖‖‖Ի‖‖‖ꞏԼꞏ‖‖‧Ի‧Ի‧Ի‧Ի‧Ի‧Ի‧Ի‧Ի‧‖Լ‧‖‖Լ

お買い上げ、ありがとうございました。
今後の出版物の参考といたしたく、ご記入、ご投函いただければ幸いに存じます。

ふりがな		年齢	性別
お名前			

ご住所 〒　　　-

TEL　　（　　　）　　　FAX　　（　　　）	
メールアドレス	ご職業（または学校名）

*図書目録のご希望	*ジャンル別などのご案内（不定期）のご希望
□ある	□ある：ジャンル（　　　　　　　　　　　）
□ない	□ない

書籍のタイトル

◆本書を何でお知りになりましたか？
　　　　□新聞・雑誌の広告…掲載紙誌名[　　　　　　　　　　　　　　　　　]
　　　　□書評・紹介記事……掲載紙誌名[　　　　　　　　　　　　　　　　　]
　　　　□店頭で　　　　□知人のすすめ　　□弊社からの案内　　□弊社ホームページ
　　　　□ネット書店 [　　　　　　　　　　　] □その他[　　　　　　　　　　]

◆本書についてのご意見・ご感想
　　　■定　　　価　　　□安い（満足）　　□ほどほど　　　□高い（不満）
　　　■カバーデザイン　　□良い　　　　　□ふつう　　　　□悪い・ふさわしくない
　　　■内　　　容　　　□良い　　　　　□ふつう　　　　□期待はずれ
　　　■その他お気づきの点、ご質問、ご感想など、ご自由にお書き下さい。

◆本書をお買い上げの書店
　　[　　　　　　　　市・区・町・村　　　　　　　書店　　　　　　　店]

◆今後どのような書籍をお望みですか？
　　今関心をお持ちのテーマ・人・ジャンル、また翻訳希望の本など、何でもお書き下さい。

◆ご購読紙　（1）朝日　（2）読売　（3）毎日　（4）日経　（5）その他[　　　　新聞]
◆定期ご購読の雑誌 [　　　　　　　　　　　　　　　　　　　　　　　　　　　]

ご協力ありがとうございました。
ご意見などを弊社ホームページなどでご紹介させていただくことがあります。　□諾　□否

◆ご 注 文 書◆　このハガキで弊社刊行物をご注文いただけます。
　　□ご指定の書店でお受取り……下欄に書店名と所在地域、わかれば電話番号をご記入下さい。
　　□代金引換郵便にてお受取り…送料＋手数料として300円かかります（表記ご住所宛のみ）。

書名		冊
書名		冊

ご指定の書店・支店名	書店の所在地域	
	都・道 府・県	市・区 町・村
	書店の電話番号	（　　　）

記録や報告書をすべて受けとって目を通していました。1時間半の面談でしたが、マルツ先生に話したのとほぼ同じことを話しました。そしてお父さんといっしょにデトロイトに戻り、GPSをあの懐かしい監視装置と交換してもらいました。監視装置を装着したいと思う日が来るなんて、思ってもみませんでした。

　マルツ先生もヴォルクマー先生も、ぼくに有利な報告書を書いてくれました。マルツ先生の報告書は詳細をきわめ、ぼくの人生のほぼすべてのことに触れていると言ってもいいくらいでした。そして結論として、ぼくは自閉症スペクトラム障害をもっているということ、加害者になる危険性はないと思われること、ぼくの心理的発達と性的発達は思春期以前のレベルに留まっているということが書かれていました。この最後の結論を読んだときは馬鹿にされたような気分で怒りさえ覚えましたが、それを否定できないことはわかっていました。

　グリーン先生、マルツ先生、ヴォルクマー先生の報告書をぼくの弁護士たちが検察側に提出したのは、罪状認否手続きの5か月後でした。弁護士たちはこれらの報告書にもとづいて、実刑とか保護観察とかではなく、予審まえのダイバージョンが妥当であると主張しました。生涯消えない重犯罪人の烙印を押されて性犯罪者登録されてしまう保護観察処分とちがい、ダイバージョンなら社会復帰の可能性が与えられ、指示を守りながら一定の観察期間（通常18か月）を過ごすことになるそうです。その期間リハビリを受ければ起訴は取りさげられ、重犯罪人として一生を送ることもなくなるし、性犯罪者であるという汚名や生活制限からも解放されます。ダイバージョンが考慮される条件としては、犯罪者タイプではないと思われること、薬物依存の既往がないこと、リハビリの可能性が残されていると考えられること、があります。弁護士たちも3人の専門家も、ぼくにはダイバージョンが適切であると確信していて、検察側に提出した書類にそういう結論を明記してくれていました。

　返事を待つこと3か月、やっと検察側からの連絡があったんですが、よい知らせではありませんでした。その返事とは、ダイバージョンは考慮しない

が、ぼくが子どもに危害を及ぼす危険性はないということと、自閉症がぼくの過失に関わっているということはわかった、というものでした。そして、刑務所はもはや選択肢にないということだったので、これはぼくにとっては大きな安心でした。こんなに頼りにしている両親から引き離されることもなくなったし、1日たりとも耐えられないようなあの環境に置かれることもなくなったんです。

　刑務所行きの心配はなくなったのでまずはひと息つけたんですが、検察側はまだ有罪を主張していたので、登録性犯罪者という重犯罪者として残りの一生を過ごさないといけない可能性は残されていました。ぼくの弁護士たちは、検察側の返事に不満でした。ケンが検事のひとりと話してみると、3人の専門家の詳細な報告書を提出したにもかかわらず、アスペルガーと精神疾患とのちがいも理解されていないことがわかったんです。この点の理解を求めるために、ケンは、両者の区別を解説する追加報告書をマルツ先生とグリーン先生に依頼しました。それを検察側に提出すると、読ませてもらうという返事でした。

　この追加報告書に対する検察側の返事を待って、ぼくたち一家は苦しい数か月を過ごしました。電話かメールかどちらかでの返事を待ちわびつつ日々過ごすのは、拷問以外の何ものでもありませんでした。自閉スペクトラム特性をもつひとにとって、何かがはっきりわからないという状況は不安をあおるものですが、それが数か月にも及び、しかも一生の運命がそれにかかっているとなると、それは耐えがたいものです。残念なことに、やっと届いた返事は、検察側の考えは変わらないというものでした。ダイバージョンを受け入れることはできず、有罪判決と性犯罪者登録しか考えられないというんです。

　このときもまた、ぼくの弁護士たちは同意するわけにいきませんでした。この一連のやりとりがはじまってからもう1年にもなろうとしており、弁護士たちは、ダイバージョンこそが正しい選択であると信じて疑わなかったんです。ケンは、検察側もぼくたちが提出した報告書を専門家に依頼して検討したのかどうかを質問しました。それはしていないという返事でした。そこでケンが検察側に提案したのは、アスペルガーに理解のある有資格官選専門

家をだれか指名して、報告書の検討とぼくの診察を依頼してはどうかということでした。もし検察側が指名した専門家もぼくたちの専門家の結論に同意すれば、ダイバージョンが適切という誠意ある判断を下すしかなくなるだろうと考えたわけです。この提案を聞かされたぼくは、弁護士たちがぼくのことをほんとうに信じてくれていることと、ぼくたちが依頼した専門家たちの意見が正しいということが、よくわかりました。これに対して検察側は、訴訟を起こすのを延期してケンの提案を検討すると言ってくれたので、とりあえずホッとしました。

　その1か月後に検察側から連絡が入り、ぼくを診察する官選専門家が決まったということでした。この専門家はワシントンD.C.のFBI神経心理学者で、児童ポルノ被害者などのための被害者支援プログラム責任者でした。しかもこのひとは、ジョンズ・ホプキンス大学大学院で、自閉症スペクトラム障害についての訓練を受けていました。ここでぼくが選択しなければいけなかったのは、検察側からの以前の申し立てを受け入れるか、それともワシントンD.C.のFBI本部であるJ・エドガー・フーバー・ビルディングに行ってまたまた専門家の診察を受けるか、でした。

　どちらの選択肢もぼくにとっては恐ろしいものだったので、ぼくが信頼するひとたちの意見を聞くことにしました。つまり、ぼくの弁護士、両親、グリーン先生、最近乳がんが見つかった友人ケイティ、そして、ぼくたち一家のカウンセラーであるジュリアです。みんな、診察を受けるべきだと言いました。弁護士たちによると、検察側は、決定を下すために必要な手続きはこの診察が最後だと言ったんだそうです。お父さんは、児童ポルノ被害児の支援を業務にしているFBI職員がぼくを診察して客観的な評価ができるのかどうか、少し心配なようでした。ケンも同じことを心配していたんですが、検察側がいままで以上にこちらの言うことに耳を傾けて、官選専門家の診察に同意してくれたことを評価していました。ケンは、ぼくたちが依頼した専門家たちに全幅の信頼を寄せていて、その報告書もこのFBI神経心理学者のもとに届けられると言いました。

　ワシントンD.C.での診察日が決まるまで、1か月待ちました。そのあいだ、

いったいどんなことになるんだろうというぼくの不安は、居ても立ってもいられないほどでした。ケンは、この診察に備えるために何もする必要はなく、ただいつもどおり正直に話せばいいだけだと言ってくれました。すべてがこの診察にかかっているような気がして、もう、圧力鍋のなかにいる気分でした。ただの1分もこの不安を忘れることはできませんでした。ケイティの健康状態が悪化するのを見るのもつらいことでしたが、ぼくの人生で一番大切な面談が目のまえに迫っていたんです。

　ぼくとお父さんは、診察前日にワシントンD.C.に入りました。D.C.で過ごした晩も、自宅同様の門限が適用されました。いったんホテルに落ち着いたあと、FBI本部の近くに行ってみたいと思いました。講演するときもよく、事前に会場に行ってみることが心の準備になったんです。じっさいに足を踏み入れるまえにその場所を下見しておくことで、気持ちが落ち着きました。もちろん建物のなかに入ることはできませんが、外からだけでも見たかったんです。

　ぼくはお父さんに、この診察はいままでで一番怖いと話し、質問攻めにしました。この心理学者がFBI職員であるということは、最初からぼくに対して偏見をもってるの？　デトロイトの連邦ビルディングはJ・エドガー・フーバー・ビルディングに比べたらまるでおもちゃの家に見えるけど、ぼくはここに入るだけで気絶しちゃうんじゃない？　アパートでFBI捜査官にされたみたいに厳しく尋問されて、ぼくはますます弱っちゃうの？

　翌日、約束の午前10時に、J・エドガー・フーバー・ビルディングに到着しました。ぼくはもうボロボロでしたが、お父さんもいままでにないくらい弱々しく見えました。建物に入ると警備員数人に身分証明書を見せて、セキュリティチェックを2か所通りました。FBI本部はまるで要塞のようで、ネズミ1匹すら許可なしには入れないくらい、すきのない警備です。それはほとんど軍事施設のようでしたが、じっさいそうなんです。ぼくとお父さんは訪問者なので、付き添いなしにはトイレも使わせてもらえず、用を足すあいだ警備員が仕切りの向こうで待っていました。

　半時間ほどロビーで待つと、FBI神経心理学者が大胆な早足でやって来ま

した。背が高くて自信に満ちたそのひとは、まるで、俳優派遣会社からやって来たかのようでした。ぼくとお父さんは、そのひとに付き添われて迷路みたいな廊下や通路を歩いていきましたが、自分がいまどこにいるのかわからなくなってクラクラしてきました。その後、狭い取調室で、そのひとが自分の役割を説明してくれました。それは、検察側の依頼でぼくの診察をするということと、ぼくのどんな発言もぼくにとって不利になることがあるということでした。

　ぼくが同意書に署名したあとの4時間半は、質問また質問でした。文字どおり、すべてのことを聞かれました。質問は、生まれたときのアプガースコア（新生児の健康状態評価法）や学業成績から、パソコンで未成年者の画像を眺めていたときのぼくの動機と精神状態にまで及びました。質問の多くは個人的なもので、なかには屈辱的なものもありましたが、ケンに言われたとおり、全部正直に答えました。ぼくが子どもたちに危害を及ぼす可能性があるかどうかを検察側に報告するための、リスク評価もありました。診察が全部終わってからも、どういう所見があったかとか、どういう結論に至ったかは全然教えてもらえませんでした。もし検察側からの要請があれば報告書を書く、ということだけはぼくとお父さんに教えてくれました。その日は金曜日だったので、月曜日に検事に電話して診察結果を伝えるとのことでした。FBI本部をあとにするころには、ぼくは身も心もクタクタでした。

　ぼくとお父さんは、ワシントンD.C.からボルチモアまで空港リムジンで行きました。混みあったリムジンのなかにはたくさんのひとがいたので、ぼくもお父さんも、たったいま経験してきたことを口にするわけにいきませんでした。そのあいだお父さんと話ができないことは、ぼくにとってつらいことでした。何回かちょっとだけ話そうとしたんですが、お父さんに黙らされました。ちょうどラッシュアワーだったので、普段なら45分から50分で空港に着くところを3時間かかってしまい、もう少しで飛行機に乗り遅れるところでした。機内でもたくさんのひとがいたので、その日にあったことを話しあえませんでした。デトロイトに着いて車に乗りこむまで、2時間半かかりました。そのころにはお父さんはもうヘトヘトで、その日にあったことな

どとても話す気になれなかったようでしたが、それでもぼくは、山のような質問をぶつけずにはいられませんでした。これでよかったと思う？　この診察を受けたことでよけい不利にならない？　ダイバージョンにもちこめると思う？

　いまふりかえると、ぼくは自分のことしか考えておらず、お父さんの気持ちに無頓着になってしまっていたことはわかります。でも、怖かったんです。いつもならお父さんはプレッシャーがいくらかかっても冷静で、ぼくがストレスに押しつぶされそうになっているときでも、どっしりとかまえていてくれるのですごく助かるんです。でもほんとうは、お父さんも、ぼくと同じくらい不安で不安でたまらなくて疲れきっていたんです。お父さんが弱ってしまっているのを見て、ぼくもますます恐ろしくなりました。

　ワシントンD.C.から帰って2週間経っても、検事局からは何の連絡もありませんでした。両親もぼくも、不安を抱えたまま過ごしました。毎朝ぼくが起きて最初に言うのは、「何か連絡あった？」でした。文字どおり、そのことしか考えられなかったんです。FBI神経心理学者は月曜日に検事に電話すると言っていたので、もう何らかの連絡があってもいいころでした。何週間も経つうちにぼくもお母さんも待ちきれなくなって、ケンに電話するようお父さんをプッシュしはじめました。検察側に連絡をとってもらって、ことがどう進んでいるのか知りたかったんですが、ケンはまだ早すぎると言いました。アスペルガーをもつひとにとって、状況がはっきりしないままひたすら待たされ続けるというのは拷問にも等しいということを、ケンはわかってないと思いました。検事が心理学者の報告書を受けとってそれを精査するのには、時間がかかると言うんです。過度に不安がっていると思われたり弱みを見せたりすると、不利になるとも言いました。「もう戦略なんてどうでもいい！　ちょっとでも安心できないと、頭が変になりそうなんだよ！」とでも言いたいところでした。

　それから2、3か月経っても、連絡はありません。弁護士たちはそろそろ連絡してみてくれるんじゃないかと思ったんですが、駄目でした。待たされることがぼくにとってどんなにつらいかわかってはいても、こちらが望む結

果を得るためには、いまはまだ待つ時期だと言うんです。弁護士たちがはっきり言ったのは、検察側とギクシャクしたくはないということと、こちら側に何か言われて検察側の考えが変わるようなもんではないということでした。ぼくもお母さんも憤懣やるかたなく、この件については、弁護士の決定に従うべきだと言うお父さんと対立していました。しばらくのあいだ、ぼくの家族関係に亀裂が入った状態が続きました。

　ワシントンD.C.に行って以来、検察側から何の連絡もないまま4か月半が過ぎました。精神的には、ぼくも両親も悲鳴をあげていました。ぼくの不安はマックスで、もうこのことしか頭にはなく、恐怖のあまり足腰立たない状態でした。ついには弁護士たちもしびれを切らしてしまい、検察側に連絡してくれました。ケンが検事のひとりに尋ねたところ、FBI心理学者の結論は次のようなものでした。ぼくたち側の専門家の意見に同意する、ぼくが子どもたちに危害を加えるとは思わない、ダイバージョンという決定に異論はない、ということです。

　FBI心理学者がぼくたちの専門家と同じ意見だったというのに、検事たちはまだ考えを変えていなかったんです。ほとんど逆上した弁護士たちは、FBI心理学者の報告書を見せてもらいたいと言ったんですが、検察側は報告書を要請しなかったとのことでした。これは、理解に苦しみました。どうしてこのひとの診察を受けさせておいて、報告書を要請しなかったんでしょうか？　FBI心理学者は、もし要請があれば報告書を書く、とぼくとお父さんに明言したんです。

　さんざん待たされたあげくこんなことになっているなんて、ぼくも両親も、もう立ち直れませんでした。お父さんもお母さんも、泣き崩れました。何もかも意味不明です。ぼくは指示されたことを全部ちゃんとやったのに、検察側は自分たちが依頼した専門家の見解を無視しようとしているんです。

　不満いっぱいの弁護士たちは、ぼくを起訴しようとしている検事たちを監督する立場にある連邦検事との会談を求めました。この会談は2012年5月7日に実現し、出席したのは、ぼくの弁護士たち、連邦検事、刑事部長、アパートを手入れしたFBI捜査官ひとり、それに、ぼくの事件に関わってきた

検事ふたりでした。会談のあと、弁護士たちが電話でその結果を報告してくれました。連邦検事は、ぼくの資料に目を通して検察側が提案した司法取引を検討し、司法取引が妥当なのかダイバージョンすべきなのかを決定することに同意してくれたそうです。弁護士たちは、これはうまい方向に向いていると感じ、ダイバージョンの望みがつながったと話しました。

　4時間後、ケンのもとに検察側から電話が入ったんですが、驚いたことに、連邦検事はまた診察を要求したというんです。今度診察するのは、検事局が取り扱う刑事事件のなかでも注目されている事件にいつも関わっている司法心理学者だそうです。弁護士たちはこの唐突な要求に戸惑ったんですが、その理由はいくつかありました。戸惑った理由の第一は、以前検事からは、ワシントンD.C.でFBI神経心理学者の診察さえ受ければ、決定を下すのにそれ以上必要なものはないと聞いていたので、話がちがうということでした。戸惑った理由の第二は、この司法心理学者はアスペルガーや自閉症に関しては素人なので、ぼくの事件の微妙な点を理解できないんじゃないかということでした。

　弁護士たちは、これらの点を検察側に必死で訴えましたが、無駄でした。またまたぼくの選択肢は、アスペルガーも自閉症も知らないひとの厳しい診察を受けるか、起訴されて訴訟をはじめるか、のどちらかでした。

　この選択肢はどちらも同じくらいつらいものだったので、お母さんに言わせれば、この苦しい決断は『ソフィーの選択』（訳注：1982年公開のアメリカ映画）でした。ワシントンD.C.での体験からまだ完全には立ち直っていなかったぼくは、あんなに長くて細かく突っこまれるような尋問をもう一度受けないといけないと思っただけで、鳥肌が立ちました。今度もまた、信頼しているひとたちの助言を求めました。みんな、ぼくがどれだけ気が進まないかはわかりながらも、診察を受けることがダイバージョンのための唯一の道だという意見でした。ケイティだけは例外で、しないほうがいいと言ってくれました。彼女自身自閉症が専門なので、自閉症のことを全然知らないひとがぼくを診察することをとても心配していました。それに、もしこの診察がうまく運ばなければ、刑務所行きの可能性が復活するんじゃないかというこ

とも心配だと言ってくれました。自分の人生をかけてロシアンルーレットみたいなことをするのは、やめてほしいと言うんです。ぼくにとって刑務所以上に怖いものはないので、ぼくの思いも同じでした。不本意ではあったんですが、診察を受けることにしました。ただ、それをできるだけさっさと済ませたいと願っていました。でも、そういうわけにはいきませんでした。

　司法心理学者の診察がいつになるのか、検察側からの連絡を待って5か月が過ぎました。今回も、こんなに時間がかかるわけはないので、ぼくたちは怒り心頭でした。検察側がこの診察を要求したんであれば、どうしてあらかじめこのひとに連絡をとっておかなかったんでしょうか？　もう、気が変になりそうでした。弁護士たちがこの心理学者に直接接触してみたところ、検察からの要請がないかぎり診察予約はできないと言われました。そしてやっとのことで検察側からのメールが届き、司法心理学者の診察は3週間後になるとのことでした。

　診察が予定されていたのは、ミシガン州のわびしい秋のある日でした。またもや、これはぼくの人生で一番大切な面談で、残りの一生がその成否にかかっているという気がしていました。そう感じるだけでもたいへんなプレッシャーですが、今年だけでももう2度目です。

　お父さんといっしょにオフィスに入ると、この司法心理学者は、お父さんと話す気はないとはっきり言いました。FBI神経心理学者のやりかたはこれとちがって、ぼくのような支援を要する子どもの育児経験を、短時間ですがお父さんから聞いてくれました。

　このひとは感情を外に表すことがまったくなく、そこにいるだけで威圧的でした。そして、FBI神経心理学者と同じように、自分は検察側に雇われているということと、ぼくの発言が不利な証拠になることもある、ということを面談の最初に告げました。出廷を求められてぼくの主張と相反する証言をすることになるかもしれない、とも付け加えました。こういったことをすべて承知したうえで、このまま続けるべきなのかどうか？　ぼくに選択の余地はありませんでした。

　このひとがぼくを厳しく尋問して、ぼくがこんな罪を犯してしまった理由

を一歩一歩紡ぎあげていくそのようすは、まるで、経験豊かな探偵のようでした。ひとつ気になったのは、自閉症やアスペルガーと関係した質問が、まったくないことでした。ぼくの障害をよく理解してくれていたFBI神経心理学者はその障害が日々の生活にどう影響したかについて尋ねてくれたんですが、このひとは、そんなことにはこれっぽっちも興味がないようでした。どんな質問にも、正直に答えていきました。だれにも知られたくないようなぼくの内面についての質問も多く、答えるのがすごく恥ずかしかったんですが、すべてをさらけ出さないといけないことはわかっていました。

　面談は、6時間に及びました。そのあと、マルツ先生がしたのと同じMMPIをさせられました。このときも、精神病質的傾向はないという結果でしたが、抑うつと不安の傾向が高く、前回以来上昇していたようでした。そんなの、あたりまえじゃないですか。この1年間に起こったことは、かなりこたえたんですから。

　その1か月後、司法心理学者の報告書が、検察側とぼくの弁護士たちに送られました。そこには、ぼくの証言に嘘偽りはないということと、ぼくが子どもたちに危害を加えることはないだろうということが書かれていました。このひとも、ほかの専門家たちと同じように、ぼくの社会性の発達や性的発達の問題が児童ポルノ閲覧につながったという意見でした。そして、ぼくを起訴して性犯罪者登録するべきではない、ということも述べてありました。

　この報告書を読んだケンは喜んだんですが、それもつかのまでした。その数週間後、連邦検事と検察側がぼくの事件についての会議を開き、最終決定を下したんです。ぼくの弁護士たちは、同席を許可されませんでした。けっきょく、その最終決定とは、1年半前の司法取引と同じ内容でした。つまり、刑務所は免除、ただし、有罪判決と性犯罪者登録です。

　ぼくは、ものすごく悲しくて、打ちのめされた気分でした。起訴されるとなると、ダイバージョンへの道は閉ざされてしまい、もうお手あげ状態です。司法取引に同意するか、公判に臨むかしかありません。ぼくにとって、公判はムリです。この2年半のあいだに精神的にすっかり疲弊しきっていたし、これ以上刑事裁判に巻きこまれるなんて耐えられません。ぼくは、正式に起

訴されることになりました。

　6週間後、連邦裁判長に対し、児童ポルノ所持の訴因で有罪申し立てがされました。このときもまた、とても屈辱的な思いで、こんな思いはだれにもしてほしくないくらいでしたが、裁判長はとても優しくて、ぼくの気持ちにもできるだけ配慮してくれていました。判決言い渡しは3か月後となって、またまた苦しい待機期間を耐えなければなりませんでした。

　とうとう、判決の日を迎えました。司法取引が成立することを希望していましたが、理屈のうえでは、司法取引を退けてぼくを刑務所送りにする権限は裁判長にあるのが心配でした。意外だったんですが、審理の15分まえに、グリーン先生がぼくをサポートしに来てくれました。自分のセラピストに会えてすごくうれしかったうえに、ハグまでしてもらえました。法廷にいたのは、両親、ケン、グリーン先生、検事、そしてぼくだけでした。おもしろかったのは、そこにいたあいだじゅうずっと、検事が、ぼくともぼくの両親とも目を合わせようとしなかったことでした。

　審理開始予定は午後2時30分でしたが、裁判長の到着が30分遅れました。裁判長の到着を法廷で待つ時間は、不気味な静けさでした。両親もぼくも、考えにふけっていました。曖昧な状況、長い待機期間、想像を絶する恐怖を2年半経験して、ここまでたどりついたんです。「アメリカ合衆国対ニコラス・ドゥビン」という廷吏の声が響くと、裁判長が入廷しました。全員起立です。ぼくの顔は、紅潮して汗びっしょりでした。証言台に立って、裁判長と正面から向きあいました。

　いくばくかの前置きのあと、裁判長は、法廷で何か申し述べることはないかとぼくに尋ねました。ぼくは、出廷する羽目になった行為についてとても申し訳なく思っているということと、ぼくの家族に苦痛を味わわせてしまったことを恥じているということを言いました。逮捕以来、週2回の心理療法を受けていることと、その心理療法に真剣に取り組んでいるということも話しました。そして締めくくりとして、ぼくは非常に後悔していて、アスペルガーや自閉症のひとたちにぼくの失敗から学んでもらうためには何でもすることを望んでおり、このような罪はもう決して犯さない、と言いました。裁

判長はぼくの目を見て、ぼくを信用すると言ってくれました。裁判長が言ったのは、ぼくはもともと児童ポルノ提供容疑をかけられたけれども提供に関わっていなかったのは明らかだということ、そして、もしほんとうに提供に関わっていたなら刑務所での長期刑を言い渡したであろうということでした。この事件がメディアで報道され、2年半ものあいだ監視装置を装着させられていたことで、ぼくがすでにある程度の懲罰を受けたことになる、とも認めてくれました。

　裁判長は司法取引を認め、ぼくを5年間の保護観察処分としたんですが、これは、法的に定められる最短期間でした。さらに、提出されたすべての証拠に目を通すなかで新たなことを学んだ、と裁判長は付け加えました。それは、アスペルガー症候群は精神疾患ではなく神経の病態だということでした。裁判長の口からそんな言葉が聞かれるなんて、ぼくには驚きでした。連邦裁判官ほどの見識と経験を積んだひとなら、こんな基礎的な知識は知っているもんだと思っていたんです。法制度は、こと自閉症スペクトラム障害に関するかぎり、まだまだ遅れていると感じざるをえませんでした。

　そして裁判長は励ましの言葉を投げかけてくれ、ぼくはホッと安堵のため息をつきました。ぼくたち一家と連邦政府との長い闘いは、紆余曲折を経てやっと終着点にたどりついたんです。両親もぼくも、心身ともに疲れきってしまいましたが、やっと終わったことを喜びました。2年半にわたる強烈で容赦ない苦闘を終えたぼくはいま、人生を立て直していくという、気の遠くなるような課題に直面しています。

あとがき

　数少ない例外を除けば、自閉スペクトラム特性をもったひとが刑事事件と関わりをもつことはありません。こういうひとたちはとても道徳的で、法律をきっちり遵守しようとするものなんです。いまのぼくもそうですし、逮捕された時点のぼくもそうでした。それでもぼくは、知らず知らずのうちに重大犯罪を犯してしまっていたんです。どうしてこんなことが起こってしまったんでしょうか？　それに、どうしてこんなことが自閉スペクトラム特性をもつほかのひとにも起こってしまうんでしょうか？　こういう疑問に答えるためには、これまであまり注目されてこなかった問題をとりあげる必要があります。それは、自閉症と性の問題です。本書のこの部分をぼくが書かせていただいたことによって意識が高まり、長きにわたって日の目を見なかった問題を議論する出発点となることを期待しています。

　まず確認しておきたいのは、自閉スペクトラム特性をもつひとのほとんどは、性的な存在でありながらも、定型発達のひとたちが利用できるような性的はけ口をもっていない、ということです。この性的知識と体験の欠落が、どこかの時点でさまざまな問題を生みだすことになるんです。この発達的差異は、だれもが口にすることをはばかる「部屋のなかの象」なんです。

　逮捕された当時のぼくは、自分のことを、いちおうアスペルガー症候群専門家と自認していました。心理学博士号を取得し、研究・執筆活動・実習はすべてこの分野に関連したものでした。本も何冊か出版して3本のDVDも制作し、数えきれないほど講演もさせてもらいましたが、これも全部、アスペルガー症候群を抱えて生きるということのさまざまな側面に関することでした。こうしてこの話題にどっぷりつかっていたにもかかわらず、自分自身を含め、アスペルガー症候群をもつひとがその性発達の問題のために経験し

うる困難さについては、意識していませんでした。

　診断を受けて以来、自閉症とアスペルガー症候群について書かれた本を、手に入るかぎりすべて読みつくしてきました。イザベル・エノー先生の『アスペルガーと性』を除けば、性の話題を扱った本は、「デートのしかた」的なものしかありませんでした。過去2年のあいだにぼくがよく考えていたのは、もし、いま執筆している本書のような書物にぼくが出会っていたら、あのような悲惨な苦しみを避けることができただろうかということでした。

　自分の個人的な経験をもとに、自閉スペクトラム特性をもつひとの保護者、精神医療関係者、刑事司法関係者など、さまざまな立場のかたたちに向けて、ぼくの考えや提案を発信させていただこうと思います。ぼくの身にふりかかったようなことが二度と起こらないようにするためには、こういう立場にあるひとたちがきちんと理解しておくべきことがあります。ぼくの体験談が教訓となることを、願ってやみません。過去2年半のあいだにぼくと両親が味わったほどの苦しみや、登録性犯罪者という汚名を着せられてこれからの社会生活や就職の困難に直面するような状況を、自閉スペクトラム特性をもつひととその家族に経験してほしくないんです。

自閉スペクトラム特性をもつ子ども（どんな年齢でも）の保護者のみなさんへ

　ぼくの両親は、デートやセックスについて一生懸命ぼくと話しあおうとしてくれたんですが、ぼく自身がかたくなに拒んでいました。ぼくの人間関係や性のことを、ちょっとでも両親がもちだそうものなら、それはもう、何か熱いものにでも触ってしまうようなもんです。ぼくが頑固に拒否するので、両親はもうそれ以上何も言えなくなってしまうんです。こういった話題については、両親ともほかのだれとも話したくなかったんですが、それでけっきょく自分が痛い目にあうことになりました。じっさい、ぼくはこれで身を滅ぼすことになったんです。ぼくの性の問題は、ぼく自身が目を向けようとしてこなかったために、長いあいだ凍結状態で時間が止まったままでした。そこに目を向けることを恐れていたぼくは、両親をもお手あげ状態にしてしま

っていました。特に子ども自身が抵抗する場合、こんな微妙な話題についての話しあいを強制するのがどれだけむずかしいかは、理解しています。性について子どもと話しあうなんてやりにくいものですが、自閉スペクトラム特性をもつひとにとっては、なおさらです。けれども、もし保護者が避け続けてしまえば、子どもにとってのみならず、家族全体にとっても悲惨な結果になりかねません。

　自分の子どもの社会性の発達や性の発達がほかの子どもたちとはちがう、ということを認めて受け入れるのがつらいことだということはわかります。もう思春期に入っている子どもがデートにも興味ないしパーティーに行こうともしないようすを見ると焦ってしまいがちですが、診断まえにぼくのお母さんがしていたように、強制しないことが大切です。子どもの人間関係や性的発達を心配する保護者の姿勢には、2パターンあるようです。人間関係をもつようプレッシャーをかける保護者がいる一方、この問題から完全に目をそむける保護者がいます。抵抗にあいにくいのは、後者の姿勢です。保護者は、「わざわざバトルすることもないだろう。うちの子はもうすでに問題満載だから、これ以上ややこしくしたくはない」と考えるものです。

　ぼくが気づくに至ったとおり、インターネットはすばらしい教育手段にもなれば、人生破滅の原因にもなります。もし子どもがあまりにも長時間パソコンのまえに座っているようなら、何か不適切なことをしていないかどうか確認するべきです。近年、特に自閉スペクトラム特性をもつひとは、パソコンのまえで過ごす時間が長くなりがちなので、密室でネットを通じて性に関する情報を手に入れることがいとも簡単にできてしまいます。だれとも人間関係や性的関係をもてていない場合、ネットサーフィンがその埋めあわせとなりがちなのは残念なことです。子どもがネット上で何か不適切なことをしているようであれば、子どもが使うパソコンに、性的内容の遮断ソフトをインストールするという手もあります。できるだけ早く専門家の支援も受けるべきですが、ここでよく問題となるのは、だれの支援を受けるかです。

　大都市に住んでいても、ぼくの両親は、アスペルガーと性的問題の両方に精通したセラピストを見つけることはできませんでした。それで最終的には、

そのうちのひとつ（性）の専門家を選んで、その先生がアスペルガーについて勉強をしてくれることを望んでいたわけです。自閉症のひとの性的問題を考えるうえでは、両方の知識をもちあわせていることが望ましいんですが、残念ながら、そういうひとはめったにいません。ですから、自閉症のひとと関わるセラピストは、こういうひとたちの性的発達が定型発達とどうちがうのかを知っておくことが大切です。

心理士・ソーシャルワーカー・そのほかの精神医療関係者のみなさんへ

　自閉症のひとと関わるセラピストの多くは、心理的問題や情緒的問題、それに日々の生活のむずかしさに直面することがとてつもなく多いことに圧倒されてしまいます。本人がその問題をもちだすこともなく、しかも、重症のうつ、不安、社会的孤立、失業状態、家族関係の問題、そのほかのメンタルヘルスに関わる問題があるときには、性の問題はあと回しにされることがほとんどです。ここ2年のあいだ、アスペルガー成人と関わる心理士数人と話す機会がありましたが、みんな、本人が性の問題を話しあおうとしないので、セラピストのほうからその問題を切り出すのがむずかしいと言っていました。
　自閉症のひとのなかには、彼女がほしいということを延々と言い続けるひともいますが、そういう話はたいてい表面的なものでしかありません。アスペルガーのひとは一般的な話に終始することも多く、そうやって、内面に抱えている性的混乱から目をそらそうとするんです。何らかの性的逸脱行動をしていたとしても、恥ずかしいので、もしくは、その行動が不適切であることをわかっていないので、そのことを話そうとしない場合もあります。セラピストは、その部分に深入りして問題の根源を探り出そうとするまえに、ほんのちょっぴりそのあたりに触れてみることからはじめたほうがいいこともあるでしょう。この作業には何か月もかかることもあって、忍耐と粘り強さが必要になります。セラピストがあまりにも突っこみすぎると感じられるともう来なくなってしまう危険性もあるので、慎重に進めないといけません。
　ぼくがしたように、もし性的逸脱行動を認める発言があれば、それについ

て常に確認し続けることが重要です。その行為がそのひと自身にどんな影響を与えてどんな結果につながるかということを、はっきりと繰り返し伝える必要があります。自閉症のひとたちには、性的逸脱行動が周囲のひとにどんな影響を与えるかも理解してもらわねばなりません。定型発達のひとにこういう説明は無用かもしれませんが、自閉スペクトラム特性をもつひとには、こつこつ伝え続けることになります。好ましくない影響を説明するだけではなく、不適切かつ違法な性的行動は、やめさせないといけない場合もあります。児童ポルノ閲覧が問題なら、それをやめるという契約をセラピストとのあいだで交わしてもらい、その契約がきちんと守られているかどうかを定期的に確認します。ストーカー行為・痴漢行為・露出行為についても、同様の契約が使えます。

　自閉症のひとが痴漢行為に及ぶ場合、感覚の鈍感さがその根底にあって、刺激を求めて触ってしまうことがよくあるということも、セラピストは知っておかなければいけません。本書のはじめのほうで、子どものころぼくがよくひとの頭を触っていたということを書きました（p.26）。これは奇妙な行動ではあったものの、害を与えたり性的な意図があったりするものではなく、ぼくはしょせん子どもでした。しかし、自閉症児が成長しておとなになって、刺激ほしさに性欲のはけ口のなさが加わると、これはもういつ痴漢をしてもおかしくない状況であって、意図せずして深刻な結果になりかねません。

　自閉スペクトラム特性をもつひとが性的加害者になったり小児性愛者になったりすることは、ほぼありません。じつは、犯罪加害者になるよりも被害者になることのほうが多いんです。定型発達のひととは性心理の発達がちがうので、ときとしてこのちがいが、対人関係の場とか見知らぬひとと出会う状況とかでのふるまいや、パソコン上での性的情報収集に影響することがあります。

　ぼくはいまでも、グリーン先生のセラピーを続けています。先生はとてもしっかりした心理士なので、信頼関係が揺らぐことはありません。逮捕後のあのたいへんな状況を乗り越えていくうえで、先生は、欠かせない心のよりどころになってくれました。先生に言わせると、ぼくとのセラピーは、大学

院でアスペルガーの研究をしているような気分だそうです。ぼくも先生も、逮捕以来たくさん勉強しました。ぼくのセラピーも進んだし、先生も自閉スペクトラムについて多くのことを学んでくれました。

刑事司法関係者のみなさんへ

　ぼくは、逮捕されるまでは、交通違反以外で警察のお世話になったことはありませんでした。司法警察機関の職員は、自閉スペクトラム特性をもつひとの対応や逮捕について、基本的な訓練を受けることが大切だと考えます。多くの場合、自閉スペクトラム特性をもつひとは、危害を加えられることはないということさえわかっていれば、危険行為に及ぶことはありません。アスペルガーのひとたちは、ふるまいかたがちょっと変わっていたりするので、警官に目をつけられることもあります。たとえば、視線を合わせないので嘘をついていると思われたり、パニックを脅迫行為とまちがえられたりします。こういうことをきちんと考慮に入れたうえで、事態が悪化して不幸な結末に至らないようにする必要があります。裁判官も、被告人がニヤニヤしたり、神経質に笑ったり、目を合わせなかったりするのを見て、審理に真剣に臨んでいないとか法廷を侮辱しているとか誤解するかもしれません。しかしこういうふるまいはじつは、あまりの不安と恐怖に耐えかねた結果なんです。

　警官が自閉症のひとと話すときには、明確で単刀直入な指示を、冷静かつ抑えのきいた声で伝え、同時に自分自身の安全にも気を配らねばなりません。もうひとつ気をつける必要があるのは、ぼくもそうだったように、自閉スペクトラム特性をもつひとは自分の行為が違法であるということを知らないこともよくあるので、逮捕でかなりのショックを受けるかもしれないということです。ぼくがアスペルガーということをFBIは知っていたのかもしれませんが、ぼくのアパートに突入してきたときは、アル・カポネでも捕まえるのかというくらいの勢いでした。12人の捜査官がアパートに突然飛びこんできたときの精神的ショックは、とても言葉では言いつくせません。もっと平和的かつ人道的なやりかたがあったんじゃないかと思います。

刑法のもとでひとを裁く立場にあるひとたちに理解してほしいのは、アスペルガーや自閉症をもつひとたちにとっては、その障害特性ゆえに、刑務所生活が通常以上に耐えがたいものになるということです。たとえば、他人とうまくやっていくための微妙なニュアンスやツボがわかりません。保身のためにだれかとつるむなんてムリです。知らず知らずのうちに権威者に向かってNGワードを口にして、トラブルを招いてしまうことだってあるかもしれません。さらに、感覚の問題です。受刑者たちの絶え間ない叫び声、ドアが閉まる音、煌々と照らす電灯などは、もうたまりません。もしどうしても自閉症者を留置する必要があるなら、自宅監禁のほうがよりよい選択肢だと思います。

　自閉症のひとを担当する被告人弁護士のみなさんにぼくが助言できることは、障害がどのように容疑に関わっているかを調べてほしいということです。検察側は自閉症を理解してくれないと思っておいたほうが無難なので、被告人弁護士には、自分自身のためだけでなく検事のためにも情報を入手してほしいと思います。入門としては、アスペルガーについてトニー・アトウッド先生が書かれた2冊の本（Attwood 1997, 2008）が、必要な情報をほぼすべて教えてくれます（訳注：154ページの参考文献に記載）。

　合併症は別として、アスペルガーや自閉症それ自体は、精神疾患ではありません。生まれてからの行動に影響を及ぼす神経学的疾患であって、対人関係の微妙なニュアンスがわからないんです。アスペルガーをもつひとの情報処理も、独特です。人間関係のなかでの誤解や、知識的な勘ちがいがからむような犯罪には、自閉の特性が関与している可能性もあります。例を挙げると、ストーカー行為、ハラスメント、（パニックによる）治安妨害、児童ポルノ所持、痴漢行為、政府機関や企業のデータベースに対する興味本位のハッキング、興味があることに関連した商品の窃盗などです。弁護士から見て、アスペルガーや自閉症が犯罪行為と関係ありそうなら、たとえ現在の時点で診断がついていなくても、医学的資料や心理学的資料、教育歴に関する情報などを入手して、できるだけ早い時期からの症状を把握することが大切です。

　被告人弁護士にありがちなのは、起訴されている罪状にだけ注目して、そ

の罪に自閉症がどのようにからんでいたかを見逃してしまうことです。神経学的な機能不全が犯罪行為とどのように関連していたかを、時間をかけてでも理解すべきです。それをしなければ、被告人弁護士には妥当と思える判決が下るかもしれませんが、自閉症の被告人にとっては、じつは不公平な結果となるんです。

弁護士に理解していただきたいもうひとつのことは、自閉スペクトラム特性をもつひとと関わる際には、よりていねいなコミュニケーションが必要だということです。そのためには、できるだけ明確かつ単刀直入に伝え、自分の言ったことが正しく理解されたかをちゃんと確認せねばなりません。自閉症のひとたちの情報処理特性を知っておくのも得策です。たとえば、弁護士から何かの予定を伝えられると、絶対にそのとおりに事が運ぶと思いこんでしまうので、予定変更があると混乱したり腹を立てたりしてしまいます。もしそうなってしまったら、変化への対応がむずかしいんだと理解して共感を示し、なぜ変更になったのかを説明していただければと思います。忙しい弁護士にとって、こういうちょっとした時間を割いていただくのはたいへんかもしれませんが、自閉症のひとには必要なことなんです。

ぼくの弁護士たちは時間をたくさんかけてぼくたち家族全員との信頼関係を築いてくれましたが、これはとても大切だと思います。本人の保護者・配偶者・きょうだいともコミュニケートできれば、本人だけからよりもずっと多くの情報を得ることができます。

最後に、検察についてもぼくの思いを述べます。この事件の検事たちが、ぼくが危害を加えるような人間ではないということを理解して、刑務所行きを除外してくださったことには感謝しています。もしそこにちょっとでも疑念がさしはさまれていれば、ぼくはいまごろ刑務所にいるでしょう。この点については感謝しているものの、ぼくを刑事起訴して登録性犯罪者とすべきではないという検察側と被告側双方の専門家たちの意見には、従っていただきたかったと思っています。有罪を勝ちとることが検察の仕事なので、起訴せずに自由裁量権を行使するのは勇気がいることだと思いますが、状況によっては、そのほうが正義を貫くことになると考えます。

おわりに

　ぼくには、死ぬまでお詫びをし続けないといけないひとたちがいます。まず、画像に写っていた子どもたち。みんなの苦しみを知らずに画像を見てしまってごめんなさい。次に、ぼくの家族。親がわが子から受ける仕打ちとしては、最悪の目にあわせてしまってごめんなさい。そして、アスペルガー関係者のひとたち。ぼく自身がお手本になりたかったんだけど、なれなくてごめんなさい。

　この人生最悪の時期を通じて、自分のことがよくわかってきました。長期にわたるセラピーのおかげで、中学生時代から引きずってきた罪悪感と自己嫌悪が少し整理できそうです。自分に嘘をつかないことの大切さも学びました。性の問題はとっくの昔から考えておかないといけないことだったんだけど、怖くて怖くて目をそむけてしまいました。自閉スペクトラム特性をもつひとはだれでもこういう失敗を犯してしまいがちですが、この本が少しでもお役に立つことを祈っています。

　とことん内向的なぼくが自分の性的な面について広く一般のかたに語る日が来るなんて、想像もできませんでした。この本を書いているあいだも、なぜこんなことをしないといけないのかと自問自答し続けていましたが、ターニングポイントとなったのは次のようなできごとでした。ある日お父さんのもとに一本の電話が入ったんですが、それは、自閉症をもつ若者の親御さんからの電話で、息子さんはいま、児童ポルノ所持のかどで連邦刑務所に収監されているというのです。この若者は、刑務所で、ほかの受刑者から絶えずいじめと身体的暴力を受け続けているうえ、その行動を看守に誤解されて、独房に入れられたりしています。悲しいことに、家族には何もできません。ぼくがこの本を書いているのは、自閉スペクトラム特性をもつひとたちが、今後そのような恐ろしい目にあわないことを願ってのことです。

　エミリ・ディキンスンは、「私の生きるのは無駄ではない」という題の詩を書きました。たぶんこの詩が、ぼくがこの本を通じてやろうとしているこ

とをうまく言い表してくれています。

もし私が一人の心の傷をいやすことができるなら
私の生きるのは無駄ではない
もし私が一人の生命の苦しみをやわらげ
一人の苦痛をさますことができるなら
気を失った駒鳥を
巣にもどすことができるなら
私の生きるのは無駄ではない

参考文献

Attwood, T.（2008）*The Complete Guide to Asperger's Syndrome.* London: Jessica Kingsley Publishers.

Attwood, T.（1997）*Asperger's Syndrome: A Guide for Parents and Professionals.* London: Jessica Kingsley Publishers.（冨田真紀ほか訳（1999）『ガイドブック　アスペルガー症候群——親と専門家のために』東京：東京書籍.）

訳注：文学作品等の引用については、下記の邦訳に従った。
日本聖書協会（1981）『聖書』東京：日本聖書協会.
ディケンズ著、村岡花子訳（2011）『クリスマス・キャロル（新装版）』東京：新潮社.
ロアルド・ダール著、柳瀬尚紀訳（2005）『チョコレート工場の秘密』東京：評論社.
中島完訳（1986）『エミリ・ディキンスン詩集』東京：国文社.

第 2 章
専門家の視点から　トニー・アトウッド

児童ポルノに行き着くまで

　私はアメリカのニックの自宅で彼と会ったことがあるが、ニックの症状と
病歴は確かに、典型的なアスペルガー症候群をもつ成人のそれと一致する。
残念なのは、彼が子どもだった頃、自閉スペクトラムの明確な特性を心得て
いる臨床家が少なかったことだ。ニックの診断は27歳の時点まで遅れてし
まったため、思春期のあいだ、特に社会性の発達と性的発達という重要な側
面において、アスペルガー症候群専門家の理解・指導・支援を得る機会を失
してしまった。このことが、彼がポルノに興味を抱き、最終的には児童ポル
ノに行き着いてしまった主要因である。

　保護者も臨床家も、そしてアスペルガー症候群をもつ当事者も、ニックの
体験から学ぶべきである。それによって、また同じことが繰り返されるのを
回避することができるだけでなく、より多くのひとたちと良好な人間関係を
築くことができるのであって、より効果的な性教育と自己受容にもつながる。
これは、アスペルガー症候群をもつひとすべてにとって、極めて有益なこと
である。

　ニックは率直で勇気ある若者であり、同じことが繰り返されないようにす
るために、自分の経験・感情・思考を公にしたことは賞賛に値する。私の臨
床経験から言っても、ニックの場合のように、アスペルガー症候群をもつひ
とが児童ポルノにアクセスしてしまうことは珍しくない。第2章では、臨床
家の視点から、アスペルガー症候群に関連した複雑な状況が、どのようにし
て逮捕につながったかを検討したい。ここでひとつ断っておきたいのは、ア
スペルガー症候群をもつ青年や成人が、必ずしも違法ポルノに興味を抱くと
は限らないということである。では、なぜニックの場合、こういう興味が重
犯罪につながり、逮捕されることとなってしまったのか？

彼の行動の根底には、多くの要因がある。それは、社会的孤立・社会的ならびに性的未熟さ・性に関する情報不足・低い自尊心・不安と抑うつ傾向である。

社会的孤立

　アスペルガー症候群をもつ子どもにとっては、社会的慣習を理解して友人を作ることが極めて困難であり、そのためにだれの目にも浮いた存在になってしまう。定型発達児の中には、少し変わった子どもに対して優しく辛抱強く接することができる者もあるが、どこの教室にもどこの遊び場にも、アスペルガー症候群をもつ子どもをいじめ、からかい、拒絶し、貶めることを楽しむ子どもがいるものである。アスペルガー症候群をもつ子どもは、仲間に入れてもらえること、受け入れてもらえること、一目置いてもらえることを切に願っているものだが、のけ者にされたり馬鹿にされたりするのが常である。たとえば、ニックも中学校の3年間にひとりも友人ができなかったと言う。一時的にすら孤立してしまうことはどんな子どもにとっても苦痛であるのに、小児期を通じて彼が体験した極度の社会的孤立は、自尊心を大きく傷つけたのだ。

　社会的に孤立している子どもは、想像の世界、つまり、社会的にうまくやっていける別世界に逃避して慰めを得ることがある。この想像上の場面は生き生きとして魅惑的であり、苦痛に満ちた現実世界からの、この上ない逃避である。この孤独な想像活動は、成人期においては、アスペルガー症候群の特徴も弱みも縁がないような別人格という形をとることがある。いじめとか拒絶とかいった小児期体験の意味を考えたり、そういう体験を修正したりすることにも、想像力が使われることがある。これは、ニックが児童ポルノに行き着いてしまった要因のひとつでもある。

いじめとからかい

　ニックは、真の友人関係を求めても得られなかったとか、孤独を感じてい

たとかいうだけではない。いじめ・からかい・侮辱・拒絶を、日々経験していたのだ。これによって彼の自尊心はひどく傷つけられ、社会的ならびに性的発達も損なわれた。いじめは教室や遊び場にかぎられていたわけでもなく、しかも、同年代のみならず年上からも年下からもいじめを受けた。そしてニックは、自分はひととちがっていて何か欠陥があると感じるに至り、この強烈な恥の感覚がひとつの要因となって、抑うつ状態に陥った。絶望感を抱えこんだ彼は、自責的になった。同級生はニックの精神状態に極めて有害であり、関わりをもつたびに不安が高まった。家に引きこもることによって、「戦闘地帯」から避難できる安全な「牙城」を得たものの、なんとか生き延びるためには、他者からの強制による孤立と自己選択の結果としての孤立に甘んじるほかなく、これによって社会性の成熟が著しく妨げられてしまった。そしてニックは引きこもりとなった。

　ニックの小児期に関してもうひとつ明らかなのは、ひと知れず苦しみ続ける傾向である。やり返すことのない彼はいじめの標的としてはうってつけで、心理的混乱のわりには学校では驚くほどいい子で通していた。教師たちは、いじめがニックの心理にどんな影響を与えていたか気づかなかったのかもしれない。しかし両親は、彼が家で見せていた抑うつや怒りといった、いじめの影響に気づいたはずである。そこまで苦しんでいるわが子を目の前にして、同級生たちから守ってやる術がないというのは、胸も張り裂けんばかりの思いであったにちがいない。いつ「奇襲攻撃」されるかもわからないような状況の中、毎日登校していたニックは、非常に勇敢であったと言わざるをえない。これほどのいじめを経験するアスペルガー症候群の子どもの多くは、仕返しをして停学処分を食らうか、登校拒否となるかのどちらかである。

　定型発達の女児が、アスペルガー症候群をもつ男児が孤独で弱々しいのを目にして同情することは珍しくなく、遊びや会話に誘ってくれたりする。そのなかで、いじめの苦しさを帳消しにしたり、意地悪な同級生から浴びせられる罵声によって地に落ちてしまった自尊心を埋めあわせたりできることもある。ニックの小児期と青年期を通じて、女児の「養子」になることがなかったというのは、アスペルガー症候群をもつ少年としては珍しい。このこと

により、彼の孤独はさらに深まったし、いじめとからかいのつらさを忘れさせてくれるような異性との友人関係をもつこともできなかった。だがニックにとっては、ペットが友人だった。忠実で安全で信頼できるペットというのは、飼い主を見て喜んだりいっしょに遊んでもらいたがったりしてくれるものだが、同級生の拒絶、いじめ、からかいを完全に埋めあわせることはできない。

感情表現

　アスペルガー症候群の特徴のひとつに、内的思考や感情を概念化したり表現したりすることの困難さ、すなわち内省の問題がある。臨床家として子どもや青年と関わっていると、彼らが感じている感情を的確に表現する「語彙」を教えてゆく必要性に迫られることがしばしばある。たとえニックに親友がいたとしても、自分の複雑な内的世界を会話の中で表現できたかどうかは、甚だ疑わしい。こうしてますます孤独感を抱いてしまうし、助言や理解を求めることも非常に困難になってしまう。アスペルガー症候群をもつ子どもや青年の多くがそうであるように、彼が友人や家族に心を開くことは極めて困難だったであろう。

思春期と性発達

　自宅と内的世界という安全な聖域によってニックは引きこもり生活を送ることができたが、この孤立によって社会性の発達が遅れてしまったことは確実である。しかし、思春期の発来が遅れることはない。ニックの性的反応もふつうの青年と変わらなかったと思われるが、そういう思いや経験を理解してくれる同級生と話しあう機会に恵まれなかった。ふつうの青年なら、思っていること、感じていること、経験していることを共有して、初めて経験する感覚・思考・身体的変化が、思春期にあっては正常かつ自然なもので成長の一環であることを互いに確認しあえるものである。

新しい思いの中には、他者に対する恋愛感情の芽ばえを示唆するものもあり、青年期に深まっていく親密さのはじまりとなる。アスペルガー症候群をもつ若者と話すとよくあることなのだが、彼らはこれと同様の感覚を体験する一方で、同級生と同じレベルの対人関係をもてていない。彼らは、恋愛経験が著しく遅れる傾向があり、それは、状況的要因による場合もあれば、自ら選択する場合もある。青年期を迎えたばかりの同級生たちにとって、アスペルガー症候群をもつひとは「カッコよく」なかったり魅力的でなかったりすることが多い。実際、アスペルガー症候群をもつ青年の多くは、自分に恋愛はまだ早いと感じていたり、デートするには自信がないし幼すぎると思っていたり、過度に上品ぶっていると同級生に思われたりしていることが多いが、それはいずれも、必ずしも的はずれではない。性的なものを消し去りたいと望むこともしばしばあり、これはすなわち、相手が男性であれ女性であれ、親密な関係を築くことに関心がないということである。このように感じてしまう原因として挙げられるのは、恋愛関係についてのからかいを受けたくない、不誠実な動機に気づけない、恋愛関係における暗黙のルールがわからない、ひとりでいる方が気楽に感じる、などである。独身でいるほうが、安心感を得られるのかもしれない。アスペルガー症候群をもつ成人のうち、前述した何らかの理由により生涯独身を貫く決断を意識的に下すひとの割合が想定されるよりも高い、という事実は興味深い。

　特に青年男子は、女子の話題や女子の魅力について四六時中口にしているのがふつうなので、性への興味がまだわからないと見られてしまうと、「興味ないんならおまえはゲイだ」という言いがかりをつけられることになりかねず、しかもこれは、人間関係におけるそのひとの性的指向が実際に確立しているかどうかとは関係ない。こうなると、アスペルガー症候群をもつ青年は、今まさに性に関して模索している最中なので、非常に混乱してしまう。不幸なことだが、同級生のあいだではゲイは受け入れてもらえないというメッセージだけは、確実に伝わってしまう。

　多くの文化において、性に関するある種の側面を子どもは知らないほうがいいと思われていることもあり、結果的に、このような話題を保護者や教師

がもちだすことが、あまりにストレートすぎるとかやりにくいとか感じられてしまいがちである。こうして、保護者や教師や親しい友人から性について教えてもらったり、実際に恋愛経験をもったりすることができないアスペルガー青年は、性に関して正確でかつ肯定的な情報を得る機会を失ってしまう。

　幼いころから親しんできたパソコンは、アスペルガー症候群をもつ青年のほとんどにとって、価値ある情報源であると同時に、息抜きや娯楽の機会を提供してくれる。インターネットは、安全基地である自宅にいながら外界と交流するための手段となり、ほとんど「友だち」代わりである。性への興味が芽ばえてくると、インターネットというガイド役を通じてポルノという先生から学ぶことになる。アスペルガー症候群をもつ若者にとって現実世界での人間関係は魅力が乏しいので、ネット上で性的空想を膨らませることによって、知識も楽しみも得られる。

　アスペルガー症候群の特徴のひとつに、特殊な関心事がある。こういう関心事には「賞味期限」があるもので、短ければ数時間、長ければ10年以上にもわたって持続し、何かに関する情報を収集して整理するという形をとることが多い。私の臨床経験によれば、アスペルガー症候群をもつ青年男子の多くが、ポルノに興味を抱く。青年男子や成人男性であればだれでもそういう興味を抱くものではあるが、アスペルガー症候群の特性を有している場合はその興味がより強く、ポルノを見る時間も長くなりがちだし、より刺激の強いポルノを見ることがある。その理由としては、アスペルガー症候群をもつひとが現実世界で経験するように拒絶されることがないという点や、自己コントロール感が得られて恥ずかしい思いをすることがないという点も挙げられる。そうなると、あらゆるポルノを見て、「すべてを制覇したい」という思いに駆られることがある。そしてこれが、違法ポルノへの知的関心につながってしまう。ニックと同じような罪で起訴された青年や成人は、多くの場合、自宅でだれの目に触れることもなくしていることだし、だれにも危害を及ぼさないので、そういうサイトにアクセスしていることはだれにもばれることもなく違法でもない、と誤解している。しかし、警察はそういうアクセスを探知することができるのであって、特に児童ポルノに関しては目を光

らせている。児童ポルノの画像や動画に写っている子どもは明らかに被害者なので、そういうサイトにアクセスするだけで、犯罪なのである。

同性愛

　社会的及び情緒的成熟に関してのみならず、性的成熟に関しても、アスペルガー症候群をもつひとは、遅咲きであることが多い。自己同一性に関しても気持ちを整理するのにも、そして、相手の性別にかかわらず互いに支えあうようなよい友人関係を築くのにも、時間がかかる。ニックは「異性愛のスイッチを入れようと（p.76）」したがうまくゆかず、性の問題はいったん影を潜めてしまって、最終的には同性愛的思考として再び日の目を見ることになった。

児童ポルノ

　アスペルガー症候群というのは、その能力にばらつきがあるもので、発達の凸凹と表現されることも多い。こういう凸凹があるがゆえに、アスペルガー症候群をもつひとの知的能力が高い一方でその他の面では未熟であるという事実が、ほかのひとに理解されづらい。ニックの場合も、そうであった。知的能力と比較すると、社会的、性的、情緒的発達は遅れていた。社会的孤立のために成熟が遅れたという事情もあるが、臨床家の目で見れば、アスペルガー症候群に由来する体質的要因の関与も否定できない。正式な検査によって明らかになった彼の適応レベル、すなわち日々の生活力は、思春期以前相当の発達レベルであった（pp.130-131）。
　ニックの性的発達レベルも、思春期以前に留まっていた。だが、それには別の側面もある。無邪気だった子どもの頃に戻りたいと思っていた彼は、実現こそしなかったものの、同年代の子どもに受け入れてもらって友人関係を築くことを切望していた。拒絶といじめの憂き目にあったそのトラウマを、何らかの方法で埋めあわせたかったのである。ここでもまた、ニックは想像

の世界へと逃避したのだが、それは、アクセス自体が違法行為となる児童ポルノの世界であった。社会的ならびに性的にどこまで許容されるかを理解しにくいのもアスペルガー症候群の特徴のひとつであって、ニックにとっても、明らかな道徳的、法的許容範囲がわかりにくかったのだ。

その他の要因

　ニックの児童ポルノ閲覧に直接関連するアスペルガー症候群の特性が、あとふたつある。そのひとつは、心理学者が言うところの「心の理論の障害」であって、これはすなわち、他者の立場・思い・経験を理解することの困難さである。写真や画像に写っていた子どもたちの立場や経験は、定型発達の成人であれば理解できたことであったが、ニックにはわからなかった。児童ポルノをパソコンで眺めていたときのニックは、情緒的側面に無関心だったと言える。もうひとつの特性は、「実行機能障害」である。ここで障害されているのは、問題解決のためにひたむきに情報を収集する一方で、もっと広い視野をもって柔軟かつ計画的に問題を整理してゆく能力である。ニックにとっては、自分の行動とその結果を広い視野から見わたすことがむずかしく、「〜したらどうなる？」という姿勢よりも「いまさえよければ」という姿勢をとりがちであった。物事の全体像を見失っていたのだ。
　さらにもうひとつの要因は、子どもの精神がおとなのからだに宿ってしまったと感じる一方で、同年代との身体的親密さの理解を欠いていたことである。年齢相応の対人関係に関する知識も体験も不足していたので、現実世界での親密さを深めてゆくことができなかった。
　ニックはまた、周期的に抑うつ状態に陥っていたがために、性的な事柄を前向きに受けとめてゆくエネルギーも自信もなかった。こうして彼は、いろいろな意味で、身動きがとれなくなって孤立したのである。

方策と資源

　ニックが児童ポルノに行き着いてしまった道のりをたどることによって、われわれは多くの貴重な教訓を得ることができ、アスペルガー症候群をもつ成人が同じ道をたどってしまわないような対策を考えることが可能になる。以下に述べるのは、予防という観点から重要な諸点である。

友人関係の指導と支援

　ニックは同級生から疎外されていると感じており、友人を作ることができなかった。これによって、彼の社会性の発達が停滞し、その後の性的発達も妨げられてしまった。アスペルガー症候群をもつ子どもと青年にとっては、ほかの子どもたちのやりかたを真似て頑張れば友人ができるというわけにいかない。彼らが対人場面の空気を読んで年齢相応に期待されるふるまいができるようにするためには、指導と支援が欠かせないのであって、どうすれば友人関係を築いてしかもそれを維持できるのかは、教えてもらう必要がある。これは容易ではないが、アスペルガー症候群をもつ子どもには重要なことである。ほかの子どもたちにとって大切なのは、遊び場や教室での活動において、アスペルガー症候群をもつ子を、ただ単に形だけでなく真の意味で仲間に入れてあげる方法を学ぶことである。そして、アスペルガー症候群をもつ子がうまく友人関係をこなしていけたときには、しっかりほめて自信を与え、ほかの子どもたちに対しても、その子を上手に仲間入りさせてくれたことに感謝せねばならない。

　社会的慣習を習得させるために有用なのは、キャロル・グレイ（Carol Gray）によって開発されたソーシャルストーリーとコミック会話であって、

青年の場合は、ロールプレイや寸劇を用いて、雑談力からデート作戦まで、さまざまな状況でのふるまいかたを練習することができる。身体言語をどう理解するかということやどんな社会的ルールがあるかということに関しても、指導が必要となる。教師が多忙すぎる場合には、数人の子どもをお世話係に任命して支援と保護を任せるのも一法である。

　幸い、最近では、小児期から青年期のあいだの友人関係を改善しうるようなプログラムが、教師・臨床家・保護者のために用意されている。子ども時代のニックは、さまざまな資源や専門家の援助を活用する機会に恵まれず、孤立と孤独の中で苦しみ続けたため、社会性の発達と性的発達とが遅延もしたし中断もした。

いじめ予防

　8000人の自閉症者を対象として自閉症協会が2012年に英国で行ったアンケート調査によると、高機能自閉症ないしアスペルガー症候群をもつ若者のうち、82パーセントがいじめを経験していた。このことからもわかるように、自閉症やアスペルガー症候群をもつ子どもや青年の大多数にとって、いじめは日常茶飯事なのである。いじめられ、拒絶され、からかわれ、馬鹿にされることによって、ニックの自尊心は深く傷ついて同級生との関わりにまつわる不安が高まり、これが抑うつ状態の一要因になるとともに、ひいては想像と孤独に逃避して悶々とする結果を招いた。

　ゲイだというあざけりを受けたこともあったが、何かひととちがうところがあったりちょっと風変わりだったりするひとに対する軽蔑的発言として、そういうふうに言われることが多い。おそらくいじめっ子たちは、ここがニックのツボだということを敏感に察知して、彼が混乱したり苦しんだりするのを見てよけいにおもしろがっていたのだろう。ニックの中で芽ばえはじめていた性的関心はこれによって打撃を受け、友人に相談して助けてもらうということがますますできなくなってしまった。

　いじめが定型発達の子どもに与える影響だけでなく、アスペルガー症候群

をもつ子どもに与える影響に関しても、学校関係者の意識は高まりつつある。臨床経験から言えるのは、いじめは命にも関わりかねない問題だということで、アスペルガー症候群をもつ青年が自殺を試みる主要な理由のひとつである。自宅という安全な「牙城」にいれば、いじめっ子から逃れることができる一方、インターネットを通じてしか逃れることのできない監獄ともなりうる。

　多くのいじめ予防プログラムが編みだされているが、アスペルガー症候群をもつひとのものの考えかたや体験に合わせて柔軟性をもたせる必要がある。いじめが行われている場に教師が居あわせることはほとんどないので、いじめ撲滅の鍵を握るのは、「もの言わぬ多数派」である。いじめる側でもいじめられる側でもない彼らが割って入り、こういう行為は許されるべきではないということと、確実に教師の耳に入るということを伝えなければならない。同級生たちにこういう権限を与え、いじめ予防プログラムへの協力を求めることが必要である。もうひとつ重要なのは、ソーシャルストーリーなどを利用して、いじめられている子にいじめっ子の心理を説明してあげることである。というのは、いじめられている子はえてして、自分のように何の手出しもしない子どもに意地悪をして何が楽しいんだろうと思うものだからである。理不尽と感じているのである。予防プログラムでアスペルガー症候群をもつ子どもや青年に伝えなければならないのは、自己主張をすることと、冷静さを失わずに暴言を真に受けないことである。アスペルガー症候群をもつひとは、自分の身にふりかかっていることを積極的に打ち明けようとしないものなので、個々の子どもがいじめにあっていないかどうか、教師や保護者が注意を払い続ける必要がある。そして、いじめが起こってしまった際には、そのことについて「思いを吐き出す」機会を与え、早く立ち直って前を向くことを支える。最後に、自身の経験をもとにして、ニックがいじめ解決のための対策を述べたすばらしい著書があることを付言しておく。

性教育

　思春期は変化の時期であって、変化するのは、からだ・思考・さまざまな

能力・感情表現など多岐にわたる。言語的交流や友人関係にも変化がみられ、また、恋愛経験のはじまりともなる。一般的に、アスペルガー症候群をもつひとたちは変化を苦手とし、思春期は、混乱・不安・自信喪失の時期となることがある。この時期を乗りきるためには、年齢相応の正確な情報提供と、保護者や同級生の支援と理解が欠かせない。できるだけ幼い時期から、個人的空間と公共的空間との区別、性的な行動やからだについての知識、年齢に応じた適切なふるまいかたなどについて、曖昧さなく明確に指導せねばならない。

　男子に対しても女子に対しても、思春期発来以前から、これから起こってくるからだの変化について教えておき、身繕い・食事・運動・余暇・睡眠など自己管理の重要性も伝える。こうすることによって自分自身の変化に驚いたりせずちゃんと受け入れることができ、むしろうれしい体験ともなりうる。思春期に入ってからも、対人関係や性的感情などについて、直接的で率直な話しあいを定期的にもつことが好ましい。これによって安心感が得られて自信も深まり、性的体験や恋愛関係において、賢明な判断を下せるようになる。保護者が提供する情報は率直かつ正確でなければならず、子どものプライバシーは常に尊重する。青年にとって必要なこういう情報を保護者が提供しなければ、同級生からの不適切ないしは不正確な情報を信用してカモにされてしまったり、インターネットに頼ってしまってニックがたどったような結果になったりしかねないということを、保護者は肝に銘じておく。

　性教育にあたっては、異性及び同性の相手に対する性的感情を話題にする必要がある。思春期を迎えたばかりの若者は同性どうしでいろいろ試してみるものであって、互いのからだを見せあったり触りあったりすることもあるが、これは成長過程でみられる現象で、成人して必ずしも同性愛者となるわけではない。真の同性愛者が、パートナーとする性別の好みをはっきりと意識するようになるのは、通常10代後半である。

　オーストラリアのキャット・ストーク＝ブレット（Kat Stork-Brett）による最近の研究は、性の問題とアスペルガー症候群について比較的詳細に検討したものであり、1500人以上を対象にアンケート調査を施行している。回答

者の年齢は18歳から82歳と幅広く、全世界から回答が寄せられた。その結果、アスペルガー症候群をもつひとは同性愛者である割合が低く、その一方で、自分には性的な側面がないと自覚している割合が高くなっていた。

　アスペルガー症候群をもつ青年は、「デート作戦」に関しても、以下のような事柄について指導を受ける必要がある。魅力的に感じてもらうためにはどうしたらよいか、どういうことについて話せばよいのか、最初のデートではどんなところに行けばよいのか、どんなボディタッチなら許されるのか。加えて、親密さを深めてゆくにあたってはお互いの同意が不可欠である、ということも指導しておかねばならない。また、どの年齢ならどういう行為が法的に許容されるのかとか、危険な状況を回避するためにはどんなことに注意する必要があるか、といったことも話しあう。インターネットが主要な情報収集手段となる場合、関係がかなり進んだ時点に関する情報に偏ってしまう傾向があり、初期の時点で必要な情報を得にくい。ニックは、親密さの初期の段階を体験していた友人から情報をほとんど得ることができなかったため、ここでも、同級生たちや彼らの経験から学ぶことができず、自分が表面的な非性的関係以上に進展することができないのではないかと心配していた。

　保護者からしてみれば、自宅のパソコンすべてを保護しておくことは常識であろう。アスペルガー症候群をもつ青年はコンピューターに関しては知識豊富なことが多いので、履歴を隠そうとするであろう。保護者は、どのサイトがアクセスされているかを定期的にチェックし、子どもにクレジットカード情報を握らせないようにする必要がある。さらに、違法サイトがなぜアクセス禁止なのかということや、アクセスしてしまうとどんな結果が待っているかということも、明確に説明しておくことが重要である。ニックは成人なので、違法サイトにアクセスすることの危険性は認識できるはずだと周囲のひとたちは思っていたのかもしれない。しかしながら、生活年齢よりも、社会的ならびに情緒的成熟度を考慮に入れることが大切なのであって、児童ポルノへのアクセスがなぜ違法なのかということ、そういうサイトの被害者がいるということ、そして、アスペルガー症候群をもつひとが児童ポルノにアクセスしてしまうとどんな法的処罰と個人的損失を被ることになるかを説明

せねばならない。

自己受容

　アスペルガー症候群をもつひとは、自分自身を受け入れることが困難であったり自尊心が低かったりするものなので、そのため社会からますます孤立したり抑うつ状態に陥ったりしてしまうということが、徐々に明らかになりつつある。私は、ブリスベンのマインド・アンド・ハート・クリニックの同僚たちと協力して自己受容を促進する方策を研究しており、また、アスペルガー症候群をもつ青年たちの抑うつを治療するために認知行動療法を施行している。もしニックの自信とエネルギーが保たれていれば、空想とインターネットの世界への引きこもりは回避できていたかもしれない。アスペルガー症候群に合併する抑うつを治療している臨床家は、性の問題が抑うつの要因のひとつかもしれないという可能性を念頭に置いておくことが肝要である。ニックの場合がまさにそうだったのであり、性的な混乱が抑うつを悪化させていたということを、セラピストが見逃していた。

家族の受け入れ

　児童ポルノにアクセスして逮捕されたことも含め、ニックがたどったいばらの道を通じて、ご両親はご子息への愛を失うことなく受容してこられた。ご子息を信じて支え続け、前向きの姿勢を貫かれたことについては、お母さまも、そして特にお父さまも賞賛に値する。ご両親以外の支えを一切失ってしまった時期すらあった。ニックが27歳になるまで診断がつかなかったために、専門家の指導と支援を得ようにも、それをどこに求めればよいのかがわからなかった。ご両親は絶えず愛情を注ぎ、彼の能力とパーソナリティを信じて疑うことがなかった。彼に信頼を寄せているという点では私も同様であって、同じ過ちが繰り返されないように、自身の思いや体験を本書で公のものとするその勇気は、まさに英雄的であるといっても過言ではない。

性発達と発達障害に関する精神医療関係者の訓練

　自閉症スペクトラム障害（ASD）に詳しい心理士や精神科医は少なくないが、性的問題とASDに精通している者はほとんどいない。気分障害の原因を探る上で、特に青年期においては、性的な側面を考慮に入れてスクリーニングを行うことが重要である。また、司法に関わる臨床家がASDのさまざまな側面に関する知識をもっておくことも大切で、ASDのスクリーニングに留まらず、ASDに関連する諸問題を治療プログラムに組みこむ必要がある。それはたとえば、自己開示の困難さ、アレキシチミア（情動の意識化、社会的愛着、対人関係などの著明な障害）、グループ療法内の社会的規範理解困難などであって、性犯罪者治療において特に重要となる。

推奨資料
友人関係

Al-Ghani, K.I. (2011) *Learning About Friendship.* London: Jessica Kingsley Publishers.

Beaumont, R. (2010) *Secret Agent Society: Solving the Mystery of Social Encounters Program.* Milton, QLD: Social Skills Training Institute. 詳しくは、www.sst-institute.net を参照.

Carter, M.A. and Santomauro, J. (2010) *Friendly Facts.* Shawnee Mission, KS: Autism Asperger Publishing Company.

Chasen, L.R. (2011) *Social Skills, Emotional Growth and Drama Therapy.* London: Jessica Kingsley Publishers.

Cook O'Toole, J. (2013) *The Asperkid's Secret Book of Social Rules.* London: Jessica Kingsley Publishers.

Cotugno, A.J. (2011) *Making Sense of Social Situations.* London: Jessica Kingsley Publishers.

Day, P. (2009) *What is friendship?* London: Jessica Kingsley Publishers.

Diamond, S. (2011) *Social Rules for Kids.* Shawnee Mission, KS: Autism Asperger Publishing Company. （スーザン・ダイアモンド著、上田勢子訳（2012）『子どもに必要なソーシャルスキルのルールBEST99』名古屋：黎明書房.)

Garcia Winner, M. (2000) *Inside Out: What Makes A Person With Social Cognitive Deficits Tick?* San Jose, CA: Think Social Publishing. 詳しくは、www.socialthinking.com を参照.

Garcia Winner, M. and Crooke, P. (2011) *Socially Curious and Curiously Social.* San Jose,

CA: Think Social Publishing; Great Barrington, MA: The North River Press Publishing Corporation.

Gray, C. (2010) *The New Social Story^{TM} Book.* Arlington, TX: Future Horizons.（キャロル・グレイ編著、服巻智子監訳、大阪自閉症協会編訳（2019）『ソーシャル・ストーリー・ブック　入門・文例集［改訂版］』京都：クリエイツかもがわ.）

Lawson, W. (2006) *Friendships: The Aspie Way.* London: Jessica Kingsley Publishers.

McAfee, J. (2002) *Navigating the Social World.* Arlington, TX: Future Horizons.（ジャネット・マカフィー著、萩原拓監修、古賀祥子訳（2012）『自閉症スペクトラムの青少年のソーシャルスキル実践プログラム』東京：明石書店.）

Moyes, R. (2011) *Visual Techniques for Developing Social Skills.* Arlington, TX: Future Horizons.

Ordetx, K. (2012) *Teaching Theory of Mind.* London: Jessica Kingsley Publishers.

Painter, K.K. (2006) *Social Skills Groups for Children and Adolescents with Asperger's Syndrome.* London: Jessica Kingsley Publishers.

Plummer, D. (2005) *Helping Adolescents and Adults to Build Self-Esteem.* London: Jessica Kingsley Publishers.（デボラ・プラマー著、岡本正子、上田裕美ほか訳（2009）『自己肯定・自尊の感情をはぐくむ援助技法 青年期・成人編——よりよい自分に出会うために』東京：生活書院.）

Schneider, C.B. (2007) *Acting Antics.* London: Jessica Kingsley Publishers.

Schroeder, A. (2010) *The Friendship Formula.* Cambridge: LDA Learning.

Selbst, M.C. and Gordon, S. B. (2012) *POWER-Solving® Stepping Stones to Solving Life's Everyday Social Problems.* Somerset, NJ: HI-STEP, LLC.

Timms, L.A. (2011) *60 Social Situations and Discussion Starters.* London: Jessica Kingsley Publishers.

Varughese, T. (2011) *Social Communication Cues for Young Children with Autism Spectrum Disorders and Related Conditions.* London: Jessica Kingsley Publishers.

いじめとからかい

Dubin, N. (2006) *Being Bullied* (DVD). London: Jessica Kingsley Publishers.

Dubin, N. (2007) *Asperger Syndrome and Bullying: Strategies and Solutions.* London: Jessica Kingsley Publishers.

Gray, C. and Williams, J. (2006) *No Fishing Allowed; "Reel" In Bullying* (Manual and DVD). Arlington, TX: Future Horizons.（キャロル・グレイ、ジュディ・ウィリアムズ著、田中康雄監修、小川真弓訳（2013）『いじめの罠にさようなら　クラスで取り組むワークブック——安全な学校をつくるための子ども間暴力防止プログラム』東京：明石書店.）

Heinrichs, R. (2003) *Perfect Targets: Asperger Syndrome and Bullying.* Shawnee Mission,

KS: Autism Asperger Publishing Company.

Tickle, A. and Stott, B. (2010) *Exploring Bullying with Adults with Autism and Asperger Syndrome.* London: Jessica Kingsley Publishers.

思春期と性

Attwood, S. (2008) *Making Sense of Sex.* London: Jessica Kingsley Publishers.

Edmonds, G. and Beardon, L. (2008) *Asperger Syndrome and Social Relationships.* London: Jessica Kingsley Publishers. (ジュネヴィエーヴ・エドモンズ、ルーク・ベアドン編著、鈴木正子、室崎育美訳 (2011)『アスペルガー流人間関係　14人それぞれの経験と工夫』東京：東京書籍.)

Edmonds, G. and Worton, D. (2006) *The Asperger Personal Guide.* London: Sage Publications.

Hénault, I. (2006) *Asperger's Syndrome and Sexuality.* London: Jessica Kingsley Publishers.

Lawson, W. (2005) *Sex, Sexuality and the Autism Spectrum.* London: Jessica Kingsley Publishers.

Shockley, T. (2009) *The Love-Shy Survival Guide.* London: Jessica Kingsley Publishers.

Stork-Brett, K., Barlow, F.K. Hornsey, M. and Attwood, T. (2012) *ASD Sex & Gender Study Preliminary Report.* Asperger's Services Australia, 2nd National Conference, February, 2012. https://www.researchgate.net/publication/234125401_ASD_SEX_GENDER_STUDY_PRELIMINARY_REPORT#pf27

Uhlenkamp, J. (2009) *The Guide to Dating for Teenagers with Asperger Syndrome.* Shawnee Missions, KS: Autism Asperger Publishing Company. (ジーニー・ウーレンカム著、木全和巳、田倉さやか訳 (2012)『Q&A思春期のアスペルガーのための恋愛ガイド』東京：福村出版.)

第3章

家族を救おうとした母親が
たどった道のり　キティ・ドゥビン

わたくしは、いままでずっと日記をつけております。日記を毎日つけることによって、自分の人生をたどったり、気持ちを整理したりすることができるのです。しばらく時が経ってから以前自分が書いたことを読み直し、どんなことがあってどんなことを感じていたかをふりかえるのが好きなのです。ニックのアパートがFBIの手入れを受ける前日の2010年10月5日、わたくしは次のように書いております。「人生最良のとき」。この言葉は、誕生日のお祝いとか、楽しみにしていた旅行とか、何か特定のイベントに関連したものではございません。ただ、苦労の末にやっと手に入れた、満足感でした。

　ニックは、その成長の過程で無数の問題に直面してきたため、夫ラリーとわたくしは、常に彼を擁護し続けてまいりました。それは、学校でも遊び場でも近所でも、絶え間なく火災が次々と起こり続けていたようなもので、その消火作業にあたるために、わたくしたちは、いつお呼びがかかってもいいように準備しておかねばなりませんでした。さらに、ニックは同級生から孤立しておりましたので、彼の親友となることができるのは、わたくしたちをおいてほかにありませんでした。わたくしたちが子育て熱心な親だったというだけでは、とてもこの現実を表現しきれません。一方、わたくしたちが巻きこまれてしまっていたといっても、そう的はずれではないでしょう。

　ニックが27歳でアスペルガー症候群の診断を受けるまでは、このように巻きこまれたパターンが、ほぼ変わらず続いておりました。ここにきてやっと、どうして自分がひととちがっているのかを生まれて初めて理解でき、同時に将来の道も開けたことで、彼はこのうえなく勇気づけられたのでした。ですが、ひとり立ちという意味でニックがもっとも成長したのは、博士課程で心理学を学んでいた時期でした。博士号取得を目指していた5年のあいだに、優秀な成績を収めるだけでなく、自分の身の回りのことや家事もきちんとこなし、クラスメートと初めての親友関係も築けたのです。

　アスペルガーをもつひとの支援者としてのキャリアも、これからというときでした。本を執筆し、DVDを制作し、全国を飛び回って講演していたのです。日々活動的で、目的意識がありました。もはや彼にはわたくしたちは必要ないと感じ、口うるさいマネージャー役から引退してもいいだろうと感

じておりました。それまで何年ものあいだ、ふつうの親離れ子離れがまったくできなかったものですから、ここにきてやっと、と思うと興奮いたしました。

　ニックが診断を受けたあといろいろ読んでみると、アスペルガー症候群をもつひとは、就職できなかったり能力にみあった仕事に就けなかったりする割合が非常に高いと書いてありました。こういうさんざんな統計数値は、長年わたくしの頭から離れなかったのです。いったいぜんたい、どんな仕事がニックには合っているんでしょうか？　どんな仕事でもいいというわけにはいかないことだけは、わかっていました。彼が充実感を感じられるような仕事があれば申し分ないのですが、教員免許も取得できませんでしたし、対人関係が困難という障害特性のために臨床心理士も無理ということであれば、どんな仕事がよいものか見当もつきません。

　博士号取得後に、アスペルガーをもつ生徒のための学校コンサルタントという職務をいただけたことで、わたくしの心配は解消いたしました。これは夢ではないかと思ったくらいです。職を得たというのみならず、自閉スペクトラム特性をもつひとたちの役に立ちたいというニックの目標にぴったりの仕事だったわけですから。収入も十分でしたし、福利厚生も充実しておりました。ラリーとわたくしは、胸をなでおろしました。

　仕事はとても順調のようでした。アスペルガーについての知識が豊富なニックはそれを先生がたにわかりやすく伝えることができたので、学校としてはたいへん重宝している、と校長先生は言われました。ラリーとわたくしは、休暇でもとろうと考えはじめました。ニックの人生の歯車がかみあいはじめたいま、わたくしたちの支えは以前ほど必要ではないだろうと思えましたので、少々長期間留守にしても大丈夫だろうと感じておりました。長年にわたって離れるに離れられなかったわたくしたち3人ですが、ここにきてようやく、数々の苦悩からの解放感に浸っていたのです。大きな転換点を迎え、人生を楽しむ余裕がでてきました。わたくしが日記に「人生最良のとき」と書いた日には、こういう良きできごとすべてを思い起こしていたのでした。

　翌朝9時30分に電話が鳴りました。発信者通知を見ると、ラリーでした。

この時間であれば、通勤途中のはずです。彼の声を聞いて、何かがあったことがすぐにわかりました。大声でもなければ、興奮もしていません。その正反対で、冷静沈着な声でした。「いま、腰かけているのかい？」と彼は尋ねました。わたくしは、腰かけていないと答えました。台所で立ったまま、イングリッシュ・ブレックファスト・ティーを飲んでいたのです。ラリーはわたくしに、いますぐ座るようにと言いました。もうわたくしは、怖くて怖くてたまりませんでした。ニックが交通事故にでも？　それとも病気？　いったい何が？　ラリーの声はどこまでも真剣で、それでいて、ほとんど消え入るような声でした。「もう終わりだ」と彼は言いました。

「終わりって、何がですの？」とわたくしは聞きました。

「すべてだ」

　文字どおりほんの一瞬で、ニックは、あんなに努力を重ねてやっと手に入れたものをすべて失ってしまったのでした。名声も仕事も自尊心も、そして自立も、すべてです。ラリーとわたくしはまた、以前同様ニックの擁護者に戻らざるをえなくなるわけですが、今度は、いじめを受けたわけでもなければ、試験に配慮が必要だったからでもありません。連邦政府に起訴されてしまったのであって、彼にとっては死活問題なのです。

　この逮捕のショックがあまりにも大きかったので、ニックはもうアパートでのひとり暮らしはできませんでした。逮捕当日に、実家に戻ってきたのです。彼も、わたくしたち夫婦も、心から怯えておりました。これから何がわたくしたちを待ちかまえているのかまったく見当もつきませんでしたが、それを乗り越えるために家族でしっかりと力を合わせなければならなくなるということだけは、すぐに理解できました。

　その日の朝、わたくしたち一家は、耳にしたことはあってもじっさいにこの身で経験したことはないもの、すなわち、刑事司法制度の世界に足を踏みいれようとしていたのでした。ラリーは一時期弁護士として働いておりましたけれども、刑事司法の弁護人の経験はほとんどありませんでした。もちろん、わたくしたちのだれも、刑事事件の被告人になったことなどありません。兎穴を転がり落ちていく、不思議の国のアリスのような気分でした。わたく

したちにとってなじみがなく、しかも恐ろしい世界に突然迷いこんでしまったのです。そこは、同情など通用しない世界、人間性を無視した世界、自分では何もどうしようもない世界でした。

　9年間ひとり暮らしをしていたニックがまた実家に戻ってきたことが、わたくしには信じられませんでした。いままでとは根本的に変わってしまったこの状況にどう適応すればいいものやら、戸惑うばかりでした。すでに成人している子どもが経済的に安定するまで親のもとに一時的に戻ってくることは昨今珍しくはないとはいえ、わたくしたちの場合はまったく話がちがっていました。ニックが戻ってきたのは一時的のようには感じられず、どのようにすればまたひとり立ちできるのかは、はっきりしませんでした。

　ニックが逮捕されてからというもの、その恐怖のあまり、これまで必死で築きあげてきた家族関係のバランスが一気に崩れてしまいました。まず、ラリーとわたくしのプライバシーが奪われてしまいました。そしてすぐに気づいたのは、夫婦の会話すら、ニックが寝ているときか外出しているときしかもてないということでした。アスペルガー症候群をもつニックが感じていた恐怖もこれからどうなるのかという不安も、わたくしたち以上だったのはしかたのないことであり、ほとんどいつも、わたくしたち夫婦のそばを離れようとしませんでした。

　わたくしたち3人の行動パターンは、最近はすっかり影を潜めてしまっていた以前のパターンにあっというまに逆戻りしました。きちんと洗濯をして部屋を片づけるようにわたくしがニックにうるさく怒鳴っている横で、ラリーはというと、ちゃんと運動して体重管理をするようにと口を酸っぱくして言い続けるのでした。ニックはこれまでひとりでやってきたのですから、当然のことながら、あれこれ口を出されることに反発しました。わたくしたち一家は、ほんの1週間で、10年ほども逆戻りしてしまったように感じられました。ニックは、逮捕翌日に監視装置を足首につけられ、自宅内外での行動を監視されていました。事実上、わたくしたち家族全員にも目に見えない監視装置がつけられていたも同然で、その後2年半にわたって、離れようにも離れられない状況が続いたのでした。いきなり直面することになったこの

状況があまりにも恐ろしいものだったため、ここまでやっとのことで前進してきたわたくしたちはすべてを失って、お互いを巻きこみ巻きこまれあうあの家族関係に戻りました。

　最初にわたくしたちに突きつけられた問題は、このことをだれに話してだれには話さないようにするかということでした。すべての友人や家族に打ち明けて、その後何か動きがあるたびにまた報告しなければならないという、そんなストレスはとても耐えられないと思いました。そこではじめは、ほんの数人にだけ話すことにしたのです。この決断は、諸刃の剣でした。家族全員、特にわたくしが孤独感を深める結果となったのですが、最小限の労力ですみましたし、この、きわめて私的かつ個人的な事情について知っているひとはわずかしかいないということで、安心感を得られました。

　その安心感が完全に崩れ去ったのは、逮捕10日後のことでした。地元テレビ局のニュースでニックのことが報じられ、しかもその情報がまちがいだらけのままインターネット上でまたたくまに拡散したということを知ったときは、たいへんなショックと恐怖感に苛まれました。その後は、わたくしたちが自ら知らせたかたがたを除けば、友人・親族・ご近所・職場の同僚のうち、誰がこのことを知っているのかがまったくわからなくなりました。これはほんとうに言いようのない苦境で、だれか知人にばったり出会うたびに、どうふるまっていいかわからず、びくびくしてしまうのでした。

　ある晩、わたくしとラリーは、以前おつきあいをさせていただいていたご夫婦と、映画館で偶然出会ったのでした。できるだけ平静を装って会話をしようとしたわたくしたちでしたが、別れたあとの反応はまちまちでした。わたくしはこのご夫婦はご存じないと思ったのですが、ラリーはご存知だったと思っておりました。ほんとうに、どうにもわからないものだったのです。

　わたくしたちが置かれていた状況が特殊なものであったために、孤立感もよりいっそう深まりました。深い悲しみに包まれていたことは確かですが、それは、家族のだれかが闘病しているとか亡くなったとかではないのです。支援団体があるわけでもなければ、見舞い状が届くわけでも夕飯のおすそ分けをいただけるわけでもありませんでした。事情を知っている友人がいたと

しても、その多くは、わたくしたちに連絡をとることは逆におせっかいすぎるのではないかと誤解していたのです。わたくしから見るとこれは、電話をしてどんな言葉をかけたらよいのかわからないような居心地悪い状況を避けるために、自分がしていることを正当化する言い訳のように思えました。

　ニックのことを知っているひとたちは、これは犯罪行為というよりは、彼の社会性の問題であることを直感的にわかっていたので、断罪的な態度は見せませんでした。断罪的な態度が問題だったのではありません。みなさんにとってほんとうの問題は、こういうありえないような状況でどういう言葉をかければよいものかわからず、結果わたくしを傷つけたり怒らせたりするようなやりとりに終始してしまったことだったのです。一生懸命同情的な言葉を紡いでくださった友人もあったのですが、その意図に反して、わたくしの苦しみは深まってしまいました。いろいろなかたがかけてくださったお言葉のいくつかを、当時のわたくしの日記から拾ってみます。「これより最悪のことなんて、考えられない」「もしわたしがあなただったら、もう生きていけないわ」「いずれなんとかなるさ」「あなたもラリーも、クルーズ船にでも乗って羽を伸ばして、こんなこと忘れちゃいなさいよ」「ニックの人生がこれで終わったわけではないわ」

　みなさんがわたくしたちの身になってくださることが、どれだけむずかしいかはよくわかります。特に、普段の生活からはかけ離れたようなことなので、なおさらでしょう。ただそれでも、このような苦境にあるひとが、哀れんでほしいとか、自分の境遇がどれだけ悲惨か教えてもらいたいとか、単に悲しみを紛らわせるための解決策を知りたいとかは思わないでしょう。こういう絶望のどん底にあるひとにどんな言葉がけをすれば良いのか、非常にむずかしいと思います。状況によってちがうとは思いますが、ニックの逮捕から数週間たって届いた真っ白なカードには、友人の手書きでただひとこと「勇気」とありました。この短い言葉が、どれほど強くわたくしの胸に響いたことか。

　最初の6か月間は、ニックが刑務所に行ってしまうかもしれないことを心配しながら過ごさねばなりませんでした。もしそうなってしまったら彼は一

日ももたないであろうことはわたくしたちには明白でしたが、そういう恐ろ
しい幻影を抱きながら日々を送っておりました。わたくしもラリーも戦々
恐々としておりましたし、ニックはアスペルガーだけに、毎日そのことばか
り口にしておりました。明けても暮れてもこのことが頭から離れず、不安の
ために衰弱しきってしまいました。夜も眠れず、心が安まるときがありませ
んでした。神経質そうに歩きまわり、汗びっしょりになって、息をするのも
やっとのようすでした。わたくしたちはみなとてつもない恐怖と戦っていた
わけですが、ニックの不安は、アスペルガーのため頂点に達してしまいまし
た。

　わたくしたちの恐怖感が特に高まったのは、疲れきって傷つきやすくなっ
ていた夜間でした。ニックは何度も、もう生きてゆくのがいやになったと口
にしておりました。どう言ってやったら、何をしてやったら慰めてやれるの
か、わかりませんでした。わたくしたちはあまりの恐ろしさに、彼を病院で
診てもらったほうがよいのかと思ったこともありましたが、そうすると事態
がますます悪化してしまうのが心配でした。わたくしもラリーも心の底では、
ニックはほんとうに死ぬことを願っているわけではなくて、この苦しみを終
わらせたいということを言いたいのだと信じておりました。彼のその気持ち
は、痛いほどわかりました。ときには、わたくし自身も、もうこれ以上生き
ていけないという思いが頭をよぎったこともあったくらいですから。

　いつものわたくしは、何事もきちんとこなせて、そうそう心が乱れるよう
なことはないのですが、このときばかりは恐怖と不安のため生活が荒れに荒
れてしまいました。眼鏡をどこに置いたかわからなくなったり、仕事に必要
な書類を家に忘れてしまったり、料理を火にかけていたのをすっかり忘れて
焦がしてしまったり、といった具合でした。ニックの件以外でほんとうに集
中できたのは、教壇に立っているときだけでした。当時のわたくしは、オー
クランド大学の作劇講師として14年目を迎えたところでした。劇作家とし
ても30年間活動しており、全国の劇場で作品を上演していただいておりま
す。劇作には情熱を傾けておりますし、教鞭を執ることも大きな楽しみです。
一歩教室に足を踏み入れれば、どうしたわけか、家庭のことをすべて忘れる

ことができました。2時間の講義は、旅行気分でした。悩みごとを忘れて、いましていることだけに集中し、以前のわたくしに戻ることができました。6学期間は、教えることだけがわたくしのよりどころ、わたくしの救いとなりました。

　こう言うとおやっと思われるかもしれませんが、逮捕の翌日も出勤いたしました。自分でもよくわからないのですが、いつもどおりの生活を続けたいと、強く感じておりました。大学への道を運転しながら、2コマの講義をはたしてやりきれるのだろうかと不安になりました。学生さんたちの目の前で気持ちが折れ、泣き崩れてしまったらどうしましょう？　まともに話すことさえできなかったらどうしましょう？　倒れて担架で搬送されるような事態になったらどうしましょう？　あまりに取り乱していたので、その日は『ダウト』という戯曲について講義する予定であることも覚えていませんでした。『ダウト』の主人公はカトリック校の校長を務める修道女で、学校の神父が生徒と性的な関係をもっていると確信するのです。この確信が真実であったのかどうかは、最後まで観客に明かされません。その日の講義の焦点は、この神父による、ゴシップについての説教でした。彼の説教によると、ゴシップによって名声に汚点がついてしまうのは、枕をベッドから取りだしてナイフで突くようなものだというのです。いったん枕のなかの羽が飛びだして宙に舞ってしまうと、もうもとの枕には戻りません。わたくしは、ニックがあんなに努力して手に入れたあの名声が回復する日は来るのだろうかと考えこんでしまいました（訳注：『ダウト』はジョン・シャンリー作の戯曲。邦題は『ダウト　疑いをめぐる寓話』で、『ダウト～あるカトリック学校で～』というタイトルで映画化された）。

　講義がある日のほうが、ない日よりもずっとましでした。講義がないと何もすることがなく、ひたすら涙に暮れておりました。ところかまわず泣きました。レストラン、診察室、車のなか、映画館、公園で泣きました。図書館でも泣きました。わたくしの悲しみは、とどまるところを知りませんでした。泣いているところをニックに見られるのは気まずいので、悲しさをこらえきれなくなったら外出することにしておりました。近くの湖まで行って車を停

め、最初はすすり泣くのですが、しまいには声を張りあげて1時間泣き続け
たこともありました。そして泣いてすっきりしてからまた家まで戻り、「何
事もなかったかのように」ふるまおうとしておりました。

　ある日、いつもにもまして上の空だったわたくしは、2か所の赤信号を、
その存在にすら気づくことなく突っ切ってしまいました。パトカーのサイレ
ンを聞いてわれに返ったのですが、停車を命じられてしまいました。サイレ
ンの音を聞いたためなのか、違法行為をしてしまったためなのかわかりませ
んが、わたくしは、ちょっと異常なほどに泣き叫びはじめました。おまわり
さんはわたくしの精神状態が心配になり、どこかお医者さまにかかっている
かと聞かれました。夜眠れなくて精神科医の診察を受けたばかりだったので
うなずき、また泣き続けました。おまわりさんが携帯電話で何やら本部との
やりとりをした数分後、警察署専属の牧師さんが来られました。おまわりさ
んも牧師さんも、わたくしが精神に何らかの異常を来してしまったのではな
いかと心配してくださっていて、いったいどうしたのかと尋ね続けられまし
た。わたくしは、話すこともできなければ泣きやむこともできませんでした。
その牧師さんは、ティム牧師さんといわれるのだそうですが、わたくしが泣
きやむまでずっと話しかけてくださいました。でも、そのときどんなことを
言ってくださったか、いま思い出そうとしても、ひとことも思い出せないの
です。最終的には、名刺をくださってからおまわりさんとふたりで映画に出
てくるローン・レンジャーとトントのように去って行かれ、あとに残された
わたくしはなんとか持ち直してから帰宅したのでした。最悪の一日ではあり
ましたが、おふたかたのご親切は一筋の光明でした。寛大なおまわりさんは、
信号無視もおとがめなしにしてくださったのです。

　教えているときと泣いているとき以外は、ラリーといっしょにニックのこ
とに取り組んでおりました。わたくしたちの弁護士はわたくしたちほどには
アスペルガーのことをご存じなかったので、ニックの犯した罪にこの障害の
関与があったのかどうか、またあったとすればどれくらいあったのかを評価
してもらえる、自閉症スペクトラム障害（ASD）専門の司法心理学者を協力
して探しました。わたくしたちは全国的に有名なかたにぜひお願いしたいと

希望しており、弁護士の先生がたは、地元で見つけるのも重要だとお考えでした。ですが、デトロイトほどの大都市周辺でも、ASD専門の司法心理学者を見つけるのは至難の業でした。

　わたくしたちの弁護士の先生がたはたいへん敏腕だと伺っておりましたけれども、いつもそばにいて心理カウンセリングをしてくださるわけでもなければ、手を握ってくださるわけでもありません。そういう意味ではわたくしたちはまったく孤独で、この新たな未知の領域に、先達の導きなどないまま飛びこんでゆかねばならないのでした。この恐ろしい道のりは、マーテルの小説『パイの物語』のようでした（訳注：映画『ライフ・オブ・パイ／トラと漂流した227日』の原作）。自分がいまどこにいるのかもわからない海原で、狭苦しい場所にいっしょに閉じこめられて孤立し、どこに向かっているのかもどうやってそこまでたどり着くのかもわからない状態なのです。

　わたくしたちが心から求めていた情緒的支援と精神的な支えを与えてくれたのは、1997年から家族カウンセリングを受けてきたジュリア・プレスでした。彼女はすぐさま手をさしのべてくれて、逮捕の日から現在に至るまで、変わらずそばにいてくれました。ジュリアの助言はシンプルでわかりやすいものでしたが、実行に移すのは容易ではありませんでした。「いまのことだけ考えて、ひとつずつですよ」と何度も言われました。それはよくわかるのです。でも、そうしようとしても、3分ももたないのです。将来どうなるのかとかこの次に待ちかまえているのは何かとか考えはじめると、奈落の底に突き落とされるような気分になりました。心の安定のためには、自分の思考パターンに気をつける必要があるということが、次第にわかってきました。ジュリアは家族全員の生命線でしたが、特にわたくしにとっては命の恩人です。彼女の励まし、叡智、揺るがぬ愛情がなければ、こんにちのわたくしはないと思います。この苦しかった道のりの最後まで、ジュリアが、固く握ったわたくしの手を放すことはありませんでした。

　専門家団による最初の報告書を弁護士の先生が送ってから4か月のあいだ、検察側の返事を待ちました。それはまるで、乳房にしこりを見つけてがんかどうかの検査を受けたのに、結果がいつわかるのかお医者さまが知らせてく

ださらずに、連絡を待って電話機の横で日々過ごしているようなものでした。いったい何がどうなっているのかもわからないまま延々と待たなければいけない苦しみは、なぜこんなに時間がかかっているかも説明がなかったこともあって、わたくしたち一家にとって筆舌に尽くしがたいものでした。この苦しみは、曖昧な状況に耐えられないニックの神経にとっては輪をかけてつらいもので、しかもこんなに深刻な状況ではなおさらでした。文字どおりこのことで頭がいっぱいだったニックは、恐怖心ばかりを何度も何度も口にしておりました。ラリーとわたくしは教職がありましたのでそれが気分転換にもなったのですが、ニックにはそれもありませんでした。

　緊張のまっただなかでの生活が続いたわたくしたちは、神経がすっかり張りつめきっており、こんな状況であればどんな家族でもするであろう行動に出はじめました。それは、お互いに怒りと不満をぶつけあうことでした。怒りの矛先を検察や弁護士に向けることはできませんが、どこかに発散しないわけにはいかず、それが家族どうしに向けられたわけです。こうしてわたくしたちは、事件の苦しみを味わうだけでなく、お互いに苦しめあうようにもなってしまいました。念のために付け加えておきますと、こうした家族バトルのあとにはたいてい家族会議をもち、お互いの立場を理解したうえで和解して、愛情と思いやりにあふれたいつもの家族に戻ることができました。

　ようやく検察から連絡があって刑務所の可能性がなくなったことを聞いたときには、ほんとうに安堵いたしました。けれども検察のかたたちは、アスペルガー症候群のことで混乱しており、精神疾患や情緒障害とどうちがうのかがわからないとも言われました。わたくしたちの専門家団はこの疑問に答えるための報告書を再び提出し、また悶々としながら待ち続けることになりました。

　ラリーとわたくしは、ニックの逮捕の前月に、41度目の結婚記念日を迎えたところでした。そのときのわたくしたち夫婦の関係は、これまでで最高の状態だったと思います。何年ものあいだ夫婦セラピーを受け続けてきたわたくしたちは、意見のちがいをうまく乗り越える方法を身につけ、どちらかが正しくてどちらかがまちがっているという考えかたをしなくなっていまし

た。そこに至るまでは長い道のりでしたが、しっかりとコミュニケーションをとれるようになり、お互いの親友となることができました。友人たち夫婦とのおつきあいも楽しんだのですが、週末には、わたくしたち夫婦ふたりの時間をもちました。

　ですが、悲しみ、ストレス、疲労困憊、そして心理的苦しみに苛まれているわが子などが夫婦関係にも影響しないはずはなく、この試練の重さに耐えかねたわたくしたち夫婦の関係も悪化しはじめてしまいました。夫婦げんかの連続でした。ふたりとも感情的にぴりぴりしてしまい、どんな表情をしたとかどんな物言いをしたとかいうちょっとしたことが、大げんかのもとになりました。けんかの主な原因のひとつは、いったいなぜこんなに長く待たされるのか弁護士たちに尋ねてみるようにとわたくしがラリーをせっついていたことでした。ラリーがそれを拒否すると、わたくしの怒りのレベルは、一瞬のうちに1から100まで跳ねあがるのでした。ある晩、怒りが頂点に達したわたくしはトイレで転倒してしまい、手の小指と足指を骨折してしまいました。このときばかりは、自分の怒りが抑えきれなくなってしまっていることに気づかされました。

　このように緊張が高まった一触即発状態の背後にあった真の問題は、わたくしたち夫婦が、ひとのために何かをするという気持ちの余裕をなくしてしまっていたことでした。ふたりとも、ガス欠状態だったのです。仕事を続け、情緒不安定なニックに寄りそい、事件の後始末に奔走し、どんな結末になるのかというきりのない恐怖と不安と戦うなかで、疲弊しきっていました。毎晩7時くらいまでには、わたくしたちの頭はボーッとしていました。愛情と感謝を求めつつ、心のなかは空っぽでした。自分自身の痛み以外にも目を向けて相手の気持ちを理解できる余裕ができて初めて、夫婦関係を修復することができました。

　何よりもつらかったのは、ニックが苦しむ姿を目にしながら何もしてあげられないことでした。心から愛している息子がこんなにショックを受けているようすを毎日見るのは、胸が締めつけられる思いでした。どんな親でもそうですが、なんとかしてやりたい、少しでも力になってやりたい、せめて気

持ちを慰めてやりたい、そう願っていました。母親として、こんな恐怖や屈辱からニックを守ってやれなかったことが耐えがたかったのです。ニックのように優しくて穏やかな心の持ち主が犯罪者扱いされていると思うと、わたくしの心は張り裂けんばかりでした。

　もちろん、わたくしとラリーがニックを守ってやれなかったのは、これが初めてではありません。いじめを受けていたときも、教育実習でつまずいたときも、2型糖尿病になったときも、守ってやれませんでした。けれどもいまや、重犯罪者と登録性犯罪者という一生消えない烙印を押されてしまうかもしれない現実に比べれば、こういったことは取るに足らないように思えてしまいます。

　ニックが苦しむのを見ながら何もできなかった無力感のために、わたくしは心理的ストレスを感じただけではなく、身体的健康も害してしまいました。この時期わたくしは帯状疱疹・不眠症・胃腸障害を発症し、3か月で10ポンド（＝約4.5kg）もやせてしまいました（わたくしの通常の体重は100ポンドです）。そして、この危機を乗り越えるためには、わたくしはニックから物理的にも心理的にも離れる必要があることを痛感いたしました。そんなふうに言うと冷淡に聞こえてしまうかもしれませんが、次に説明するような事情だったのです。

　ほとんどの母親は（父親もですが）、わが子が苦しんでいるときには自分も苦しいと感じるものだと思います。子どもが何歳になろうとも、かわいいベビーなのです。わが子を守ってやりたいという責任感は強く、子どもに障害がある場合その責任感はいっそう増します。

　これがわたくしのジレンマでした。ニックが絶望すれば、わたくしも絶望するのです。こういう感情移入が自動的に、しかも瞬時に起こってしまうので、自分ではどうすることもできないように思えました。ニックのことを同じくらいに愛していても、ラリーは、わたくしほどにはこの問題を抱えていないようでした。ニックの苦しみに対して少し距離を置いて向かいあうことができており、それに振り回されたりしませんでした。

　わたくしまで心が折れてしまうと、ラリーにとっては、落ちこんだ家族が

ひとりでなくふたりになってしまうので、申し訳なく思っていました。それに、わたくしが始終泣いてばかりいたり、ゾンビのようになって床に伏せっていたりするところをニックが目にするのもよくないということはわかっていました。だから、ラリーのためにもニックのためにも、そしてわたくし自身のためにも、ニックの苦しみに冷静に向きあえるようにならなければいけないことはわかっていたのですが、どうすればそうなれるのか、皆目見当もつきませんでした。ちょっと奇妙かもしれませんが、いっしょに苦しんでやらなければ、ニックを見捨てることになってしまうような気がしていたのです。これはまさに、「親というものは、一番幸の薄いわが子以上の幸せはつかめない」という俗説を地でゆくようなものでした。

　この難問を解決する糸口をつかむため、わたくしはジュリアに頼ることにしました。ジュリアは、わたくしが置かれていた状況を、飛行機内の緊急事態にたとえました。客室乗務員は、酸素マスクが下りてきたら、親はまずそれを自分に装着するよう指示するものです。そうしなければ、子どもを助けられないからです。このたとえは、腑に落ちました。まずわたくし自身を大切にしなければ、ニックの役に立ってやることもできないのです。このことを理解してからは、自分を大切にする方法を考えるようになりました。でもそのまえに、そうすることがニックを見捨てることにはならないのだということを、自分自身に言い聞かせる必要がありました。

　これは最初たいへんむずかしいことでしたが、それは何も、ニックが何をしたとか何を言ったとかいうことが理由ではありませんでした。ニックは、わたくしが外出するのを止めたりはしませんでした。わたくし自身の罪悪感が、その理由だったのです。ニックが家にいてこんなに苦しんでいるのに、どうしてわたくしが映画を楽しむことができましょう？　少しずつですが、週に1回は、友人と食事をしたり映画や演劇を鑑賞したりするようになりました。週末には友人とシカゴまで出かけたりもしたのですが、それまで2年間はひと晩も家を空けたことなどなかったので、ハワイに1か月くらい行っていたような気分でした。そしてようやく、ニックのレーンでなく、自分のレーンを泳ぐことができるようになってきました。ラリーといっしょに近く

のホテルでひと晩過ごすことにもしました。わたくしにとってこういうことをするのはかなりの思い切りが必要でしたが、いったんやってしまうといくらか気分も良くなり、またニックとラリーを支えていこうという気になれました。

　こうしてときどき外出するようにはなっても、重苦しい霧のようにわたくしたちを包みこんでいる、あの恐怖から逃れることができたわけではありません。わたくしたちの生活は、映画『恋はデジャ・ブ』（訳注：あるひと晩のできごとが何度も繰り返されるという内容）のホラー版のようになってしまい、ほとんど変わりばえのしない毎日でした。わたくしとラリーにとって一番つらかったのは、旅行ができないことでした。ワンパターンを好むわたくしたちは、毎年同じ場所に行って、飽きることがありませんでした。夏休みはバーモント州、クリスマス休暇はフロリダ州、春にはニューヨーク州、そして感謝祭にはわたくしの故郷クリーブランドを訪れるのが常だったのです。でもここ3年間続けて、このうちどの場所にも行けませんでしたし、それどころか他のどこにも行けておりません。わたくしたちの自宅は、事実上監獄になってしまったのです。

　2、3日どこかに出かけて気晴らしでもしたらどうだと、みなさんおっしゃいました。これにはわけがあったのです。ニックには監視装置がつけられていて、ミシガン州南東部から出ることが許されていなかったのです。わたくしとラリーは法的に拘束されていたわけではないのですが、悲惨な状態のニックを自宅に残したまま出かけても、ほんの数日でも楽しむことなんてできないことはわかっていたのです。

　長く続いたニックのこの一件をいま思い返してみると、ボクシングの試合のようだったとも思えてきます。第1ラウンドのリングに上がったわたくしとラリーとニックは、怯えておりましたけれども、弁護士の先生がたは勝てる確信をおもちでしたので、楽観的でもありました。何ラウンドか戦い続けて、刑務所行きの可能性がなくなったときには一気に希望がもてましたが、同時に、アスペルガーと精神疾患や情緒障害とのちがいを検察側が理解していらっしゃらなかったので、いくぶん不安も残りました。

「試合」は当初の見こみよりもずっと長引き、後半戦に入ったわたくしたちは、肉体的にも心理的にも息切れしてきました。強力なパンチを食らったのは、ニックがワシントンD.C.に行ってFBIの神経心理学者の診察を受けたときです。神経心理学者はそれまでに提出されていた専門家の見解に同意したにもかかわらず、どういうわけか検察側は、自身が依頼したこの診察の結果を採用しなかったのです。

　その後数か月のあいだ、それこそ何度パンチを食らっても立ちあがろうとするボクサーのように、検察側はもうひとつパンチをお見舞いしてきました。ニックはさらにもうひとりの司法心理学者の診察を受けることとなり、診察はこれで5回を数えました。この最後の専門家はアスペルガーについての経験がなく、わたくしたちの心を不安がよぎりました。あの厳しい診察をまたニックが受けなければならないと思うと、わたくしもラリーもぞっとしましたが、選択肢はありません。わたくしたちにとってはこれが最後の、一縷の望みでした。

　この診察予約をとるのでさえも、何か月も（なんの説明もなく）待たされました。再び気の長くなるような待機期間に置かれたわたくしたちは、もうほんとうに頭がどうかなってしまいそうでした。診察1か月後に受け取った報告書の写しには、うれしいことに、ニックの処遇に関してはほかの専門家と同意見であるという文言がありました。けれども、これまでの経緯を考えると、手放しに喜ぶわけにはいきませんでした。

　地獄のような生殺し状態を2年半にわたって耐え忍んできたわたくしは、もうとにかく、この悪夢をただただ終わらせたいと思うようになっていました。そのわたくしの願いは、すぐにかないました。わたくしたちの弁護士ケンによると、ニックに関する最終判断をくだすために検察側が会合をもつことになっており、決定が出ればすぐに連絡をくれるというのです。電話機の横に陣どって待っているわたくしたち3人の心臓は、ひとつとなって高鳴りました。電話が鳴りました。発信者通知を見たラリーが、「ケンだ」と言いました。わたくしたちは、いっしょになって固唾をのみました。ラリーが受話器を手にしました。わたくしには、ケンが言っていることは聞こえません

でした。ラリーの表情を見れば、すべてがわかりました。それは、最後のノックアウトでした。

　わたくしたちは、またもやうちひしがれてしまったのですが、長い紆余曲折を経た連邦政府との戦いは、ともかくもこれで終わったのでした。そういう意味では、ほっとした部分もありました。ひとつの章が終わり、新たな章がはじまろうとしているのです。この新たな章が気の遠くなるほど困難なものになることは疑いありませんが、これまでの道のりほどには打ちのめされないことを願うばかりです。あまりにも長いあいだ身動きひとつとれなかったわたくしたちは、人生の歩みをまえに進めたくてたまりませんでした。そのためにわたくしたちが掲げた目標を、次に記します。

　家族としては、スムーズな親離れ子離れに向けて、ゼロからはじめなければなりません。こんなにも長い期間、心理的にも物理的にもぴったり寄りそっていたのですから、これは容易なことではありません。ニックは家を出てひとり暮らしをはじめることにしており、それが親離れのきっかけになることを期待しています。ニックがひとり暮らしをすることには、多くの困難がつきまといます。

　さらに、わたくしたちひとりひとりは、ひどく不公正と思えることを受け入れなければなりません。高名な精神世界指導者エックハルト・トールは、心のやすらぎを得るためには「受け入れがたいことを受け入れる」ことが必要になることもあると述べています。もちろん、現実的には、ニックの判決とそのために生じる厳しい制約は受け入れるほかないのですが、その不公正さまでも受け入れてしまうことはないのです。

　ニックに下された不当に厳しい判決のために、人生を立て直すにあたっては、じつに多くの困難が伴うことになります。重犯罪者であり登録性犯罪者であるという一生消えない烙印を押されるだけでも耐えがたいことなのに、自閉スペクトラム特性をもって生きにくさをもともと抱えている人間にとっては、この刑罰はあまりにも残酷で、意味があるとは思えません。たとえば、登録されているために、ほんの数日旅行するだけでも信じがたいほど複雑な手続きが必要となります。けれども、こういう物理的な制限よりももっと耐

えがたいのは、連邦政府によって性犯罪者というレッテルを貼られてしまったことでニックが感じる恥辱と恐怖なのです。

わたくしたち家族にとって、これらの目標を達成するのがとても困難であり、時間と忍耐と勇気が必要となることは目に見えています。最近のことですが、2013年に起きたボストンマラソン爆弾テロ事件被害者が脚を失ってどんな体験をしたかを、そのきょうだいがニュースで話すのを聞きました。彼女は、「強い心をもつという選択肢しか残されていない状況になって初めて、自分の心がどんなに強いかがわかる」と話していました。この言葉は、わたくしの胸にしっかりと響きました。今回の経験を通じて、打たれ強くなったように感じています。何度も、自分の心の奥を深く深く見つめ直して、生き延びるための意志を見いだしてきました。個人としても家族としても、ラリーとニックとわたくしは、いままで自分でも知らなかった強さを秘めていたことに気づかされました。これからの年月、歩みを進めて人生を立て直していくなかで、この強さで乗りきってゆければと思っております。

わたくしのこの章を終えるにあたり、読者のみなさんが抱いていらっしゃるであろう疑問にお答えしておこうと思います。その疑問とは、この母親は、いったいぜんたいなぜ、わが息子のきわめて私的な問題を公にさらす気になったのかということです。これに対するわたくしのお答えは、次のようなものになります。

悲劇に見舞われるひとはだれでも思うように、この体験を何かのために役立てたかったのです。この苦境から学んだことを活かし、苦労して得た知恵が他のかたのためになればと思ったのです。

ニックがAS（アスペルガー症候群）の診断を受けた3か月後、ラリーとニックは、『アスペルガーという診断──ニック・ドゥビンの自分探し』というDVDの制作を決心しました。その目的は、アスペルガー症候群の現実をみなさまにご紹介することでした。その考えを聞いたわたくしは、断固反対いたしました。一般市民のみなさまにどう思われるかと恐れたのです。ニックとラリーは賢明にも、わたくしの不安などおかまいなしに、DVDを作ってしまいました。その後ニックは、みなさまのお役に立ちたいとの一心で、

自閉症関係者のかたがたに自分の経験を発信してまいりましたが、これがその最初となりました。本書はある意味、10年まえにニックがこうして勇気を振り絞って歩みはじめた道の延長線上にあるものなのです。

　本書の執筆を決意するにあたって、わたくしたち一家は、悩みに悩みました。それは、わたくしたちがこれまで何よりも大切に思ってきた価値観と相容れないものだったからです。わたくしたちは親として、このようにデリケートな問題を取りあげることによって必然的に生じるあらゆる疑義からニックを守ってやりたいと感じています。それと同時に、こういう情報をみなさまと共有しないのは、ほとんど犯罪行為にも等しいということも心得ております。それはたとえて言えば、地雷が埋められているあたりに足を踏みいれようとしているひとに、そのことを知りながら伝えないようなものです。こういった価値観の葛藤に苦しんだわたくしたちは、本書執筆を何度も迷いつつ決心を固めていかねばなりませんでした。最終的にたどり着いた結論は、この経験から得た知恵と情報をわたくしたちだけの胸にとどめておくことは、身勝手であるというのみならず、道徳的にまちがっているということでした。ラビ・ユダヤ教の聖典であるタルムードには、「ひとりの命を救うことができたなら、それは全世界を救済したも同然だ」とあります。そのような目標に到達できるかどうかはわかりませんが、いまは、そういう希望をもてるだけでも十分に満足です。

第4章

わが息子を救うための父親の奮闘
──法的観点から　　ラリー・ドゥビン

はじめに

　2010年の10月6日は、いつもと何も変わらぬ朝からはじまりましたが、それはわたしの人生最悪の日となりました。デトロイト郊外の自宅を出たわたしは、市街地に向けて車で出勤する途中でした。快晴の、美しい秋の日でした。わたしの人生は、順風満帆のように感じられました。向かっていたのは、35年間にわたって法学部教授を務め、法曹倫理・証拠・公判実務・上級セミナーなどを教えてきたデトロイトマーシー大学法学部です。いかに専門性を発揮して社会に貢献できるかを法学生に教授することが、わたしは非常に好きでした。わたし自身は法制度の信奉者であって、弁護士であることを誇りに感じていました。

　わたしが弁護士として誇りをもつようになったのは、ミシガン大学法学部を卒業後、1975年に学究生活に入るまでの約10年間、弁護士業に携わっていた経験があったからです。その弁護士業のなかで、種々のタイプの事例を法廷で争い、裕福な会社重役から貧しい一般市民まで、さまざまなひとたちを弁護してきました。法曹倫理・証拠法・法廷弁護士技術などについて、多数の論文と何冊かの書籍を執筆しました。8年間は、ミシガン州最高裁判所の任命によりミシガン州弁護士苦情処理委員会のメンバーを務め、不正行為に手を染めた弁護士の調査と起訴を行いました。一般市民が法制度の仕組みと意義をよく理解できるように公共テレビドキュメンタリーを制作し、ミシガン州弁護士会から多くの賞を授与されました。そのなかでは、法制度によって、いかに不正を改めることができるかを示すよう努めました。ドキュメンタリー制作者としては、ローザ・パークス（訳注：バスの席を白人に譲ることを拒否したことで有名な黒人女性。人生後半はデトロイト在住）や彼女の公民権弁護士として著名なフレッド・グレイや、晩年の連邦議会議員バーバラ・ジョーダン（訳注：弁護士であり公民権運動指導者）など、わたしが非常に尊敬する、正義のために戦ったひとたちをインタビューする栄誉に浴しました。

　あの運命の朝の出勤途中、携帯電話に着信がありました。発信者は、聞い

たことのない声でFBI捜査官だと名乗りました。そのときにわたしがすぐに思ったことは、以前指導した学生が行政職を得るために推薦状が必要だとかそういう用件なのだろうということでした。それまでにも、同様の用件の電話が、よくFBIからかかってきていたのです。しかしこの電話はそうでなく、人生が大きく変わった瞬間でした。男性の声がわたしに伝えたのは、息子ニックのパソコンに関して、彼のアパートの家宅捜索令状を執行中だということでした。のちになって知ったのですが、コンピューター上に児童ポルノが発見されたということでした。捜査官は、ニックの心理的および身体的状況に鑑みて、直ちに現場に急行することが賢明であろうと告げました。わたしがニックのアパートに到着したときには、十数人ほどのFBI捜査官たちが、狭い居住空間の内外で忙しそうに動き回っていました。ニックはといえば、ソファーの上で膝を抱えてうずくまっており、その顔の半分は枕に埋めていました。わたしは彼のもとに駆け寄り、その場に居あわせた捜査官が見ている前で、肩を抱いて耳もとで「アイ・ラブ・ユー」とつぶやきました。

すべて包み隠さぬ陳述

　弁護士としてまたニックの父親として、読者のなかには、わたしの述べることが偏っているのではないかと感じるかたもいらっしゃるであろうことは理解できます。わたしはニックを心から愛しておりますが、故意に直接的な危害を子どもに及ぼすような犯罪行為を正当化したり、その深刻さを軽く見積もったりするようなことは、けっしてありません。わたしがこの章を執筆する目的は、刑事司法制度のなかでもがき苦しむニックを支えてきた個人的体験を紹介するとともに、そのなかでわたしが調査してきた事柄をお伝えすることです。わたしは、自閉スペクトラム特性をもつひとは犯罪者や小児加害者になる確率が高いとは思っていません。むしろその正反対であると考えます。自閉スペクトラム特性をもつひとたちは正直で、かつ法を遵守する傾向が強いのです。また、弁護士として明確に申し述べておきたいのは、事例の事実関係を包み隠さず陳述することの重要性を理解しているということで

す。ニックの事例では、大筋において、事実関係が争点となることはありませんでした。争点となったのは、この事例の適切な最終処分は何かということだったのです。

　これまでのニックの人生は波瀾万丈としか言いようがありませんでしたが、それを乗り越えてきた彼のたくましさにはいつも驚かされました。生まれてこのかたずっと、種々の障害や障壁に阻まれ、脳神経機能の限界にも挑み続けてきたのです。こういった困難さと戦ってきた結果、ニックは、慢性の抑うつと不安を発症してしまいました。それでも彼は常にこれらの困難に向きあい、自分の可能性を追求してきた一方で、自身が経験したのと同様の困難さを抱えているひとたちがそれを的確に回避したり対処したりできるよう援助してきました。

性的探求と性犯罪

　ニックが刑事司法制度と関わりをもつことになるとは、だれも夢にも思っていませんでした。他者に攻撃を向けるなどということは皆無で、対人関係よりも孤独を好んでいました。他者の目には奇妙で風変わりな人間と映ったこととは思いますが、ニックのことを悪しざまに言うひとはいませんでした。ただ単に親切で柔和な彼は、ある専門家の言葉を借りれば、「いいひと」以外の何者でもありませんでした。

　ニックが生まれてからというもの、対人関係をもてない彼を、妻もわたしも心理的にサポートしてきたつもりです。学校でいじめを受けたときも、学業が思うようにはかどらなかったときも、問題解決のためにできるだけのことをしました。学校の先生たちとの面談も重ねましたが、ニックが抱えている学業上のニーズを理解していただくことはむずかしく、じっさいはそうではないのに、単なる努力不足と決めつけられてしまうことが多くありました。ほとんど毎週のように新たな問題が生じ、わたしたちはその解決と支援のために奔走しました。

　自閉スペクトラム特性をもつ子どもたちは保護者に依存しきってしまうこ

とも珍しくなく、完全に充足させてやることが困難な多くのニーズを抱えています。この点は、2012年刊のアンドリュー・ソロモン（Andrew Solomon）の好著『親に似ない子（Far From the Tree）』のなかでよく言い表されています。自閉症という障害に言及するなかで、「もしあなたに障害をもつ子どもがいるなら、あなたはこれからもずっと、障害をもつ子どもの親であり続ける。これは、あなたに関する基本的事実のひとつであり、他者があなたをどう見るかに深く関わってくる」と述べられています。換言すれば、わが子が何歳になろうとも、その子の幸福や健康の責任を負い続けることになるのです。

　ニックは、中学、高校生活で体験した対人関係の問題を率直に吐露しています。このころの彼は、アメフトの試合を見に行くとか学校のダンスパーティーに行くとかいう、思春期のふつうの友人関係や生活体験をもつことができませんでした。対人的にも未熟なニックは性的アイデンティティにも混乱を来しましたが、これはわたしなどには手に負えない問題で、専門家にすがるほかありませんでした。どの保護者もそうであるように、わたしも、わが子が仲間から好かれて受け入れられることを望んでいました。いつうちに遊びに来てもらってもよいような友だちを作ってほしいと思っていました。仲間に溶けこめないことに気づいたニックは、楽しそうにワイワイやっている子どもたちを見て劣等感を抱くようになり、それを見守るわたしもたいへんつらい思いをしました。年が変わるごとに、彼が少しでも成長し、友人ができるようにと願い続けました。しかし現実には、年を経るごとに、友人関係の問題はより深刻になって苦痛を増していきました。そして、知的な成長と社会的膠着状態とのギャップは、広がる一方でした。中学、そして高校へと進学したころには、ニックの抑うつと孤独は極度に深まっていました。悪質ないじめや性的揶揄も彼の苦悩に拍車をかけ、性的に混乱するようになっていたということも、あとになって知りました。彼がセクシュアルハラスメントを受けていたということを、当時のわたしは知りませんでした。事態をいっそう悪化させたのは、まだ診断がついていなかったため、ニックがどうして社会適応できないのかわたしたちに皆目見当がつかないことでした。

わたしは、思春期を迎えたニックを、性的な存在として見ることができませんでした。対人関係をもてなかった彼は、男性に対してであれ女性に対してであれ、性的な関心を表明したことはありませんでした。ニックが孤独のなかで苦悩していたことは一目瞭然でした。何よりわたしは、彼の幸福を願っていました。そのため、自宅を離れていっしょの時間を過ごすために、旅行にも連れ出しました。テニスの大会に参加し、いろいろな都市を訪問し、急流下りやハイキングなどの冒険もしました。こうして環境を変えることによって息抜きの機会とし、ニックの精神を鼓舞することがわたしの真の狙いでした。こういう機会を利用して、彼の感情を表現させるようなオープンな会話を心がけ、激励の言葉をかけるようにしました。

　次第にわたしは、過去も現在も、ニックは性的な存在であるということを認識するに至りました。こう言うと当然のことのように聞こえるかもしれませんが、自閉スペクトラム特性をもつひとの多くは、性的なはけ口がないだけなのに、性的な面をもたないとみられがちなのです。特別支援ニーズをもつ子どもを育てている保護者はえてして、数多くの問題に日々直面するため、急を要する問題にとらわれているうちに性の問題があとまわしになってしまいがちなのです。

　どんなに好ましい状況であっても、性の話題というのは、親子で話しあいにくいものです。彼らに責任があるわけではないのですが、自閉スペクトラム特性をもつ子どもたちは、思春期のあいだに、健康的な性の目覚めを体験するために必要なソーシャルスキルを欠くことがしばしばです。この面におけるニックの発達の遅れが、刑事司法制度に巻きこまれることになった主要要因であります。残念なことに、検事は自閉スペクトラムに関する十分な知識を有していないことが多く、性的未熟さの表れにすぎない行為を、重犯罪行為と混同してしまうことがあります。わたしは、自閉スペクトラム特性をもつひとが、性的逸脱行動が絡む犯罪に手を染めやすいなどと言うつもりはありません。それはたとえて言えば、自閉症者のすべてが秀でたピアニストであるとか頭脳明晰な数学者であるとか才能ある画家であるとか言うようなものであり、たとえそういう才能が自閉スペクトラム特性と因果関係がある

としても、適切な表現ではありません。自閉スペクトラム特性をもつひとについて、何らかの一般的な見解を述べようとしているのではないということを、明確に申しあげておきます。むしろ、ニックがたどった道程と、そのなかでわたしが見いだした情報を共有することにより、それが何らかの形で読者の経験と結びついてお役に立つことを望む、それだけです。

　ニックが児童ポルノを閲覧したことに他害の意図はまったくなく、彼の社会性と性的発達の遅れを反映したものである、というのが事実です。コンピューターを通じて性的情報を入手しようした不適切かつ無思慮な方策が、知らず知らずのうちに連邦犯罪に結びついてしまったのです。

　ベストセラー著者のジョン・エルダー・ロビソン（John Elder Robison）が、2013年の『サイコロジー・トゥデイ』誌に掲載した「自閉症とポルノ――だれも口にしない問題」という論文で、発達遅滞について論議しています。

　　自閉症者の多くは顕著な発達遅滞を呈するが、この遅れはしばしばアンバランスであり、他領域における例外的な能力で相殺されることすらある。私自身を例にとると、私は12歳の頃大学教授なみの言語能力があったが、社会的な能力は5歳児なみであった。（中略）それで何らかの害があるというわけではないが、これこそが、自閉症者が抱える、情緒発達と知的発達との乖離なのである。

　ニックの逮捕後にわたしに課せられた難問は、ニックの罪状に対してもっとも適切かつ合理的な処遇は何であるかに関して、検察側に忌憚ない意見を提出してくれるような見識ある専門家を弁護士といっしょに見つけることでした。それをどう進めるかについては、若干の調査が必要であることはわかっていました。

　ニックが2004年に診断を受けて以来、自閉症スペクトラム障害（ASD）に関して勉強することに労力を注いできました。自閉症に関する会合にも数多く出席し、全国的会合で講演をしたこともありました。そのなかで、自閉症と性的発達の問題との関連については、耳にしたことも目にしたこともあ

りませんでした。しかし、ニックの逮捕後になって、こうして学んできたことにあまりにもショックを受けたので、その情報を、自閉スペクトラムをもつひとたち・その保護者・精神医療関係者・法曹関係者などにお伝えせねばならないと痛感した次第です。

自閉症、性、法律——隠れた問題

いまからご紹介する情報に初めて触れたとき、わたしは息をのみました。それは、ニックが逮捕される2年まえの2008年8月4日に、アミ・クリン博士（Dr Ami Klin）が書いた詳細な手紙でした。当時イェール大学小児研究センターの児童心理学・児童精神医学教授であった博士は、現在、エモリー大学医学部で自閉症関連疾患研究部門の教授を務めていらっしゃいます。博士のこの手紙は、連邦判事・検察官・被告側弁護士に宛てたもので、その内容は、アスペルガーをもつ被告が児童ポルノ所持のために裁かれる事例に関するものでした。ASDに関しては全国的に指導者的立場にあるクリン博士は、2008年8月4日付の手紙のなかで、同様の罪状で起訴されたアスペルガー者数人から相談を受けたことがあるとし、次のように書いておられます。「この経験から私は、これは氷山の一角にすぎないということを確信した。実際、それ以来、全国の法廷において、同様の事例が取りあげられるようになりつつあると聞いている」。そして博士は、刑事司法制度関係者は自閉スペクトラム特性をもつひとたちのことをよく知らないために、その行動が「誤解され、悲惨な結末になってしまう」ことを危惧していらっしゃいます。そして特に強調されていたのは、「これは全国レベルで考えなければならない問題であり、刑事司法制度関係者を啓蒙するために、私や同僚たちが密に連携していく必要性を痛感している」ということでした。

ASD研究にかけては全国的な指導者的立場にあるかたがこれほどまで危機感を強めていらっしゃるということに、わたしは唖然としました。わたしがクリン博士の手紙を目にしたのはニックの逮捕直後だったので、刑事司法制度関係者がニックのようなアスペルガー者を理解できないのではないかと

いう恐怖を感じました。なぜ、特に自閉症者が児童ポルノ閲覧のわなに陥りやすいかということについても、博士の手紙を読んで目から鱗が落ちる思いがしました。この手紙については、第4章全編を通じて触れてゆくことにします。

　もうひとつわたしの目にとまった報告書は『自閉症スペクトラム障害と公衆安全に関する共同研究委員会』と題されたもので、2008年にノースカロライナ州の州議会で報告されていました。州議会は、ノースカロライナ自閉症協会やそのほかの団体と連携して自閉症児・者と接点のある法曹関係者に対する訓練を行ってその訓練法について研究する権限を、ノースカロライナ大学公共政策学部に与えたのでした。同じ2008年に、『検察官のための自閉症に関する原則』と題される文書が発表されました。この文書の草案は、ノースカロライナ州検察官マイケル・D・パーカー（Michael D. Parker）氏の手になるもので、「自閉症スペクトラム障害（ASD）をもつひとが被告となる刑事事件に関して、起訴するか否かを判断する際と、どういう処遇にすべきかを決定する際には、検察官はASDの特性とその影響を考慮に入れる必要がある」と記載されています。この研究は、「そのような事例を起訴することが適切か否かを検討するにあたっては」ASDの専門家と連携することを検察官に勧奨しています。特に児童ポルノ所持の事例に関しては、次のように勧告しています。

　　検察官は、治療的介入を強く勧めるべきであり、（中略）このような事例を実際に起訴する前に、猶予期間を与えて、その間の規則遵守を監視するという処遇を考慮に入れねばならない。（中略）当の犯罪者がASDを有しているか否かには特に注意を払う必要があり、また、小児に直接の危害を及ぼす犯罪歴があったかどうかにも注目するべきである。

　これとは別個に独立して起草された『児童ポルノ所持によりアスペルガー症候群者を起訴する際に検察官が考慮すべき原則』（Carley et al., 2008）は、フレッド・ヴォルクマー博士と主要自閉症支援団体がスポンサーとなってま

とめられたものです。イェール大学小児研究センター長であるヴォルクマー博士は、小児科学・精神医学・心理学教授と、イェール・ニューヘブン子ども病院児童精神科長も兼ねていらっしゃいます（訳注：現在は退職）。起草に関わった支援団体には、自閉症研究機構、コネチカット自閉スペクトラム情報センター、世界と地域を結ぶアスペルガー症候群共同事業、自閉症とアスペルガー症候群のためのMAAPサービス、ニューイングランドアスペルガー協会、アスペルガー症候群・高機能自閉症協会がありました。この文書を起草した理由としては、「事例検討を積み重ねる中で、検察官がこの病態についての知識をもつことと、調査と起訴にあたっては控えめな姿勢で臨むことの重要性が明らかになった」と述べられています。この『検察官が考慮すべき原則』には、アミ・クリン博士やノースカロライナ研究が提起したのと同様の懸念が記されています。

　　AS（アスペルガー症候群）患者は社会適応が困難なので、性に関する情報を求めてポルノに興味を示すことは（中略）十分考えられる。そういう場合、AS患者は、児童ポルノをめぐる社会的ならびに法律的タブーはまったく念頭になく、自分が目にしているものは虐待の産物であるということにも、直感的に気づくことができない。一度こういう行動をとったからといって、将来また児童ポルノに関わったり、子どもたちに危害を加えたりするとはかぎらない。自閉症スペクトラム障害の特性と、性的逸脱行動傾向との間に直接のつながりはない。（中略）ASをもつ人は、加害者となるよりも、被害者となる確率のほうがはるかに高い。それは、彼らがあまりにも世間知らずで、他人が言い寄ってきても、その意図を理解したりうまくかわしたりすることができず、また、自分から対人関係に入っていったり、自分に有利なように関係を進めたり駆け引きしたりすることもできないからである。

　この文書ではさらに、こういう事例においては、刑事訴追を行うべきではないということも述べられています。

アスペルガー症候群は生涯にわたる障害であり、それ自体、患者にとってはかなりの負担となる。こういう事例におけるAS患者に対して刑事訴追、有罪判決、通常の処罰等を行っても、一般市民を保護するということにはならず、AS患者やその頼みの綱の家族にとっては、はかり知れないほど苛酷で悲惨で、ただただ消耗させてしまうだけである。一般論として、こういう人たちは、社会にとって脅威にはなることはなく、むしろ正反対である。AS患者はしばしば、虐待の被害者となりがちである。（後略）

　これらの文書と並んで、わたしが目にした最近の研究では、ASDをもつ青年は、性犯罪者として起訴されてしまう明瞭な傾向があることが報告されていました（Fenclau et al., 2012）。この研究は、何らかの性犯罪で起訴された37名の若い男性を対象として、自閉スペクトラム特性の有無を調べたものでした。その結果、37名の被告中22名（60%）が、自閉スペクトラム特性ありと診断されたのです。フェンクローら（Fenclau et al., 2012）は、「性犯罪者の中にASDをもつ者が含まれる現状に鑑みて、ASDをもつ者がどのようにして性的知識を獲得しながら発達していくのかを、さらに検討する必要がある」と結論づけました。

　わたしが見つけた論文のなかには、ナタリー・グジョン（Natalie Gougeon）によるものがあり、これは、自閉症者の性的発達や性的行動を研究した2010年の報告です。グジョンは、ASD者は性的側面をもってはいるが、社会生活の困難さのために性的発達にも支障を来すと考えています。そして、「自閉症をもつ人は多くの面で発達に遅れが見られるが、身体的発達も同様に遅れているわけではない」と述べています。これはもちろん、ニックにも当てはまります。彼が成長するにつれて、身体的には年齢相応の発達を遂げましたが、社会性の発達や性的発達はそういうわけにいかなかったのです。

　社会性や性的発達とギャップが見られるのは、身体的発達のみならず、知的発達に関しても同様です。これもニックに当てはまります。2時間分の原稿を書いて講演することはやすやすとできるのに、その後主催者と歓談するのはむずかしいのです。高校生のときはテニス部の主将であったにもかかわ

らず、チームメートのだれとも親しく交遊することはありませんでした。クリン博士は、このギャップに言及していらっしゃいます（2008年8月4日の手紙）：

> アスペルガー症候群は、社会認知、社会学習、コミュニケーションの障害である。（中略）たとえ高い知的能力をもちあわせている場合ですら、成人が、情緒的にも行動（生活スキル）的にも、ほとんど幼い子どものようであったりする。発達レベルを知能指数や生活年齢だけにもとづいて見積もってしまうと、こういった人たちの理解力やスキルや能力を見誤ってしまう。

　なかには、わたしから求めるまでもなく、向こうから飛びこんできた情報もありました。過去3年間、フレッド・ヴォルクマー博士やニューイングランドアスペルガー協会からの紹介を受けて、多くの困り切った保護者たちがわたしに電話をしてこられました。その理由は、みなさんは成人アスペルガー者である息子さんをおもちで、その息子さんが児童ポルノ所持のために逮捕されたということだったのです。それぞれ事情はちがっていましたが、共通点も驚くほどありました。20代から30代のこれらの知的な若者は、生涯通じて孤立しており、性的経験もありませんでした。ニックの場合と同様、どのケースにおいても、子どもと不適切な性的接触をもっていたという疑いはありませんでした。保護者のみなさんによれば、息子さんたちには、児童ポルノを閲覧するだけでも法に触れるという認識はなく、罪を犯したという意識もありませんでした。保護者の必死の訴えに耳を傾けるうちに、わたしは非常に悲しい気持ちになると同時に、ニックが特殊なケースではなかったのだという感を強くしました。さらに、法的分野でも調べていくと、連邦裁判所と州裁判所両方において、児童ポルノ所持のかどで訴えられた自閉スペクトラム男性のケースが、多く見つかりました。これらのケースに関する司法心理学的報告書に目を通すと、ニックに関する報告書とよく似ていました。

わたしがお話しさせていただいた保護者のなかには、息子さんがいま服役中であって、刑務所生活に耐えられないようだと話されたかたも数名いらっしゃいました。ある女性は、児童ポルノ所持のために連邦刑務所に収監された甥御さんをおもちでした。その甥御さんは複雑な刑務所生活になじめず、けっきょく独房に収容されてしまい、そこで耐えがたい日々を送ることになってしまいました。クリン博士は手紙（2008年8月4日）のなかで、「この障害をもつ人が刑事施設で生活するとどんなことになるか、率直に言って、考えただけでぞっとする」とお書きになっています。

　デニス・デボー（Dennis Debbaudt）、ゲーリー・メジボフ（Gary Mesibov）博士と元判事のキンバリー・テイラー（Kimberly Taylor）は、「刑事司法制度におけるアスペルガー症候群」という2009年の論文において、次のように述べています。

　　　ASをもつ人たちはしばしば、自分でも気づかないうちに法を犯してしまってトラブルに巻きこまれる。児童ポルノやストーカー（中略）といったような罪は（中略）何らかの制裁に価するというふうに世間で認識されるのは、当然のことである。この認識は（中略）ASをもつ個人の特殊な事情を考慮に入れていない。

　ジョン・エルダー・ロビソンも、先に引用した論文（p.199）のなかで、性犯罪の被告となった自閉症者は、「処罰よりも支援を必要としている。この現実から目を背けることは、私の子ども時代の教師が自閉症者を学校の地下に閉じこめていたのと同じことである」と述べています。

　こうしてわたしが得てきた情報に基づけば、アスペルガー／自閉症関連団体や指導的立場にある医療関係者たちが、刑事司法制度に巻きこまれた自閉症被告に関して深刻な懸念を抱いていることもうなずけます。これらの団体や専門家が懸念しているのは、苛酷な起訴と長期にわたる収監で、自閉スペクトラム特性をもつひとたちが児童ポルノ所持で有罪判決を受けたときにしばしば経験することなのです。

ここではっきりとお断りしておきたいのは、児童ポルノの製作と供与によってその画像が利用された子どもたちに対して、わたしは多大なシンパシーを感じているということです。わたしは、法制度が子どもたちの安全と幸せを約束し保護してくれるものであると信じて疑いません。子どもを食い物にするような成人は、厳罰に処せられるべきです。いかなる状況であっても、子どもを危険な目に遭わせるような輩は刑事司法制度のなかで厳しく起訴されねばなりません。一方で、自閉スペクトラム特性をもつひとがとった行動が明らかにその障害特性にもとづくものであって、他人に危害を加えないようなものであるならば、必要以上の刑を科すべきではないとも考えています。このようなケースでは、収監のような重罪判決を下したり性犯罪者登録の対象としたりするのではなく、人道的見地から、リハビリのための治療および教育計画を立てるほうが好ましいのです。

　ニックがこの罪状で起訴されて以来というもの、刑事司法制度のなかで彼に課せられる厳しい結果から彼を守りたいと思ってきました。この起訴内容ですと、最長10年の実刑判決もありえます。しかしそのようなとんでもないことを考えただけで、言葉にできないような恐怖を感じました。ニックのアパートをFBIが捜索したときの詳しい状況やその後の罪状認否は、彼が記したとおりです。そのどちらについても、（いつもわたしがしてきたように）わが子を守ってあげる術はなく、弁護士を雇うことくらいしかできませんでした。ニックが数学で落第しそうなので家庭教師を雇うとか、いじめに関して学校に苦情を申し入れるとかいうこととは、全然ちがう話だったのです。連邦政府の力というのは、とてつもないものです。恐怖のまっただなかにいるニックを救えなかったのは、わたしにとって、このうえない悲しみと失望でした。

　ニックにとって幸いだったのは、もっとも信頼のおける専門家による診察を受けることの重要性を、弁護士たちが理解してくれていたことでした。彼の障害が刑事司法制度と関わることになってしまった行為とどう関連していたのかということについて、専門家が検察側に説明する必要があったのです。ニックにとって、成人ポルノや児童ポルノを見ることは、だれの目にも触れ

ない安全な状況で自身の性について学ぶ手段だったのです。彼は社会性の障害をもっていたために、直接の人間関係を通してこういう経験を積むことができませんでした。日常的に社会と接触するためには、コンピューターを介するしかなかったのです。コンピューターは、ニックにとって、脳を補助してくれるような存在でした。この点について、クリン博士が詳しく説明されています（2008年8月4日の手紙）:

　　自室においてインターネットで検索するというのは、一応、安全かつ私的な行為である。アスペルガー症候群をもつ人は、社会で孤立していることがほとんどである。彼らが性に興味を抱いた場合、インターネットを通じて自由に手に入る豊富な性的情報に頼ろうとするのは、自然なことだ。当然のことだが、インターネットで入手できる情報には、利用者の注意を引いて関心をもたせるために、未成年に関する違法なものも含まれており、この点が問題になる。

　要するに、ニックが、生活のなかで学べなかったことを、コンピューターを通じて安全に学ぼうとしていたために起訴されてしまったのだということが、クリン博士の説明から明らかです。しかし、ニックほどの教育歴をもつ人物がなぜそこまで世間知らずなのかということを検察官が理解できないということも、うなずけます。高い知的能力をもつ一方で、ここまで社会性が欠けているというのは、さぞかし不可解なことでしょう。発達のばらつき（凸凹）についてしっかりと説明されない限り、検察官や判事は、自閉スペクトラム特性をもつひとたちを理解できないでしょう。
　FBIがニックのアパートを家宅捜索してから児童ポルノ所持容疑で正式に起訴するまでに、26か月を要しています。これだけの長期間を要した理由は、検察側が、ニックのケースには特別な事情があるとみていたからです。すぐに訴訟を開始するよりも、起訴が妥当か否かを判断するために、ニックに関してさまざまな資料を参考にしようとしていたわけです。こういう予備調査は、検察官の自由裁量と呼ばれていて、犯罪の容疑者がすべて例外なく起訴

される必要もないし、そうするべきでもないことを意味しています。ニックの弁護士団は、検察がこの自由裁量を行使して、ニックにダイバージョンプログラムを適用するべきだと確信していました。そうすれば、保護観察期間中に必要なリハビリを受けることができ、期間満了時には犯罪歴も残らないのです。

　ニック自身が述べているように、検察側が選任した2人を含む5人のさまざまな専門家が、彼を診察しました。その専門家たちは、だれにも絶対に知られたくないようなニックの性的な思いについてまで質問し、詳細な情報を得ました。検察側は、この情報に基づいてニックの運命が決まってしまう判断を下したのですから、そのもっとも重要な情報と見解について以下に紹介します。

弁護側専門家

　弁護側が最初に意見を求めた専門家は、ニックが約9年間定期的に面接を受けてきた心理士でした。グリーン先生はたいへん評判のよい臨床心理士で、性の問題がご専門でした。先生の報告書は、以下のように締めくくられていました：

> 　過去9年間にわたってこの若者の生活のようすをつぶさに見聞きしてきた私が誓って言うが、彼は道義的な人物であり、その障害の重さを考慮すれば、まったく潔白である。検察側には、人道的配慮を求めると同時に、重罪判決を下して収監その他の過度の負担を彼に課さないよう、英断を望む。

　ニックは、自閉症スペクトラム障害が専門で司法心理学者として高名なアンドルー・マルツ先生による診察と検査も受けました。先生は、検察側に提出した報告書のなかで、次のように述べていらっしゃいます：

ドゥビン氏が、他者に対して攻撃的行動に及んだことはない。前述の起訴を除けば、法を犯したこともない。氏はむしろ、他者の意図を汲み取れないがゆえにつけこまれやすく、そのため、同年代者たちの攻撃や憂さ晴らしの対象として不当な扱いを受けてきた。

マルツ先生は、膨大な心理検査結果についても、次のように指摘されました：

　彼の人格パターンは、反社会的もしくは精神病質的な人物が示すそれとは一致していない。他者を巧みに操ったり他者につけこんだりして良心の呵責を感じないような人物の特徴も、有してはいない。（中略）ドゥビン氏は子どもたちを性的対象として見てはおらず、この点において、自身の性的関心を不幸にして幼い子どもに向けてしまうような成人とも異なる。彼が、何らかの意図や目的をもって、他者に危害を加えることを計画あるいは実行するということは、ほぼありえない。

　ニックを診察した3人目の専門家は、イェール大学のフレッド・ヴォルクマー先生でした。ヴォルクマー先生は、ニックと面接を行って詳細な病歴を聴取し、過去の記録をすべて検討したうえで、有罪判決は妥当ではないという見解を示されました。先生によると、ニックは平均以上の知能をもってはいても、神経学的障害のために、ソーシャルスキルは非常に遅れていて、生活（適応）スキルも不十分とのことでした。ヴォルクマー先生の報告書のなかに、次のような一文があります。「アスペルガー障害や自閉症をもつ人たちは、対人関係を理解することや、対人関係の中で学んだりコミュニケーションをとったりすることが困難である」。そして先生は、ニックのケースは刑事司法制度のなかで処理されるのではなく、適切な治療の対象とされるべきであると確信されていました。そして、刑事司法よりも心理学的治療の方がふさわしい理由を、次のように説明されました：

この特性をもつ人のほとんどは、加害者というよりは被害者である。い
じめや孤立は珍しくない。時として非常にこだわりの強い収集癖は、慢性
的な不安を覆い隠したり発散したりするための手段となっていることも多
い。（中略）その他の何かに関心を寄せることもあって、それが何か不適
切なものである場合には、法的問題を生じかねない。幸いなことに、この
特性をもつ人は、規範をきっちり示せばそれを守ろうとするものであって、
わかりやすい助言を得られるタイプの心理療法が有効である。ニコラスに
はそのような支援が非常に有用であり、本人も支援を受け入れると思われ
る。

　これら３人のきわめて有能な専門家による膨大な報告書に加え、ニックの
パソコンを調査したFBIの分析結果が、検察側に提出されました。これにも
とづいて検察側は、児童ポルノ所持を認めて保護観察処分を受けるという、
司法取引を提案しました。しかしこの取引に同意してしまうと、重罪犯とし
て生涯消えない烙印を押されると同時に、性犯罪者として登録されてしまう
のでした。ニックの弁護士は、この司法取引は適切でないとみており、ダイ
バージョンを適用して治療の機会を与え、犯罪歴が残らないようにすべきと
いう専門家の勧奨に反すると考えていました。
　司法取引の提案が受け入れられなかった検察側は、今度は、ニックの弁護
士に、アスペルガーと精神障害は何がちがうのかわからないと伝えてきまし
た。グリーン先生とマルツ先生は補足的な報告書を用意してくださり、その
なかで、アスペルガーは精神障害とちがって生来性かつ広汎性の神経学的発
達障害であるということと、知的発達と、情緒的、社会的、性的発達とのあ
いだに、成長とともに広がるギャップを生じるものであるということを、わ
かりやすく説明されました。さらに、自閉スペクトラム特性をもっていると
いうことが、ニックの社会性の発達や性的発達にどのように影響したかを、
詳しく述べてくださいました。こうして検察側に提出された補足的報告書の
内容に、異議が唱えられることはありませんでした。それでもなお検察側は、
司法取引の提案を変更することなく、重罪犯で登録性犯罪者であるというレ

ッテルをニックが受け入れることを要求したのでした。

検察側専門家

　ニックの弁護団は、ニックを診察した専門家とその見解・勧奨の誠実さと
信頼性に関して、揺るぎない自信をもっていました。しかし、弁護団が検察
側に対して、検察側の専門家が報告書に目を通したかと尋ねると、それはま
だだという回答でした。そこで弁護団は、これまでに提出した報告書を、選
任専門家に精査してもらうよう求めました。その1か月後、検察側から弁護
団に連絡が入り、ワシントンD.C.のFBI本部であるJ・エドガー・フー
バー・ビルディングに自閉症スペクトラム障害を専門とするFBI神経心理学
者がいるので、ニックがそこに出向いて診察を受けるようにとのことでした。
ニックの説明にもあったように、この神経心理学者は、被害者支援プログラ
ム責任者としてFBIに勤務していました。言い換えると、この人物は、児童
ポルノ被害に遭った子どもたちを支援するプログラムの責任者だったのです。
当時検察側がニックの弁護団に伝えたところでは、この診察結果が、彼らが
ニックの処遇を決定するために必要な最後の情報になるとのことでした。
　弁護団は、この指示は検察側がニックのケースの特殊性を理解しようとし
ている姿勢の表れであるとみて、前向きに受け止めました。そしてけっきょ
く、その1か月後にニックはわたしとともにワシントンD.C.に赴き、4時間
にも及ぶ集中的な診察を受けたのです。FBI神経心理学者は、診察まえに、
過去の記録にもすべて目を通していました。そして診察の終わりに、検察側
から要請があれば、診察結果についての報告書を提出することになり、検察
当局と裁判長がそれを参考に判断を下すことになると、ニックとわたしに伝
えました。
　その後は、不安と戦いながら毎日過ごしましたが、4か月経っても何の連
絡もなかったため、ニックの弁護団はとうとう、検察側に電話を入れること
にしました。検察側が弁護団に伝えたところによると、FBI神経心理学者は
基本的に弁護側専門家の見解や検査結果と同意見であって、処遇についても、

犯罪者として起訴するのではなくダイバージョンを適用するべきであり、そうすることによって重罪犯と登録犯罪者のレッテルを回避することが妥当である、という考えでした。これは良い知らせのように思えましたが、それでも検察側は、起訴を取り下げませんでした。わたしたち家族にとって、大ショックであったのはもちろんです。検察側は自分たちが選任した専門家の見解に耳を貸さなかったのみならず、その専門家からの報告を文書として要請することすらしなかったのです。であれば、そもそも、ニックはなぜワシントンD.C.まで行く必要があったのかと首をひねらずにはおれませんでした。

　ニックの弁護団は、懸念を拭うために、事件を手がけている検事を飛び越してその上司、すなわち連邦検事正に直接上訴することにしました。そして、連邦検事正、刑事部長、ニックの事件の担当検事との会議が設定されました。この会議で弁護団が訴えたのは、政府選任専門家も含めて、すべての専門家の意見は一致しており、ニックにとって適切な判決はダイバージョンであるということでした。連邦検事正は、この事件をさらに吟味することに応じました。ニックの弁護団はこれに希望をつなぎました。同じ日の後刻、検察から弁護団に連絡が入り、今度は連邦検事正が、さらに別の専門家の診察を要求しているとのことでした。

　ニックが、あの集中的な診察を、しかもFBIでの診察からまだ間もないのに、また耐え忍ばなければいけないとは、なんとも理不尽に思えました。最初検察側は、この次の診察者は自閉症スペクトラム障害に精通しているので、公平な結果が期待できる、と弁護団に告げました。これを聞いた弁護団は、検察側は誠意をもって応じようとしていると感じ、安堵しました。しかしその後すぐに検察側は要求を翻し、自閉症スペクトラム障害専門家ではないある特定の司法心理学者の診察を受けるようにと指定してきたのです。この司法心理学者は名の通った人物で、話題性のある事件をしばしば担当していました。苦悩のなかさらに待たされたあげく、検察側がやっと診察日を設定したのは4か月後でした。

　診察には6時間以上要し、追加の心理検査も行われました。その1か月後、司法心理学者の報告書がニックの弁護団に直接送付されました。報告書によ

ると、ニックの人格検査の結果は以下の通りでした：

　　どの検査結果を見ても、反社会的性向や反社会的行為の可能性は低く、
　社会規範に反するもしくは他者の権利を侵害する傾向も見られず、衝動制
　御を失いがちな徴候もない。（中略）問題となっている行為、すなわち児
　童ポルノ閲覧に関与したのは、ドゥビン氏の発達の問題とその結果生じた
　障害であると思われる。

　この司法心理学者の報告書は、検察側に対する、重要な助言で締めくくら
れていました：

　　実際、［ニックが］性犯罪に手を染めるリスクを抱えていると結論づけ
　ることの根拠はないと思われる。（中略）ドゥビン氏が起訴されている行
　為は（中略）いずれにしても、性犯罪ではない。（中略）ドゥビン氏はこれ
　まで多くの苦難に直面しながら生活を送り、社会生活においても私生活に
　おいても苦労を重ねたうえ、発達障害のために生じた不安症や抑うつに苦
　しめられてきた。彼はこれまでに、失敗や過ちを犯さなかったわけではな
　いが、自身の至らない部分を改善して、与えられた支援や前進の機会を受
　け入れる心構えがあると思われる。これらすべての観点から、彼に新たな
　制約を加えることは妥当でないと考えられ、特に、社会的支援と社会的学
　習の機会が制限されるような状況は避けるほうが好ましい。彼の前途は、
　すでに十分多難である。

　司法心理学者が依頼主である検察側に対して助言したのは、ニックに「新
たな制約」を課すべきではないということでした。検察側は、他の専門家の
ときと同じく、このときも助言に耳を貸さなかったのです。そして再び、重
犯罪者で登録性犯罪者になることを認める司法取引にニックが応じるよう主
張したのでした。政府が依頼した司法心理学者がそうするべきでないと考え
ていたということは、明らかのように思えました。

けっきょくのところ、検察側は、詳細な診察を2回もニックに受けさせた
あげく、自分たちが依頼した専門家の勧奨を受け入れなかったということに
なるわけです。ニックに残された唯一の選択肢は、裁判に臨むということで
した。しかし、2年半にわたって味わわされた厳しいストレスと不安に加え、
健康状態も思わしくなかったため、ニックはすっかり憔悴しきっていました。
裁判のような、先行き不透明の苛酷な状況を乗り切るには、情緒的安定も身
体的スタミナもなくなってしまっていました。彼の運命は、もはや避けよう
のないものになっていました。重犯罪者・登録性犯罪者という烙印を受け入
れるしかなかったのです。

政府の判決意見書

連邦裁判所では、被告に判決が言い渡されるまえに検察側が意見書を用意
して、事件について判事に情報提供を行うことになっています。その意見書
のなかで、検察側はニックについて以下のように書いていました：

> 病歴を見ると、アスペルガー症候群と直接関連した困難さや不幸な苦境
> に満ちている。（中略）常に不安や抑うつと戦い続けているが、こういっ
> た症状は、アスペルガー症候群によく見られるものである。（中略）社会
> 性に関しても重大な障害を抱えているがために、親密な対人関係をほとん
> どもてていないが、これも、自閉症という障害の根本的な問題である。

意見書の中では、ニックの知的能力と社会性発達とのギャップにも触れら
れています：

> 学業成績や職業的成果という点では優秀であるにもかかわらず、被告は
> 両親に依存しており、適応能力という観点から見ると、その社会性の発達
> や情緒的発達は小児レベルである。（中略）複雑でかつ安心感をもてない
> ような現実の人間関係に悩まされることなく（中略）性について学ぶため

には、ニックのような人物にとって、コンピューターに頼らざるをえない。

　加えて、必要な治療的援助を自ら受けようとするニックのまじめさも、検察側は評価していました。

　　被告は、アスペルガー症候群のための治療に定期的に通い、自身の問題
　　点に真摯に向きあおうとしてきたようである。被告には前科はなく、攻撃
　　的言動や暴力の既往もない。（中略）被告は、予審で課された以上の自助
　　努力も重ねてきた。政府としては、被告の逮捕後の言動が法を遵守したも
　　のであることを評価する。

　検察側がニックに関して述べている見解においては、診察を行った専門家の所見が採用されています。つまり、平均以上の知的能力を有すること、適応能力は平均以下であること、法を遵守すること、犯罪歴はないこと、攻撃的言動の既往はないこと、性的加害者ではないこと、リハビリに向けて努力していること、などです。検察側が、これらの所見を採用しながらも、児童ポルノ所持に関してニックを有罪とすべきでないという専門家の勧奨を受け入れず、まったく異なる結論を下してしまったことは、きわめて遺憾です。
　判決を下した連邦判事は、ニックに再犯の可能性はないと確信していたことが、記録に残っています。判事はさらに、ニックのこれまでの職歴は、「すばらしい」とまで述べています。

わたしたちの生活への影響

　ニックに有罪判決が下されて登録性犯罪者となってしまったことは、わたしたち家族を打ちのめしました。FBIがニックのアパートを家宅捜索して以来、刑事裁判の期間を通じて、ニックは心に深い傷を負い、わたしたちの生活は一変してしまいました。ニックの逮捕以来、わたしは毎日何時間も彼のうつ状態と向きあい、暗澹たる胸中について話しあい、暗闇のように感じら

れる将来に光明を見出そうとしてきました。これほどまでに孤独で恐ろしい体験は、他に類を見ないでしょう。

ひとびとの人生を左右するほどの権限をもっている連邦検察官は、一般市民を保護し、同時に、すでに困難に満ちているニックの生活に不必要でしかもほとんど耐えられないような制約を課すことを避けることによって、正義を貫くこともできたはずです。彼らが下した決断はわたしたち家族に多大な苦しみをもたらし、計り知れない心理的ダメージを与えました。

保護者・精神医療従事者・被告側弁護士・検察官・判事への助言

本書のなかで、他の著者たちは、さまざまなかたたちへの助言を記しています。重複する部分もあるかもしれませんが、念には念を入れて、弁護士でありかつニックの父親であるという立場からお示しできる助言を述べることにします。以下の文章をお読みくださる際には、わたしが置かれているこのユニークな立場から書かれたものであるということを念頭に置いてください。

保護者のかたへ

自閉スペクトラム特性をもつわが子を育てるには、献身的な愛情が必要です。多くの難題を乗り越えてゆかねばなりません。子どもが直面する課題には、対人関係の問題や感覚的な問題や会話や言語の問題などがありますが、これらの問題に対処するために手をさしのべつつ、同時に、必要な支援を探し当てて利用していく、そういう保護者のかたたちには、ほんとうに頭が下がります。献身的なご家族に敬意を払いながらも、わたしたち家族の苦しみのなかで得られた教訓を以下にご紹介します。

・あなたのお子さんにも性的な面があるということを、まず認識するべきです。わが子の性的な面に目を向けるのは容易なことではありませんが、避けて通るわけにはゆかず、必要なら専門家の援助を仰ぎましょう。最近の研究では、自閉スペクトラム特性をもつひとたちの性的発達をめぐっては、

さまざまな問題が生じうることが示されています。

・ある種の行動は犯罪となり、場合によっては収監もありうるということを、お子さんにはっきり伝えましょう。どういう行動かというと、インターネットでの児童ポルノ閲覧・ストーカー行為・痴漢行為・公衆の面前でのかんしゃく・わいせつ物陳列などです。自閉スペクトラム特性をもつひとが、故意でなくてもこのような犯罪行為に及んで起訴された場合、厳しい懲罰を受けることになるかもしれないということを、お子さんも知っておかねばなりません。違法な目的のためにパソコンを使えないように、制限をかけておくことも有用です。

・ニックの事件は、合衆国連邦法のもとで裁かれました。児童ポルノ所持はほとんどの国で違法とされていますが、犯罪構成要件・想定される抗弁・下しうる実刑判決などは一様ではありません。保護者は、居住国における児童ポルノ関連法について、知っておく必要があります（訳注：日本では児童ポルノの所持・提供・陳列・製造・運搬・輸出入が禁止されている）。

・万が一犯罪行為に及んで警察沙汰になってしまった場合、おとなしく指示に従い、弁護士を要請してそれ以上は何も語ってはならないということを、お子さんにも知らせておきましょう。自閉スペクトラム特性をもつひとというのは、世間知らずで他人をすぐに信用してしまうところがあり、取り入ろうとしてしまうことも多いので、弁護士があいだに入らないままに警官の尋問を受けて不利になってしまうことがあります。警官が、事実とちがうことを突きつけて自白を引き出し、それを起訴の際に利用するのは、合法なのです。事実と異なる自白をしてしまう可能性もあります。法執行機関職員に対して何らかの申立をする場合には、自閉スペクトラム特性をもつひとの代理人となりうる弁護士を立てることが常に必要です。

精神医療従事者のかたへ

　自閉スペクトラム特性をもつひとたちのニーズはある意味特殊なので、非常に経験を積んだ治療者にとっても、わかりづらかったりなじみがなかったりすることがあります。そこで、自閉症スペクトラム障害、その性的発達と社会性の発達、そして適切な支援方法について自ら学ぶことが、治療者としての責任ある姿勢ということになります。クリン博士は次のように述べていらっしゃいます（2008年8月4日の手紙）：

　　　アスペルガー症候群をもつ人のためには、行動的な介入が有効である。たとえば、明確な指示を与える、わかりやすいルールを設定する、そしてそのルールの意義を説明するといったことである。（中略）こういった介入は経験を積んだ精神医療従事者が行うことができ、性的な側面への介入に関しても、特別なカリキュラムが存在する。（中略）行動をよくチェックして、指示に従えているかどうかを確認し、しっかりと状況を把握できている場合には、肯定的なフィードバックを与える。

　自閉症スペクトラム障害をもつクライエントと接する際には、治療者は、性的な問題を定期的に取りあげてゆくことが重要です。そして、児童ポルノ製作過程で子どもが被った被害も含め、児童ポルノ閲覧をしてはならない理由を繰り返し説明しなければなりません。クリン博士は、次のように説明されています（2008年8月4日の手紙）：

　　　アスペルガー症候群をもつ人は、その障害ゆえに、児童ポルノを利用することと児童虐待に加担することとを結びつけて考えることができない。他者の感情を読み取ったり非言語的コミュニケーションを理解したりすることが困難であるため、アスペルガー症候群をもつ人は、画像に写っている子どもの表情から、恐怖・不安・苦悩といった感情をなかなか読みとることができず、ときにはまったく気づかない。（中略）自閉症スペクトラム障害をもつ人には、ほとんどの人が容易に読みとって直ちに応じること

ができるような非言語的コミュニケーションが伝わらないのである。

　これは、「精神盲」と呼ばれるもので、アトウッド先生が担当された第2章のなかで「心の理論の障害」と紹介されているものに相当します。知能と対人理解になぜギャップが生じるのかが、これで理解できます。

　自閉症スペクトラム障害をもつひとが児童ポルノを見てしまうのを回避するためには、児童ポルノをダウンロードしたひとの行動をFBIは逐一チェックしているということ、そしてその結果、FBIの手入れを受けて逮捕されることもありうるということを、治療者がはっきりと説明せねばなりません。そして、逮捕されるとどんな状況になるのかという法的制約についても、詳しく伝えねばなりません。たとえば、監視装置を装着させられること、警官が予告なく家庭訪問すること、刑務所行きの可能性もあること、有罪判決を受けた重犯罪人として登録性犯罪者となってしまうことなどです。さらに治療者は、自閉症スペクトラム障害患者が直面するさまざまな生活上の困難にまぎれて、性的問題をおざなりにしてはなりません。

　学究的立場にある心理学者は、高等教育課程において、自閉症スペクトラム障害に関する専門知識と技能を性の問題と結びつけるようなプログラムを確立する必要があります。この両分野に精通した専門家を見つけるのは、容易ではありません。しかし、自閉スペクトラム特性をもつひとの治療を適切に進めるためには、治療者は、どちらについても十分な知識をもっておかねばならないのです。

被告側弁護士のかたへ

　疾病対策予防センターの統計によると、少年男子の42人に1人が自閉スペクトラムの診断を受けている（訳注：最新データについては268ページ参照）ということですが、刑事司法制度に携わるひとはこの事実を知っておくことが重要です（Centers for Disease Control and Prevention, 2014; Falco, 2014）。この第4章でお示しした情報にもとづけば、自閉スペクトラム特性をもつひとが刑事司法制度との関わりをもつことになる確率は高いと思われます。自閉特

性をもつ被告を弁護するにあたって、被告側弁護士が理解せねばならない問題は数多くあります。ニックの弁護団が自閉症について十分な情報収集を行い、その特性とそこから生じるさまざまな事象とがいかにして起訴事実に結びついてしまったかに目を向けてくださったことは、彼にとって幸いでした。自閉症と起訴事実との関連を理解しようとする弁護士なしでは、ニックはおそらく刑務所行きになっていたでしょう。わたしは、彼が収監されなかったことに、心から感謝しています。わたしは自分の息子のことも障害のことも十分知り尽くしているので、彼が収監に耐えることができたとは思えないのです。自閉症と責任能力との関係については、国内で、多くの法律的疑義が提示されています。こうした最前線の問題についての理解を深め、通り一遍のやりかたで事件を片づけてしまわないことは、非常に重要です。

　被告側弁護士にもうひとつ理解していただきたいのは、自閉スペクトラム特性をもつひとが起訴された場合、不安症や抑うつの傾向が強いので、思いやりをもって接していただきたいということです。自閉特性をもつひとにとっては、特に今回の司法プロセスほどの先行きの読めなさは耐えがたいものなので、そういう被告の心情について、弁護士にもご理解いただきたいと思います。

検察官のかたへ

　50年近く弁護士として働くなかで目にしてきたのは、長年検察官として勤務していると、起訴されたひとはすべて危険な犯罪者で有罪判決に値し何らの情状酌量も必要ないと感じるようになってしまうということでした。こうなると、検察官の自由裁量の行使のために人道的配慮を視野に入れる余地もなくなってしまいます。人道的配慮のない法律は、残酷です。法的枠組みのない人道的配慮は、危険です。検察官のかたにお願いしたいのは、ご自分のもつ強大な権力に常に歯止めをかけながら、自閉スペクトラム特性をもつひとが起訴された場合、慎重かつ賢明な判断を下していただきたいということです。人道的立場に立つことによってよりよい判断を下せることもあるし、もっとも緻密な洞察力を駆使して公正を貫くこともできるのです。適正な検

察業務によって、自閉スペクトラム特性をもつひとに犯罪者の烙印を押すことなく、その更正に手を貸すこともできるのです。重罪判決を下すことが、常に公正なわけではありません。クリン博士（2008年8月4日の手紙）は以下のように述べていらっしゃいます：

　　刑事司法制度においては、成人はそれなりの社会常識と善悪判断能力を有しているという前提のもとに、言動が解釈される。しかるに、アスペルガー症候群をもつ人のこういった判断能力は、極めて限定的である。アスペルガー症候群をもつ人に価値判断基準がないと言っているのではない。そうではなく、発達障害のために、わかりやすい指導と明確なルールを示されなければこういったことを十分理解できないのである。

　わたしは、以下に掲げるクリン博士の手紙の抜粋を、検察官のかたに是非読んでいただきたいと思っています。これは、アスペルガー症候群の当事者とその家族が直面している「公共政策の危機」について、イェール大学小児研究センターの同僚に宛てたものです。このなかには、児童ポルノ事件に巻きこまれたアスペルガー症候群被告を起訴する検事にとって役に立つ、明確な視点と的確な助言が盛られています（2008年8月22日の手紙）。

　　児童ポルノ事件の起訴は、司法省にとっても州検事にとっても、最優先事項である。州法及び連邦法は、元来、児童ポルノの製作及び供与を対象としていたが、これは、こういう目的のために性的児童虐待が横行していたからである。法律は児童ポルノ購入も罰則の対象としたが、これは、経済的利益を求めて児童ポルノ製作が行われるのを危惧してのことである。しかしながら近年、インターネットを通じて無料の児童ポルノを入手したりインターネット上で閲覧したりするだけでも、起訴されるようになっている。
　　こうした捜査網拡大の背後にあるのは、このようなものに興味を抱く輩は小児性愛者であって、子どもたちにとって脅威になりうるという理屈づ

けである。実際、このように危険視する考えかたはきわめて根強く、児童ポルノ事件起訴においては、真に危険な小児性愛者と、そうでない者、つまり、子どもとの不適切な接触には何ら関心がない者との区別はない。被疑者が子どもたちの脅威にはならないと主張しても、児童ポルノ所持事件においては弁護にならないのである。（中略）

　その結果、われわれの知るかぎり、この種の事件において起訴猶予にもちこむのは、きわめて困難である。検察官は、被疑者が子どもたちに危害を加えるかもしれないという、ほんのわずかの可能性をも見つけ出そうとする。「児童ポルノ業者」は厳しく処分するという強い政治的圧力も加わり、厳罰主義はとどまるところを知らない。

　多くの人と同様、検察官も、社会常識と善悪の判断という見地から、なにがしかの言動について判断を下す。被告が何らかの障害をもっていることも珍しくないのだが、そういう場合も、検察官は、被疑者の苦しみは同情に値すると見る一方で、過失責任は免れないと考えるものである。こと児童ポルノ事件に関して、アスペルガー症候群の特性を検察官が理解しがたいのは、危険性の推定と相容れないからである。知的には問題ないとされる容疑者が、社会的にあまりにも未熟で、法律が規定するような社会的タブーや規律を把握することができないという現実を、どうしても理解できないのである。

　被疑者であるアスペルガー患者自身は多くの意味で子どものような存在であって、子どもの性的映像に興味を示したからといってそれは多くの人がすぐに思い浮かべるような動機からではない（ここで、多くの意味で子どものようだと述べているのは、文化的な社会常識、すなわち、暗黙の慣習と規則を理解できず、社会的判断力も限られているという点である）。だが、児童ポルノ所持者を子どもの加害者として文字通り極悪人扱いしてしまうと、この事実を受け入れがたくなってしまう。アスペルガー患者に必要なのは、曖昧さを一切排して断言的に、これこれの行動は許容されないものであるということを非常に具体的に教えられることなのだが、そのことを検察官はなかなか呑みこめない。（中略）

アスペルガー患者が巻きこまれる事件の結末は、概して悲劇的である。（中略）刑期を終えた後は、性犯罪者として登録される。学校・遊び場・保育所等の近辺に居住することは許されない。しかし、多くのアスペルガー患者は同居家族が必要なので、家族の家が禁止区域にある場合には、極めてむずかしい状況になる。

　これらの制裁はいずれも、定型発達者にとってすら十分つらいものである。アスペルガー症候群をもつ者にとってみれば、ふつうの生活を営むだけでもたいへんなうえに、これらの制約を受けることになるのである。

　連邦検事と州検事には、「起訴猶予（＝ダイバージョン）」の選択権もある。これは、逮捕前であれ逮捕後であれ、ある一定期間（通常18か月間）一定の条件に従うことに容疑者が同意すれば、その満了時に不起訴となるものである。この選択をすれば、容疑者が適切な治療を受けることと子どもたちに危害を加えないことを確認したうえで、不起訴とできるのである。われわれは、司法省と州検事とが、事件によっては起訴猶予という方策を積極的に検討することを希望する。

判事のかたへ

　判事にも、慎重かつ賢明な判断が求められます。彼らは、裁かれるひとの人生に多大な影響を与えかねない権限を手中にしているのです。自閉スペクトラム特性をもつひとのなかには、何の危害も加えないのに長年にわたって収監され、しかも、刑期を終えると性犯罪者として登録されてしまうひともいます。自閉スペクトラム特性をもつひとを害がないのに刑務所に送ってしまうのは、この処罰が当事者と家族の障害に及ぼす甚大な影響を検察官と判事が理解していないからです。

　ニックを裁いた連邦判事は、判決の際、予審報告書を読んで新たなことを学んだと言われました。それは、アスペルガーは神経学的疾患であって精神疾患ではないということだったのです。この判事は、自閉症スペクトラム障害について学ぼうとする意志を示されました。すべての判事がそのようであればよいのに、と願わずにはおれません。

法体系改革の嘆願

　ニューヨーク州バッファロー市の弁護士、マーク・マホーニー（Mark Mahoney）は、児童ポルノ事件においてアスペルガー症候群被告の弁護を担当した経験が数回あり、『アスペルガー症候群と刑法——児童ポルノに関する特殊例』という本を2009年に執筆しました。これはインターネットで入手できます。徹底した調査をもとに書かれたこの本の、結論は以下のとおりです：

　　悲劇には、希望がつきものである。アスペルガー症候群の当事者と家族は、「正常な」生活を手に入れたいと切望するが、その夢は、儚く、遠い。ある意味では、これは障害そのものに起因する困難さというよりは、周囲の誤解のためである。周囲の人たちは、どう見ても知能は正常な人が、自身の奇妙な行動あるいは常軌を逸した行動に気づかないのかを理解できない。アスペルガー症候群の当事者がパソコンやインターネットの世界を熟知していて、しかもその世界では何の不安も脅威も感じずに過ごせるがために、また、法律的なタブーに関して無頓着であるがために、児童ポルノに足を踏み入れてしまうというのは、この上ない悲劇としか言いようがない。彼は、その障害のために市場戦略の格好のカモになると同時に、パソコンが実はプライベート空間ではないという事実を知らないので、容易に摘発されてしまう。そして待っているのは、有罪判決と、人生を文字通り棒に振ってしまうような過酷な市民的権利剥奪である。
　　児童ポルノ所持に限らず、人が自分の過ちについて「言い訳をする」というのは、検察官や判事にしてみれば「何度も経験済みで珍しくもない」ことであるが、アスペルガー症候群独特の顕著な特性が、児童ポルノをめぐる集団ヒステリーや感傷や熱情を背景として「パーフェクトストーム」（訳注：さまざまな不幸に見舞われる壊滅的な状態のこと。映画のタイトルに由来する）を作り出してしまい、アスペルガー症候群当事者とその家族を

翻弄する。このユニークな診断名に関するかぎり、検察と法廷には、危険犯罪者か否かの判別、および、違法サイトに意図してアクセスしたのか無知のためにそうなってしまっただけなのかの判別が求められる。一般論で言えば、アスペルガー症候群当事者を起訴するべきではない。そうする必要は、皆無である。万が一起訴に至ったとしても、収監は何としても回避するべきであり、アスペルガー症候群に合致した治療を受けさせるべきである。

　このような「パーフェクトストーム」を回避して当事者たちに希望をもたらすために、この分野の「専門家」や支援者は、国会議員・検察官・判事に対して情報提供を行い、悲劇に終わりがちなこういった状況において賢明な判断が下されるよう努力されたい。

おわりに——前途

　連邦裁判所での判決が下されるときにニックのそばに立っているというのは、わたしにとって、これ以上ないくらい苦しい瞬間でした。廷吏が「アメリカ合衆国対ニコラス・ドゥビン」と宣言したときに、わたしの心臓は止まりそうでした。そのとき、内心こう思っていました。「*合衆国政府がニックを重罪性犯罪者と正式に認定するなどということはとうてい受け入れないし、きっぱりと拒否してやる*」と。

　ニックがいままでの人生のなかでだれかに誤解されたときにわたしがいつもしていたように、このときも、ひとがニックの人格を勝手に決めつけるようなことを許してはいけない、と彼にしっかりと伝えました。自閉スペクトラム特性をもつお子さんの保護者すべてには、この大切なメッセージをお子さんへしっかり伝えていただきたいと望んでいます。ほかのひとに決めつけられるようなことを許してはいけません。ニックには、ふさわしくない烙印が押されてしまいました。いまとなっては、わたしの長期目標は、ニックが自信を取り戻せること、この重要な問題について一般市民の意識が向上すること、そして、法制度の改善に向けて働きかけることです。

参考文献

Carley, M.J., Gerhardt, P., Jekel, D., Klin, A., Moreno, S., Rosenwald L., Schissel, P., Sherry, L., and Volkmar, F.（2008）*Principles for Prosecutors Considering Child Pornography Charges Against Persons with Asperger's Syndrome.* www.harringtonmahoney. com/documents/Principles%20for%20Prosecutors%20-%209-14-08.pdf. 2014年3月8日閲覧．現在このアドレスでの閲覧は不可．

Centers for Disease Control and Prevention（2014）"CDC estimates 1 in 68 children has been identified with autism spectrum disorder." *Centers for Disease Control and Prevention*, March 27. www.cdc.gov/media/releases/2014/p0327-autism-spectrum-disorder.html. 2014年5月13日閲覧．

Debbaudt, D., Mesibov, G. and Taylor, K.（2009）*Asperger Syndrome in the Criminal Justice System.* Watertown, MA: modified and reformatted for an AS population by Nomi Kain. www.aane.org/asperger_resources/articles/miscellaneous/as_in_the_criminal_justice_system.html. 2014年5月13日閲覧．現在は https://www.aane.org/asperger-syndrome-criminal-justice-system/ で閲覧可．

Falcor, M.（2014）"Autism rates now 1 in 68 children: CDC." CNN, March 28. http://edition.cnn.com/2014/03/27/health/cdc-autism. 2014年5月13日閲覧．

Fenclau, E., Huang, A., Hughes, T., Lehman, C., Marshall, S., Paserba, D., Sutton, L., Talkington, V., Taormina, R. and Walters, J.（2012）"Identifying individuals with autism in a state facility for adolescents adjudicated as sexual offenders: a pilot study." *Focus on Autism and Other Developmental Disabilities 28(3)*: 1-9.

Gougeon, N.（2010）"Sexuality and autism: a critical review of small selected literature using a social-relational model of disability." *American Journal of Sexuality Education 5(4)*: 328-361.

Klin, A.（2008）Letter to United States District Judge, the Hon. Richard Bennett et al. *Sentencing Recommendation of a Defendant on the Autism Spectrum for Possession of Internet Child Pornography*, August 4.

Klin, A.（2008）Letter from Dr Klin to Autism Organizations and Colleagues, August 22.

Mahoney, M.（2009）*Asperger's Syndrome and Criminal Law: The Special Case of Child Pornography.* https://www.harringtonmahoney.com/content/Publications/AspergersSyndromeandtheCriminalLawv26.pdf

Parker, M.（2008）"Autism Principles for Prosecutions." In University of North Carolina School of Government（2008）*Joint Study Committee on Autism Spectrum Disorders and Public Safety.* Chapel Hill, NC: University of North Carolina School of Government.

Robison, J.E.（2013）"Autism and porn: a problem no one talks about." *Psychology Today*, August 6.

Solomon, A.（2012）*Far From the Trees: Parents, Children and the Search For Identity.* New York, NY: Scribner, A Division of Simon and Schuster, Inc.

第 5 章

性教育と介入　　イザベル・エノー

1. 序 論

　ここ数年のあいだに、アスペルガー症候群（AS）をもつ多くのひとが、性行動に関連して法的問題に巻きこまれており、ニック・ドゥビンの事例は決してひとごとではない。それ以外にも、何らかの形でトラブルや法的問題に巻きこまれるアスペルガー成人がいる。こと性的な問題となると、不安・否定的偏見・支援の欠如などのために社会的孤立がいっそう深まり、こういったひとたちが濡れ衣を着せられる結果になりがちである。

　私は、ニック・ドゥビンの事例について知り、彼の本に寄稿させていただけることを大変うれしく感じた。私は心理士として、ASをもつ青年や成人に会っているが、対人関係のむずかしさを経験するなかで、性についての関心がそれに絡んでいる場合も多い。そういうひとたちのほとんどは、仲間集団からの社会的孤立や拒絶を日常的に体験していて、性的な知識を得る機会がまったくない。

　ASをもつひとというのは、本質的に、性的知識や性的体験に関してはうぶである。このうぶさゆえに、つけこまれたり、性的虐待被害者になったり、性的逸脱行動に及んでしまったりするリスクが高い。こうした悲しい結果を防ぐひとつの方法が、きちんとした性教育である。家族や専門家が過保護にしてしまうと、知っておくべきことと実際に知っていることとのギャップが開いてしまうこともある。したがって、解決法として適切なのは、予防的教育ということになる。こうして安定した環境で学ぶことによって、経験を積んで自立への道を歩むことができる。カリキュラムの一環として組みこまれた性教育を受ける機会が、自閉スペクトラム特性をもつすべての者に与えられるべきである。その中で、多くの概念に触れて理解を深める必要がある。例を挙げると、対人関係の暗黙のルール・適切なふるまいと不適切なふるま

い・心の理論・双方の合意・違法行為とその処罰・からだの部分・個人衛生・自尊心・親密さ・恋愛関係を深める段階・感情表現・コミュニケーション・良好な恋愛関係についてなどである。

　このセクションではまず、不適切な性的行為や違法性的行為に関与する要因を紹介する。それに続いて、健全な性についての予防と教育に関して述べる。ASをもつひとのために考案され適用されてきた多くの方法論やプログラムによって、性教育を施して違法性的行為や性的逸脱行動を予防することができている。たくさんのAS青年やAS成人が、性的発達についての知識を得ることによって、自信をもって対人場面に臨むことができるようになり、ひいては、うまく社会適応できるようになるのである。

　このセクションの最後に付した付録には、性教育ガイドラインの一例を示した。AS児・者を支援してサービスを提供するグループホームや施設などの職員に、利用していただけることと思う。

２．性的発達に関与する要因

　ここ数年のあいだに、自閉症スペクトラム障害（ASD）やアスペルガー症候群と診断されたひとたちの性的発達には特に注意すべき点があるということを指摘する研究者が増えてきている。そして、いろいろな介入法、治療ツール、これらのひとたちの特性を見据えた社会的性教育プログラムが提案されるようになった。AS児・者の複雑な性的発達を理解するには、いくつかの特徴的な要因を考慮に入れる必要がある（Griffiths, Quinsey and Hingsburger, 1989）。適切な性的生活を送って満足感を得ることは、健全な発育の重要な要素であり、また、生活の質（クオリティ・オブ・ライフ）のよい指標ともなる（Hollomotz, 2011）。自閉症とダウン症候群における性的行動の特徴に関する最近の研究報告によると、AS青年は定型発達青年ほどには性教育を受けていない一方で、性的逸脱行動に及ぶことはより多く、良好な対人関係ももちにくい（Ginevra, Nota and Stokes, 2016）。これらの若者は、こういう傾向のために社会的に孤立しがちであり、つけこまれやすくなってしまうことは想像に難くない。

　ASをもつ若者には性的な側面などないかのように受け取られがちであり、それはあたかも、ASと性的生活が両立しえないかのようである。そのため、残念なことに、家族や友人までもがこれらの若者の性的発達に目をつぶってしまうこともあり、彼らのための対人ネットワークが機能しなくなる。このことから、次のような重要な問題が提起されることになる。すなわち、これらの若者は、その性的体験（もしくはその欠如）と性的感情について、だれと分かちあえばよいのかという問題である。友人や家族すらも性について話題にすることを避けてしまえば、これらの若者は、その後、性が絡むような対人関係を回避するようになってしまうかもしれないのだ。同様に、性にま

230

つわる感情も複雑なものになってしまう。というのは、虐待されかねないような状況や関係を避けるように何度も何度も忠告されることがあるが、そうすると、恐怖心や不安感が過度にあおられてしまって、自身の性について学ぼうとする欲求や姿勢が阻まれてしまう。

性別隔離

　グループホームその他の諸活動において男女を隔離することにも問題がある。というのは、異性との接触の機会が不十分な場合（またはまったくない場合）、同性愛的もしくは自体愛的行為（＝自慰）が助長されることがあるからである。性別によって隔離するのではなくてむしろいっしょに過ごす機会が与えられれば、自閉症者の性的行動は、一般のそれにより近くなるだろう。

生活環境の質

　施設などにおいては、微妙な話題を率直にかつ自由に話しあう機会は得られないことが多く、こと性に関しては、職員によって制限が加えられることすらある。正式にルールを定めることが好ましいが、何も正式でなくとも、何らかのルールは必要である。もしあらかじめルールが定められていなければ、あるふるまいが許容されるものであるか否かをいったいだれが判断するのだろうか？ 自閉症をもつひとたちに向けられるさまざまなメッセージは、一貫性を欠く矛盾したものになっていないだろうか？ 施設やグループホームにおける性的ふるまいに関しては、明確な基準がないように思われる。罰が加えられてしまうことも珍しくないが、それだけでは、より責任あるふるまいかたを学ぶ機会を得られない。ASをもつひとを支援するチームは、責任あるふるまいが求められるような環境作りをするべきであり、そのためには、性的虐待を予防し、性教育を積極的に行い、利用者同士の性的関係について把握する必要がある（Griffiths et al., 2002）。こういった環境における、性に関するガイドラインの一例を、付録に挙げた（Taillefer et al., 2013）。

親密さ

　親密な関係を定義すると、情緒的理由のためであれ性的理由のためであれ、特定の相手とふたりきりで過ごすということである。親密さは人間関係の礎となる経験で、人間関係レベル、情緒的関係レベル、性的関係レベルで見てゆくことができる。ASをもつひとたちにとって親密な間柄というのは、性的接触の機会というだけでなく、対人関係の幅を広げる機会ともなりうる。若者が他者とともに過ごす時間や機会を得ることが、ひとつの目標ということになるだろう。責任ある成人に指導してもらいながら、さまざまな形での親密さを若者が体験することが望ましい。ここでもまた、過保護になってしまいがちなので、注意を要する。経験の幅を狭めてしまうとそれはけっきょく若者のためにはならず、一層つけこまれやすくなるだけである。
　ASをもつひとの人権に関しては、型にはまった姿勢をとるひとが多い。しかし、ASをもつひとにも一般人同様の性的生活を享受する権利があるということが、はっきりと認識されねばならない。つまり、ひとりひとりのニーズと性欲とを考慮に入れる必要がある。この権利が守られて初めて、性に関する教育プログラムや介入プログラムが生きてくる。
　このほかにも、ASをもつひとの性的発達に関しては複雑な諸要因があり、混乱を引き起こすことがある。

性同一性

　青年期においては、性同一性というものに疑念が生じることがあると一般的に考えられている。自分は女性なのか男性なのかによって、ふるまいかたがある程度規定され、社会の中での立ち位置も自ずと定まってくるものである。であるから、通常、定型発達青年は自分に近いと感じるほうの性の一員としてふるまおうとする。そしてこれは、服装・音楽の好み・関心事・身のこなしなどの、しきたりに直結することになる。AS青年は、性同一性に関

して、独特の感性をもつ場合がある。多くの臨床経験に基づいて立てられた仮説によると、AS青年は、性別に関して、たとえば、男性女性それぞれの特性とか、中性とかいうことについて、より柔軟な姿勢を見せる傾向があるといわれている。社会規範に対する意識が希薄で、特定の集団に所属しないといけないというプレッシャーをそれほど感じないのである。帰属意識を見出せなければ、孤立傾向のために葛藤が生じるかもしれない。性的嗜好（sexual preference）は、青年期に典型的な一般的基準に沿ったものとはならない。カテゴリーのイメージそのものがより流動的で、ASをもつひととはそのあいだで揺れ動いている（Hénault, 2006）。したがって、ASをもつひととは、社会における標準的なありようよりも、自分自身の感性に従おうとする。

社会的模倣

　青年は、社会のしきたりや慣習に従ってふるまうことにより安心感を得る。ASをもつひとは、社会性の障害のために、対人関係を築くことも維持することもむずかしい。青年は、仲間のしていることを真似ようとするが、その行動が意味することやそうする理由まで理解しているとは限らない。その結果、状況をしっかり把握したり理解したりすることなく、表面上の行動だけ真似ることになりかねない。たとえば、路上でキスをしているカップルを見かけたAS者は、最初に出会った女性にキスしようとしてしまうかもしれない。また、自分が触られた経験を、同じようにだれかにしようとする青年もいるだろう。そのような行動に至った状況を考慮することなく実行してしまえば、性的逸脱行動になってしまうこともありうる。

複雑な対人関係の理解

　ASをもつひとは、複数のひととの会話あるいはグループでの話し合いの中で、やりとりされるメッセージの真意を理解することが苦手である。裏の意味があるような単語や文は、混乱のもとになる。加えて、言語的コミュニ

ケーションと並行して伝達される非言語的コミュニケーションに気づくのも
むずかしいし、気づいてもその意味を解せない。こういう具合なので、ちょ
っとした会話も、悲惨な体験になりかねない。さらに困ったことには、性に
関する話題となると、ちょっとしたしぐさや言い回しに微妙な意味がこめら
れていて、行間を読みとらなければならないのである。AS青年がよくこぼ
すのだが、だれかとやりとりしても、まるで、全然わからない方言のように
聞こえるらしく、「いつもいつも、新しい言語を習い始める感じ」と言う。
特定の表現（キーワード、わかりやすい身ぶり、声の調子など）を読みとれる
ようになるひともいるが、毎回同じように解釈してしまうと、かみあわない
こともあるだろう。

インターネット上の性

　AS青年やAS成人は、経験や知識を仲間と共有する機会がないために、多
くの場合、インターネットを利用して自学自習しようとする。ASがあるひ
とでもないひとでも、インターネット上で無料ポルノにアクセスするのは、
よくあることである。最初は純粋にまじめに学ぼうとしてアクセスする場合
でも、性に関してネットサーチすると、過激とまではいかないまでも露骨な
性的画像や動画を掲載しているポルノサイトに行き着いてしまう。ASをも
つひとは、ほとんどの場合、情報を文字通り受け取ってしまう傾向があるの
で、特に被害に遭いやすい。保護者の見守りや支援がないと、何の予備知識
もないままこういうサイトにアクセスしてしまう。実際の経験がないので、
性とポルノが直結してしまいかねない。さらに、この露骨な視覚情報は最初
は魅力的かつ刺激的で、ひとつのサイトから別のサイトへと導かれる中で、
より過激な情報に接することになってしまう。「過激な」サイトには行かな
いにしても、こうしていつでもどこでも手軽に強烈なポルノに接することを
続けていると、特に性的快感と結びついた場合、習慣になって定着してしまう。
　インターネット上には、性的な内容を含むものが無数にある。ポルノ的な
ものもあれば、純粋に性教育向けのものもある。ASをもつひとは、情報を

理解して取捨選択する判断力や経験が乏しいことがあるので、保護者や教育者がしっかり指導して、違法ポルノに行き着いてしまうことを防がねばならない。加えて、インターネット上の性的画像を見ながら自慰をすることは、しばしば習慣化してしまい、定着するとなかなかやめられなくなってしまう。また、性的内容に繰り返し接してしまうと、特定の性的関心に発展したり、性へのこだわりが強化されたりしてしまう。

　このほかにも危険なのは、性的加害者が、ターゲットを見つけるために、チャットその他のやりとりが行われるようなサイトに参加してくるということである（Carnes, Delmonico and Griffin, 2007; Edmonds and Worton, 2006）。ASをもつひとは特にこういう被害に遭いやすいので、安全確保のためのルールをしっかりと定め、見守りを欠かしてはならない。エドモンドとウォートンは、その著書の中で、自閉症やASをもつひとを守るための一連の方策を提言している。たとえば、保護者や仲間が見守ることによって安全を確保し、チャット使用を適切に制限することである。性教育プログラムで指導されるガイドラインの中には、インターネット上では性的内容のやりとり（はっきり言語化されたものであれ暗示されたものであれ画像であれ動画であれ）は一切禁止すべきというものもある。これには、インターネットを通じて知りあったひとと会うには、たとえ友人関係であっても、保護者その他の適切な成人の同伴のもと、公の場所で会わなければいけないということも含まれる。個人情報（名前・住所・電話番号・銀行口座やクレジットカード情報）は、決してシェアしてはならない。

　ASをもつひとは、他者の悪意を理解したり察知したりすることがむずかしいので、勘ちがいして指示に素直に従ってしまうことが多い。この点に関しては、インターネットは深刻な問題である。フェイスブックなどのインターネットで個人的なもしくは性的な情報を公開すべきではないが、ASをもつひとは、見知らぬひとからの求めに応じて、何の疑いもなく私的な情報や性的な画像を供与するよう言いくるめられてしまうことがある。オンラインのチャットルームはより中立的だが、個人的もしくは私的なデータ（銀行口座番号・電話番号・パスワードなど）は公開しないという細かいルールに気

をつけねばならない。ASをもつひとをトラブルや虐待から保護するためには、インターネット上で個人情報をシェアしてしまうことの結果や危険性について教え、身の安全を守る方法に関する正式な指導を行うことが必須である。

　ASをもつひとは、ソーシャルメディアやその他のインターネットサイトにおいて、どのような情報はシェアしてもかまわなくてどのような情報はシェアしてはならないかを知っておかねばならない。

　以下のようなメッセージやお知らせはシェアしてもよい：

・休日に撮った写真や、旅行や休暇の報告

・イベントや活動への招待

・学校や職場に関する一般的な報告

以下のようなメッセージや情報は、シェアしてはいけない：

・住所や連絡先といった個人情報

・私的な画像など（恋愛関係や恋人について）

・性的な内容を含むメッセージ・画像・映像（送られてきたものを見てもいけないし、求めに応じて送ってもいけない）

・学校・職場・団体・個人に向けられた脅迫

・だれかの私的なもしくは性的な情報の要求

・児童ポルノもしくは未成年ポルノの画像・動画のダウンロード

・児童ポルノもしくは未成年ポルノのファイルや画像・映像の送信やシェア

恋愛関係

　恋愛関係を取りあげようとすると、多くの問題に向きあわざるをえなくなる。その問題というのは、定型発達者とAS者との恋愛関係で必要とされる歩み寄りとか、AS者同士の恋愛関係で必要とされる歩み寄りといったことである。ASに由来するどのようなふるまいが恋愛関係のなかで現れてくるかは、さまざまな要因に左右される。たとえば、過去の経験・診断名の共有と受容・コミュニケーション能力・家族関係・互いの支えあい・伴侶の動機づけなどの要因である。

　ASをもつひとの中には、親密さということに関して具体的なイメージがわかず、どういうことなのかはっきりとわからないひともいる。伴侶と親密な関係になることを拒むわけではないのだが、対人関係の経験が乏しいのである。カウンセリングを受けるようになるきっかけは、多くの場合、プライバシーを保てないことと、カップル間の関係がうまくいかないことである。ASをもつひと（性別を問わず）は、その伴侶である定型発達者によると、性生活を欠かさないことがカップルとしての正しいありかたであると思いこむ傾向があるという。しかしながら、満足のゆく性生活（頻度に関してもその内容に関しても）が直ちに、カップルの親密さを保証するものではない。性というのは、親密さの一要因にすぎないのである。このように、親密さというものを「具体的かつ実体的」に理解しようとするのが、AS者の特性である。

　ASカップルに関する書物もいくつか発行されている。『伴侶のためのアスペルガー症候群ガイドブック』（Moreno, Wheeler and Parkinson, 2012）、『アスペルガーと愛』（Aston, 2003）、『もし恋人がアスペルガー症候群だったら』（Ariel, 2012）などは、専門家にとっても当事者にとっても役に立つだろう。家族関係は、AS特性抜きには語れない。AS伴侶はときとして、頑なさや特別な関心事やマイルールのために、突拍子もないことを要求してくることがある。その相方は、多かれ少なかれ、この現実に適応してゆかざるをえない。

こういうAS特有の性質に対応できなければ、関係を維持するのはむずかしくなる。セラピーの中では、気持ちの伝えかた・性的行動・欲求・共感などを、具体的に細かく取りあげてゆく。しかし、何よりも重要になってくるのは、伴侶の献身である。セラピーを希望するということ自体、カップルがともに変わってゆきたいと希望していることを意味する。関係を変えるには時間もエネルギーも必要となってくるので、カップルが両人とも、セラピーに臨む覚悟ができていなければならない。セラピーが行われるのは、何も診察室だけとはかぎらない。話しあいや練習は、毎日続けるものである。何かを変えるというのは、ことにAS伴侶にとっては、苦痛を伴うことがある。自分のやりかたがすっかりできあがってしまっているのに、相方の要求や希望を考慮に入れたり受け入れたりしなければならなくなるのだ。セックス・セラピーは、性に関するすべての事柄を視野に入れて、個々のカップルの現実に即して行われる必要がある。それは非常に骨の折れるものになることもあるが、それだけの価値はある。

自慰

　多くの青年やその家族にとって、自慰を語ることはタブーとなっている。しかし、この重要問題に目を向けなければ、不適切行動に発展しうる（公衆の面前での自慰行為、違法画像やウェブサイトの利用など）。自慰は、AS青年にとってもっとも身近な性行動なのである。自分のからだについて、そして、快感の経験について新たな発見をすることは、だれもが一度は通過することといっていい。自己刺激行動は、適切な状況で行われれば、それ自体は問題ではない。しかし、ASをもつひとには、自慰にまつわる問題行動がしばしば見られる。エルマンとドゥブット（Hellemans and Deboutte, 2002）によると、ASD者にもっともよく見られる不適切行動は、公衆の面前での自慰行為であった。

　自慰は、性的なこだわりになることもあれば、気晴らしになることもあり、この点に関してはどんな活動とも変わりない。中には、感覚刺激があまりに

も快いので、気晴らしのために自慰をやめられなくなるひともいる。そのように
なってしまいがちなのは、学校・職場・余暇などで十分な刺激を得られ
ていない時である。一般的なティーンエイジャーは、一日に1〜5回自慰を
する。その頻度に関わる要因には、いくつかのものがある。青年期の特徴と
して、性ホルモン（テストステロンとエストロゲン）が高値になると性欲が亢
進する。自慰に伴うオーガズムと身体的快感によって、同様の行動が強化さ
れる。ふつうは、自慰の仕方は自然に身につけるものであるが、情報を与え
られたり、手伝ってもらったり、教えられたりすることが必要になる場合も
ある。羞恥心や罪悪感が、妨げになることもある。自慰に関しては、相反す
るイメージを受け取ってしまう可能性がある。すなわち、汚れた不健康なも
のであるイメージと、自身のからだについて自然に学ぶ手段であってむしろ
望ましいものであるというイメージである。ヒングスバーガー（Hingsburger,
1995）によると、ある種の行動や態度が、自慰の問題と関連している：

・ひっきりなしに自慰を続けてやめられない

・自慰が射精で終わらない

・自慰をするのはよくないこと、汚いこと、不道徳なこと、危険なこと、忌
　まわしいことなどと感じつつ自慰をする

・自慰によって外傷が生じる（過度の刺激のために）

・公衆の面前で自慰をする

・自慰をすることを恐れる

　ASをもつ青年や成人は、以上のような行動を呈することもあれば、自慰
をどう捉えればよいのかわからないこともある。ブラムとブラム（Blum and

Blum, 1981〔Hingsburger,1995に引用〕）は、自慰に関して学ぶ目的を、次のように5項目にまとめている：

1. 自慰について学ぶことは、正常で健康的なことである。

2. 自慰をしてもよい時と場所を学ぶ（私的空間と公的空間）。

3. 自慰に関するデマとその影響を解消する。

4. 自慰の際に性的空想をしてもよいことを学ぶ。

5. どのようにすれば快感を得られるかを学ぶ。

このような指導により、ASをもつひとも、自慰に関する自分の気持ちを表現したり、心配があれば相談できるようになったりする。なかには、不適切な刺激の仕方をしたり、性器を傷つけるような道具を用いたりする場合がある。安全性に関して、明確で具体的な情報を提供することが欠かせない。
　以下に挙げるのは、自慰に関する指導要綱の一例である。

1. 必要があれば、処方薬とその副作用について指導する。

2. 専門家が指導する場合は、指導方法・介入方法を所属機関に書面で報告する。

3. からだの個々の部分について、写真やイラストを見ながら指導する。

4. 私的空間と公的空間との区別について指導する。

5. 一日のスケジュールの中に組みこむ（不適切行動を予防するために）。

6. 自慰行為の実際の段階と、そのようにする理由を指導する（私的空間で、寝室で、など）。

7. KYゼリー（訳注：医療機関でも用いられるグリセリン含有潤滑剤）のような水性潤滑剤を使って、より刺激的にすることもできる。

8. 視覚支援が必要な場合は、性器の模型を使用して自慰行為の段取りを指導する。

9. ウェブサイト（www.diverse-city.com）で入手可能な『フィンガー・ティップス』(Hingsburger and Harr, 2000) や『ハンド・メイド・ラブ』(Hingsburger, 1995) のようなDVDを利用することもできる。

10. ひとりでちゃんとできるようになるまで、何度も練習する。

3．性的逸脱行動

　ASDやASをもつひとの性的逸脱行動には、さまざまなものがある。その多くは公衆の面前で行われる性的行為であって、痴漢・強制猥褻・強姦・過度のまたは不適切な自慰行為・性的執着などが含まれる（Haracopos and Pedersen, 1999; Ruble and Dalrymple, 1993）。そして中核的な問題は常に、社会常識や性的知識の欠如である。というのは、対人関係や性的関係の文脈を理解できなかったり誤解したりしてしまうことが不適切行為の原因となることがしばしばであるからだ。加えて、ASをもつひとの多くは、プライバシー・親密さ・肉体的接触といったことが絡んでくると、混乱してしまうのである。性的行為とそれに関連する身体各部すべてについての詳細かつ具体的な説明をすることこそが、不適切行為の予防策として最善である。

　AS特性は、相手の同意を得るということをどう理解するかとも結びついている。これと関連するのは、心の理論、すなわち、自分とは異なる精神状態を認識し、ひとにはひとの考え・信念・感情があるということを理解する能力の障害である。たとえば、ASをもつひとは、ほかのひとも自分と同じ考えや欲求をもっていると思いこんでいて、それを確かめようともしないことがある。こうして、心の理論の障害のために判断を誤ってしまい、多くの性的逸脱行動が生じる結果となるのである。

限局された興味と性的執着

　性的逸脱行動と関連するもうひとつの要因として、ASをもつひとはワンパターンの反復的行動を好む傾向があることが挙げられる。こういう行動パターンによって本人は安心感を得られるのだが、性が限局された興味の対象

になってしまうと問題が生じることがある。快感と満足が伴うので、制限したり変更したり禁止したりすることがむずかしい。

　しかしながら、性的興味によって自分にも他人にも害がないのであれば、制限することは必要になるかもしれないが、禁止するには及ばない。ほかの関心事同様、下手に禁止してしまうと、ますます興味がわくものなのである。ほとんどの定型発達者にとって、青年期に性欲がわいてくるのは至極あたりまえであるということを忘れてはならない。性にまつわる好奇心と興奮とがないまぜになって、ますます惹かれてしまうのである。この発達段階はきわめて正常なものであり、望ましいとさえ言える。これは、他者への関心の発露でもあるので、性についての知識と経験を積むことは一定範囲内で尊重される必要がある。この段階を通じて社会性が育ち、友情関係や恋愛関係に発展する。ASをもつひとは必ずしも親密さを求めないかもしれないが、もし求める場合には、その経験を妨げるべきではない。

　ASをもつひとすべてに当てはまるわけではないが、性がまた異なる意味あいを帯びてきて、真の執着になってしまう場合もある。この点に関してまとまった研究はないが、著者の臨床経験によると、その徴候を見てとれるケースはある。ここでいう執着とは、制御困難な過度の欲求を指し、しばしば不安感を伴う。性が限局された興味の対象になってしまうと、そこで得られる刺激にとりつかれてしまい、ほかのことが目に入らなくなる。執着しているようすは、さまざまな行動を通じてうかがい知ることができる。たとえば、ポルノ的なもの（雑誌、インターネットなど）を利用する、覗きをする、強迫的に自慰行為にふける、性的接触の機会を求め続ける、やたらと近づきたがる、性的空想にふけり続ける、などである。こういった執着が満たされないことも多く、そうなると、欲求不満がたまったり、ひきこもったり、抑うつ的になったりする場合もある。

　性的執着に不安感が伴っている場合には、性が生活の中心となってしまい、仕事にも伴侶にもそのほかの生活場面にも、すべてにわたって悪影響が生じる。たとえば、次のような例を考えてみよう。あるAS者は、インターネット上のポルノを毎日4時間も視聴し、職場の休憩時間には自慰行為をして、

絶えず女性との性的接触を求め、自分が望むさまざまな性的空想や作り話について語ったりする。この調子で常に性のことで頭がいっぱいのまま生活を続けるのはどう考えてもむずかしいので、当然、不安感が生じてくる。その結果精神のバランスが崩れた場合、いくつかの徴候が見られる。カーンズ（Carnes, 1989）によると、以下のようなものがある（訳注：以下の項目は、アルコール依存症等の診断に用いられる基準と共通する点が多い）：

・危険を伴うような性欲・性衝動・性的誘惑に抵抗できない。

・行動に移る前に緊張感や不安感が高まる。緊張感を和らげるために、行動で発散する。

・行動で発散してしまうと快感やリラックス感を経験するが、同時に罪悪感や後悔の念も直ちに生じる。

・行動を減らしたり抑えたりやめたりすることを何度も試みるが、うまくいかない。

・一日のほとんどの時間、性的なことで頭がいっぱいになっていて、仕事など生活上必要なことに悪影響が及ぶ。

・身体的健康（反復する動作に起因する炎症や性器疼痛）・経済状況（ポルノに費やす資金）・恋愛関係に支障が生じているにもかかわらず、性的行動をやめることができない。

・思うような性行動ができないと、立腹したり苦悩したりする。

　これらの症状が少なくとも1か月間持続し、かつ長期にわたって反復してみられている場合、精神のバランスが崩れているといえる。ASをもつひとは、

自分の性的能力を確認するために、実際に経験を積む必要がある。ひとりひとり異なる事情があるために、性的な生活のありようもさまざまである。人間というものは禁止されると好奇心が高まるものなので、過保護にしてしまうと、不適切行動が増してしまう結果になりかねない。性的執着がみられるようになってしまった場合、以下の点について検討する。

　　・どのような性的行動がみられているのか？

　　・執着はどのくらいの期間持続しているのか？

　　・どのような状況で執着がみられるのか？（時間帯・何かの前・何かの後・
　　　だれかと関わるとき）

　　・執着することによって何が達成されているのか？

　　・自分の執着について語るとき、どのようなようすなのか？

　　・何度も繰り返す行動にはどんな感情が伴っているのか？（不安・怒り・悲
　　　しみ・恐れ・楽しみ・興奮など）

　以上のような情報をもとに、執着の「機能的分析」を行う。以下に挙げるのは、分析結果の例である。

　　・性を通してしか、満足・快感・興奮・喜びを得ることができない。

　　・性的行動によって青年の不安が和らぐ（特に周囲の期待が大きい場合）。

　　・性を通じて、権威に楯突いたり禁止されていることをあえてしたりする。

・性を通じて、おとなになった気分にひたる（子ども扱いされたくない）。

・性的接触により、感覚刺激（触覚・視覚・嗅覚）が得られる。AS者に感覚鈍麻がみられる場合、感覚的介入が必要となることがある。介入により、刺激が乏しい状態にも耐えることができるようになる。

・性が、何らかの精神的葛藤の表現となっている（アイデンティティの模索・欲求不満・仲間からの拒絶・失恋・社会的孤立）。

・ASをもつひとは、性的行動の価値をほかの行動と同様に捉えているのかもしれない。性的行動には、ほかの行動と異なる点がある（対人関係における文脈・経験される感情・社会生活におけるルール）。

・多種のさまざまな執着と同様、性的執着によっても安心感が得られる。

4. 介入プログラム

　性教育には、長期と短期の目標がある。短期目標としては、コミュニケーション、情動、対人関係の分野で、適応的な性的行動を身につけることが挙げられる。長期的には、ASDをもつ青年や成人が、対人関係において何が重要かを理解し、さまざまな対人関係の文脈において適切にふるまえることが望まれる。また、性的関係とはどういうものか、それがどのような段階を踏んでいくものなのか、どのような状況（時間・場所・適切な相手）であれば性的関係が許されるのかといったことを理解したうえで、状況にみあった行動をとることができるようになる必要がある。最後に、性的関係における同意の意義についても理解せねばならない（Tremblay, Desjardins and Gagnon, 1993）。究極の目標は、ASDをもつひとが、社会に適応して健全な性生活を享受し、生活の質（クオリティ・オブ・ライフ）が高まることである。

　介入と性教育プログラムの第一歩は、一般的な知識を提供することであるが、これはひとりひとりの生活年齢と発達年齢とを考慮して行われる必要がある。こういう知識を得ることにより、しっかりした判断を下せるようになる。そしてまた、これまでに学んだふるまいかたを応用しながら、自分自身の価値観と他者の価値観との双方に沿ったやりかたで、どこまでの範囲であれば挑戦してみたり体験してみたりすることが許されるのかを理解できるようになる。介入の目標は、適切な性的行動の枠組みを提供することと、学習や体験の機会を広げることである。

　次に挙げるのは、ASをもつ青年や成人の現状に即したテーマであり、彼らの社会性の発達や性的発達の多くの特性にまつわるものである：

・夢精に関する情報

・判断を下す際に考慮すべき価値観と、決定までの段取り

・親密さ：からだのプライベートな部分とそうでない部分；異なる環境

・性にまつわる衛生と、性器の診察——もしくは婦人科的診察

・コミュニケーション：対人関係・親密な関係・恋愛関係・友人関係

・アルコールや薬物が判断能力に及ぼす影響

・性的関係、その他の性的行動

・自己刺激（自慰）

・性的指向と性同一性

・計画的妊娠、月経、親としての責任

・コンドーム・避妊・性感染症（STD）予防

・個人衛生

・友人関係：虐待的または非友好的関係への気づき

・危険な関係：年齢差・意図・いじめ・攻撃性

・健全な関係の質：分かちあい・コミュニケーション・快楽・興味・尊重

・関係の深さ：よいバランスを見出すことと、超えてはいけない一線を知ること

・ソーシャルスキル：誘いかけ・交流・相互性・分かちあいなど

・距離感と同意の考えかた

・インターネット上の性（ルール・限界設定・法律・規律・結果）

　介入と教育プログラムの目的は、主に次のような点に関する支援を行うことである：

・青年期において社会的ならびに性的にどのようなことが期待されているかを理解する

・変化に対処する

・自分がすべきこととすべきでないことをはっきりさせ、判断力を養う

・状況を理解する（対人関係や親密な関係において）

・ソーシャルスキルや性的スキルを改善する

・問題行動や性的逸脱行動を減らす

・自信をつけ、自尊心をはぐくむ

　青年期や若年成人期において直面することになる問題はいくつかあり、それらが性教育の基礎となる。たとえば、以下のようなものである：

・両性の生殖器：名称・機能・具体的な説明

・思春期に伴う身体変化

・男子に対しては夢精、女子に対しては生理に関する情報

・親密さ：私的状況と公的状況

・性にまつわる衛生：ふるまいかたと性器の診察／婦人科的診察

・価値観と、判断を下す際の段取り

・デート・愛情・親密さ・友情に関するコミュニケーション

・アルコールや薬物が判断能力に及ぼす影響

・性交その他の性的行動

・性的指向と性同一性

・計画的妊娠・月経・育児の責任

・コンドーム・避妊・疾患予防

・感情に突き動かされて行動することも多いので、性にまつわる感情について話しあっておくことも必要

　社会的性教育プログラム（Hénault, Forget and Giroux, 2003; Hénault, 2006）は、アスペルガーや高機能自閉症をもつ青年や若年成人を対象に、20以上のグ

ループで検証されてきた。取りあげられるテーマは12回のワークショップ（各90分）に振り分けられた。各ワークショップで行われる活動はさまざまで、参加者の積極的な参加を促すものであった。テーマは、参加者の体験を反映したものであるのみならず、障害児・者全国情報センター（National Information Center for Children and Youth with Disabilities, 1992）の基準や、ハラコポスとペダーセン（Haracopos and Pedersen, 1999）およびケンプトン（Kempton, 1993）が定めるものにも準拠していた。それは以下のものである：

1. アセスメントとイントロダクション

2. 性とコミュニケーションへの導入

3. 愛情と友情

4. 生理学的側面と性反応サイクル

5. 性交その他の行為

6. 感情

7. 性感染症（STI）・HIV・予防

8. 性的指向

9. アルコール・薬物・性

10. 性的虐待と性的逸脱行為

11. 性差別と暴力

12. 感情コントロール・心の理論・親密さ

　各ワークショップでは、グループリーダーのための支援シート・必要資料・すべての指示が配布される。活動は、グループの状況（年齢・特殊なニーズ・需要など）に応じて変わることもある。一般的には、グループは年齢別に構成され（16〜20歳、20〜30歳、30〜40歳など）、男女混合である。男子は女子がどう思っているのか知りたいものだし、女子も同様だからである。各ワークショップの持ち時間は90分ということになっているが、グループリーダーの判断で45分のワークショップ2回に分けてもかまわない。活動や演習を何度も繰り返し、20回以上のワークショップにも延長可能になっている。グループリーダーの裁量により、12回という教育上の方式はいかようにも変更できる。

　資料は、視覚的にも、そして実際の使用上も、学習効率を上げるために改変してもよい。介入の全過程を通じて、映画・コンピュータープログラム・写真・図・ゲーム・ソーシャルストーリーなどを使用する。性教育は混合グループ（通常6〜10人）で行うこともできるが、治療的介入と性教育を組み合わせる場合は、個別に行うほうが望ましい。

「若者のパートナー」という教育プログラムも、ASをもつ青年や成人に役立つ教材である。シンプルかつ効率のよいやりかたで、2人のひとの間にはどんな関係がありうるかということを、受講者に考えてもらう。最初の質問項目により、愛情表現、性的関係、友人関係に適した時間帯はいつかといったような基礎知識を評価する。その結果に応じて、対人関係について知識が不足している領域を評価したり、「関係性について」というセクションでは虐待的関係についても取りあげたりする。このプログラムには、多くの実例、助言、資料がある。介入の全過程を通じ、ASをもつ受講者は、ロールプレイによって実際に体験することを求められる。特殊能力や長所を生かしながら関心とモチベーションを維持し、以下のようなことを学ぶ：

・時間と空間のイメージ：周囲の状況・ふるまいかた・親密な関係を築いて
　もよい相手

・愛情の限界（健康な状況・不健康な状況・虐待的な状況）

・デートバイオレンス（＝交際相手に対する暴力）とは？　暴力のサイクル

・性的暴力への対応

・性と法律：さまざまな状況において、何が適切で何が不適切かを質問する

・危険のサインに注意する：だれかが、過度に嫉妬深い、激しくキレる、引
　きこもって落ちこむ、極度にイライラしている、ふるまいが奇妙など

・性的虐待の予防法

・攻撃性を察知したときに友人や自分自身を守る方法

5. 結　論

　ASDをもつひとは、性的な事柄について指導を受ける必要がある。性と
いうものを広く捉えれば、そこには、性的発達・思春期・自閉症の症状とい
ったことも含まれてくる。こうしたポジティブなアプローチにより、ひとり
ひとりの個人的ならびに文化的ありようが尊重される。断罪的な態度で向き
あうよりも個人個人の価値観に着目したほうが良い。前者は、これらのひと
が直面する社会的偏見やタブーを助長する危険性がある。保護者や専門家が
提供する教育や情報が、決定的な役割を果たすことになる。

　保護者や専門家がオープンで受容的な姿勢を保つことができれば、コミュ
ニケーションの風通しがよくなり、ASをもつひとが体験や困りごとを共有
したり性に関する不安を打ち明けたりしやすくなる。

　危険なまたは違法な性的行動を未然に防ぐためには、まずはASをもつひ
とたちに対する教育と啓蒙が必要である。もし、さまざまな性的体験に関し
て疑問や興味を感じてそれが整理されないままになってしまうと、インター
ネットでポルノを閲覧するといったことにつながりかねないのである。教育
的サイトを利用することができれば（Attwood, 2008）、多くの疑問に対する
回答や介入のための適切な支援が得られ、彼らのニーズも把握される。

　性教育・介入プログラムは、青年や成人が責任ある行動をとることができ
るようにすることだけを目的としているわけではない。対人関係を築くため
に必要なツールも提供しているのである。これにより、健康的で心が満たさ
れるような性的生活を送ることができるようになる。

付　録

専門的組織ならびにサービスのための、性的な事柄に関するガイドライン

　以下に挙げるのは、デンマーク自閉症センター（Haracopos, 2009）の研究にヒントを得てカナダの精神病院（Taillefer et al., 2013）で導入された、性的な事柄に関するガイドラインの一例である。

　このガイドラインは、ASをもつひとの情緒生活ならびに性的生活に向けた介入を方向づけ、その指針を示すものとなっている。ここでは、特定の個人を取り巻く状況を念頭に置いて、支援と保護を提供することが目的である。このガイドラインには、日常生活における考えかたとふるまいかたの指針が示されている。そのひと個人の生活の情緒的側面や性的側面が考慮され、話しあわれ、分析され、そして理解されており、家族や専門家の指導・支援が欠けているためにこういった問題が回避されたり無視されたりすることはない。

　より重要なのは、こういったガイドラインによってひとりひとりが性教育を受けることができ、不適切な行動や違法行為に至る危険性を減らすことができるということなのである。

ガイドラインの目的

・情緒的生活と性的生活を享受する権利を尊重しつつ、個人の心理学的特性を考慮する。

・性にまつわる障害に関連する適切な評価と介入を受ける権利を認める。これは、社会生活に支障を来している場合に特に重要である。

・個人の情緒的生活と性的生活を改善するために必要なサービス（評価・情報提供・訓練・支援・治療・カウンセリングなど）を受ける。

・AS者の情緒的行動、恋愛行動、性的行動の多様性に向きあう際に、専門家に求められる姿勢や接しかたを明確にする。

・情緒的生活や性的生活の実現のための介入や性的障害に関連した介入を可能にし、また支援する。

AS者の性に関する現実と問題点

・AS者はしばしば、性とは生涯縁のない子どものようにみなされがちである。そのために、周囲から禁止や制限が加えられてAS者が過保護状態になったり「過剰に性的」になったりしてしまう。そうなった場合、AS者が状況をかえりみずに衝動的にふるまってしまう危険性が高まる。

・自閉症やASをもつひとの性は、これまでほぼ取りあげられることがなかった。

・ASをもつひとが包括的な性教育を受ける機会は、かなり乏しい。得られる情報は通常、性的逸脱行動に焦点を当てている。適切な性行動の内容や頻度に関する実際のデータは、ほとんどない。

・ASをもつひとの家族や仲間は、性に関する知識や経験をあまりもたないことが多い。

・ASをもつひとにとって適切で入手しやすい教育的資料は、ほとんどない。

・家族や保護者は、ASをもつひとの性的生活に向きあうことに躊躇するこ

とが多い。

・専門家は時として、ASをもつひとの性的行動を管理する権限を自分たちがもっていると考える傾向があり、当事者といっしょに考えようとしない。

・専門家はASをもつひとを過保護にする傾向がある。過保護にされると、性的な表現の機会が奪われてしまう。

・被害を受けやすいひとたちを守るためには、以下のことが必要となる：

　。彼らのもつスキル・成熟度・発達年齢を考慮に入れること

　。対人関係・性的表現・避妊・妊娠の決断などに関して、自分で選択する機会を与えること

　ASをもつひとを守るためには、専門家や家族には慎重さが求められ、社会的性教育を進めて、ひとりひとりのニーズに合った支援や評価を行う必要がある。この問題の複雑さを念頭に置きながら、以下のような要因を考慮する：

・性にまつわる判断を下す能力が乏しいひとたちを保護する。

・必要なときには、性に関する同意についてすみやかに調査する。

・同意能力がある場合でも、そのひとが、適切かつ責任ある性的行動をとることができるとは限らない。

・性教育その他の支援は有益ではあるが、性的な活動を行うにあたって必須ではない。

性的暴力被害

　性的攻撃を受けるリスクや、性的逸脱行動に至るリスクになりうる脆弱要因には、次に挙げるようなものがある：

・コミュニケーションの困難さ

・信憑性の欠如

・性に関する知識や教育の欠如

・目の前にある危険を察知して、それに気づくことの困難さ

・適切なふるまいと、不適切ないし違法なふるまいとを識別することの困難さ

・孤立

・愛情や注目の希求

・経済的、身体的、ならびに心理的依存

・対人関係スキルの欠陥

・従順で規則を遵守しようとする全般的傾向

・判断能力と自己決定能力の欠如

・自尊心の欠如

・何かをさせられることを拒否する権利があるという認識の欠落

性にまつわるいくつかの重要な側面に関するガイドラインを以下に紹介する。

自　慰

「自慰とは、性的な感覚を味わったり性的な考えをめぐらせたりしながら、自身の性器（特にペニスまたはクリトリス）を触ったりもてあそんだりして快感を得ることを指す。他に、『マスターベーション』『オナニー』『ひとりエッチ』などとさまざまな呼びかたをされる。自慰を数分続けると感覚が高まって興奮状態になり、オーガズムまたは絶頂に達することができる」（Attwood, 2008）。健全な性的行動全般、特に自慰には、医学的ならびに心理学的に好ましい効果がいろいろあることが知られている。

この点に関して、当事者・家族・保護者に教育を行って、男女の自慰のやりかたや、適切に自慰を行うための具体的な場所・安全確保・衛生上の注意点について周知する。

必要であれば、上記に示した一般的ガイドラインに沿って、AS者に対して正しい自慰のやりかたを訓練するプログラムも利用可能である。介入にあたっては、罪悪感をあおるような押しつけがましい教育的態度は注意深く避けなければならない。

エロチックな物品の使用について

親密な関係については、ひとりひとりの能力や関心に応じて、対人交流を促すことが目的となる。パートナー間でエロチックな物品を用いる場合、互いの同意のもとで行うことを尊重しかつ遵守する必要がある。

ポルノとは、わいせつな情報や内容を肯定的に描き出したものを指し、絵画・文芸・映像といった手段で提供される。その映像や画像には登場人物の姿ややりとりはなく、生殖器が大写しで描き出されている。X指定とも呼ばれるポルノ映画は、ひとの性交場面を意図的かつ露骨に描写して視聴者を興奮させるうえ、言葉遣いも下品なものとなっている。

　ポルノと比較すると、エロチックな物品は、社会的性規範に沿ったものである。エロチシズムまたは性愛は、性欲を刺激するあらゆる物事を指し、感覚の発露または刺激につながるような、特に文化的ないし芸術的表現も意味する。このことから派生して、エロチシズムはまた、こういった物事に感じる魅力を通じて築かれた人間関係を指すこともある。映像や画像に部分的な裸体または完全な裸体が描かれていることもあるが、生殖器が直接描かれてはいない。重点は表象にあるのではなく、交流や性的愛情のほうにある。これらに描かれている対象は、18歳以上でなければならない。

　エロチカには、性的興奮と性的快楽とを刺激して高めるような、道具や媒体が含まれる。こういうもののもうひとつの用途として、健康を害するものや安全性に問題があるようなものを使う（たとえば危険なものを使って自慰をする）ひとのための、代替手段になりうることが挙げられる。この場合、より安全なものに置き換えて、同じ効果を得られるようにするべきである。これは教育的な支援であって、ひとりひとりに合わせて、より害の少ない選択をするチャンスを与える。当然のことながら、そのようなものを使用することの安全性について、知識と情報を与えておくことが重要である。

　ASをもつひとの特性や性質を考慮すれば、こういうものを強迫的に常用するひとが性について一面的な見方しかしなくならないように、注意を払う必要がある。その目的は、ASをもつひとがこの種の道具を使用する際、嗜癖状態になってしまうのを防ぐことである。

参考文献

Ariel, C.N.（2012）*Loving Someone with Asperger's Syndrome: Understanding and Connecting with Your Partner*. Oakland, CA: New Harbinger Publications.

Aston, M.C.（2003）*Aspergers in Love*. London: Jessica Kingsley Publishers.（マクシーン・アストン著、宮尾益知監修、テーラー幸恵ほか訳（2015）『アスペルガーと愛——ASのパートナーと幸せに生きていくために』東京：東京書籍.）

Aston, M.（2009）*The Asperger Couple's Workbook*. London: Jessica Kingsley Publishers.

Attwood, S.（2008）*Making Sense of Sex*. London: Jessica Kingsley Publishers.

Attwood, T.（1997）*Asperger's Syndrome: A Guide for Parents and Professionals*. London: Jessica Kingsley Publishers.（トニー・アトウッド著、冨田真紀ほか訳（1999）『ガイドブック　アスペルガー症候群——親と専門家のために』東京：東京書籍.）

Basso, M.J.（1997）*The Underground Guide to Teenage Sexuality*. Minneapolis: Fairview Press.

Carnes, P.（1989）*Contrary to Love: Helping the Sexual Addict*. Minneapolis: CompCare Publishers.

Carnes, P., Delmonico, D.L. and Griffin, E.（2007）*In the Shadows of the Net*. Minnesota: Hazelden.

Coleman, E.（1991）"Compulsive sexual behavior: new concepts and treatments." *Journal of Psychology and Human Sexuality 4(2)*: 37-52.

Durocher, L. and Fortier, M.（1999）*Programme d'Education Sexuelle* [*Sex Education Program*]. Montréal: Les Centres Jeunesses de Montréal et la Régie Régionale de la Santé et des Services Sociaux. Direction de la santé publique. Centre Universitaire à Montréal.

Edmonds, G. and Worton, D.（2006）*The Asperger Love Guide*. London: Paul Chapman Publishing.（ジェネビー・エドモンド、ディーン・ウォートン著、小谷裕実訳（2013）『アスペルガー恋愛読本』京都：人文書院.）

Ginevra, M., Nota, L. and Stokes, M.（2016）The differential effects of Autism and Down's syndrome on sexual behavior. *Autism Research 9(1)*: 131-140.（原書出版時は未出版）

Gray, S., Ruble, L. and Dalrymple, N.（1996）*Autism and Sexuality: A Guide for Instruction*. Indianapolis, IN: Autism Society of Indiana.

Griffiths, D., Quinsey, V.L. and Hingsburger, D.（1989）*Changing Inappropriate Sexual Behavior*. Baltimore, MD: Paul H. Brookes Publishing.

Griffiths, D., Richards, D., Fedoroff, P. and Watson, S.L.（2002）*Ethical Dilemmas: Sexuality and Developmental Disability*. New York: NADD Press.

Haracopos, D.（2009）*Policies, Ethics, Laws and Regulation*. Centre for Autism in

Denmark Seminar: Sexuality and Autism. Athens, Greece.

Haracopos, D. and Pedersen, L.（1999）*The Danish Report*. Copenhagen: Society For The Autistically Handicapped.

Hellemans, H.（1996）*L'Education Sexuelle des Adolescents Autises* [*Sex Education for Adolescents with Autism*]. Paper presented at Belgium Conference on Autism, Bruxelles.

Hellemans, H. and Deboutte, D.（2002）*Autism Spectrum Disorder and Sexuality*. Paper presented at World First Autism Congress, Melbourne.

Hénault, I.（2006）*Asperger's Syndrome and Sexuality*. London: Jessica Kingsley Publishers.

Hénault, I., Forget, J. and Giroux, N.（2003）*Le Développement d'Habiletés Sexuelles Adaptatives chez des Individus Atteints d'Autisme de Haut Niveau ou du Syndrome d'Asperger* [*Development of Adaptive Socio-sexual Skills for Individuals with High Functioning Autism or Asperger's Syndrome*]. Thèse présentée comme exigence partielle du Doctorat en Psychologie. University of Québec at Montréal.

Hendrickx, S.（2008）*Love, Sex and Long-Term Relationships: What People with Asperger Syndrome Really Really Want*. London: Jessica Kingsley Publishers.

Hingsburger, D.（1993）*Parents Ask Questions about Sexuality and Children with Developmental Disabilities*. Vancouver: Family Support Institute Press.

Hingsburger, D.（1995）*Hand Made Love: A Guide for Teaching About Male Masturbation Through Understanding and Video*. Newmarket: Diverse City Press.

Hingsburger, D. and Haar, S.（2000）*Finger Tips: Teaching Women with Disability About Masturbation Through Understanding and Video*. Newmarket: Diverse City Press.

Hollomotz, A.（2011）*Learning Difficulties and Sexual Vulnerability: A Social Approach*. London: Jessica Kingsley Publishers.

Holmes, D.I., Isler, V., Bott, C. and Markowitz, C.（2005）"Sexuality and individuals with autism and developmental disabilities." *Autism Spectrum Quarterly*, Winter-Fall: 30-33.

Kempton, W.（1993）*Socialization and Sexuality: A Comprehensive Training Guide*. California: W. Kempton.

Kempton, W.（1999）*Life Horizons I , II* . Santa Barbara, CA: James Stanfield Company.

Moreno, S., Wheeler, M. and Parkinson, K.（2012）*The Partner's Guide to Asperger's Syndrome*. London: Jessica Kingsley Publishers.

National Information Center for Children and Youth with Disabilities（1992）"Sexuality education for children and youth with disabilities." *NICHCY News Digest 17*: 1-37.

Partners for Youth（2011）www.counselling.net/jnew/pdfs/handbooks-manuals-guides/ PARTNERS%20FOR%20YOUTH,%20Making%20Waves%20=%20English.pdf. 2014年5月13日閲覧.

Ruble, L.A. and Dalrymple, J.（1993）"Social and sexual awareness of persons with autism: a parental perspective." *Archives of Sexual Behavior 22*: 229-240.

Taillefer, L., Langlois, L., Pommier, C., Prévost, M.J. and Hénault, I. (2013) *Lignes Directrices en Regard de la Vie Sexuelle* [*Sexual Guidelines for Patients at the Louis-H. Lafontaine Hospital: Psychiatry Program*]. Programme de psychiatrie en déficience intellectuelle de l'Hôpital L.H.Lafontaine.

Tremblay, G., Desjardins, J. and Gagnon, J.P. (1993) *Programme de Développement Psychosexue.* Eastman: Éditions Behaviora.

訳者より

田宮　聡

　本書は、『The Autism Spectrum, Sexuality and the Law』（以下「原書」）の全訳です。原書は、トニー・アトウッド（Tony Attwood）、イザベル・エノー（Isabelle Hénault）、ニック・ドゥビン（Nick Dubin）の３人の共著となっていますが、ニック・ドゥビン氏の自伝を中心に構成されています。副題は『どの親も専門家も知っておくべきこと』となっています。ニック・ドゥビン氏については、以下の「1. ニック・ドゥビン氏について」で詳しく述べます。アトウッド氏はオーストラリア在住の心理学者で、アスペルガー症候群研究の世界的第一人者です。エノー氏はカナダ在住の心理学者で、アスペルガー症候群と性科学を専門としています。実際はこの３人のほかに、ドゥビン氏の実母キティ・ドゥビン（Kitty Dubin）と実父ラリー・ドゥビン（Larry A. Dubin）も寄稿されています。法学研究者のラリー氏は、事件に巻きこまれた家族でもあり専門家でもあるというユニークな立場からの発信をしています。彼は、『刑事司法制度の網に囚われて――自閉症・発達障害・性犯罪』という書物を 2017 年に出版しています。さらに、キティ氏とラリー氏は講演依頼に応じると原書に記載されており、連絡先は、原書を出版したジェシカ・キングスレイ社（hello.usa@jkp.com）となっています。

　ニック・ドゥビン氏の自伝は、保護者はもちろん、一般読者にも興味深くお読みいただけると思いますし、医療・教育・福祉・司法などの支援者や専門家の方にとっては格好のケーススタディ資料となると考え、翻訳を企画した次第です。原書の出版は 2014 年ですが、さまざまな事情から訳書の出版までに時間を要してしまいました。翻訳にあたっては、各著者が執筆した内容やその立場に合わせて、意図的に訳文の文体を変えました。原書ではプライバシー保護のために一部の個人名を仮名にしてあり、翻訳にあたっては原書の仮名をその

まま訳しました。原書で取り上げられている中心的テーマのひとつである「sexual orientation」の訳語は、本書では、人の恋愛や性愛がどのような対象に向かうのかという意味で「性的指向」としました。日本語の「性的嗜好sexual preference」とはその意味が大きく異なるので、他の文献を参考にされる際にご注意ください。また、本稿を含め、未邦訳の文献は拙訳で引用しています。

　本書の内容そのものについては、当事者・家族・専門家によって 雄弁に語られているので、訳者としてつけ加えることはありません。本稿では、いくつかの点についての情報を読者と共有することによって、より実感をもって本書の内容を味わい、ニック・ドゥビン氏の苦悩を感じとっていただく助けとしたいと思います。そして、本書で描かれているような問題が、彼個人に限った問題ではなく、自閉症スペクトラム障害をもつひと全般に関わるものであるということをご理解いただければと思います。なお、「自閉症スペクトラム障害」は「自閉スペクトラム症」と記載されることもありますが、違いはありません。「広汎性発達障害」もほぼ同義です。本稿では、文献引用部分を除き「自閉症スペクトラム障害」に統一します。

　本書の大きなテーマは、原書タイトルにあるとおり、自閉症スペクトラム障害の問題、性の問題、司法の問題です。以下にこれらを順次取り上げますが、まずは、ニック・ドゥビン氏についての補足的情報をご紹介します。

1. ニック・ドゥビン氏について

　ニック・ドゥビン氏（以下「ドゥビン氏」）の生い立ちについては、ここで繰り返す必要はないでしょう。支援者としての彼は、原書のほかに『アスペルガー症候群といじめ——戦略と解決法』『アスペルガー症候群と不安——的確なストレス管理のために』『自閉スペクトラムと抑うつ』という3冊の著書を執筆しています。また、『いじめられるということ——アスペルガー症候群をもつひとのための戦略と解決法』『アスペルガー症候群と就職——仕事で成功するための個人的指導』という2点のDVDも制作しています。

　ドゥビン氏の著書では、彼自身が両親にインタビューしており、両親の目

に映った彼の成長と苦悩を窺い知ることができて興味深い資料になっています。本稿では、『自閉スペクトラムと抑うつ』の両親インタビュー（以下「インタビュー」）から折に触れて引用することにします。

　アスペルガー症候群支援者として精力的に活動していたドゥビン氏がFBIに逮捕されたということが報道されると、すぐにインターネット上で反応がありました。これは、ドゥビン氏自身（p.126：以下の括弧内に示すのは本書の関連箇所）と母親のキティ氏（p.178）が記しているとおりです。たとえば、「救いようのないドゥビンは、ひどい親に育てられたんだろう。もっと体罰をしておけばよかったんだ」といったものから、「このひとの仕事を支援していた私は、ショックを受けました。（中略）彼が収集したすべての情報は今も正しく、役に立ちます」といったものまでさまざまでした。なかには、「この心理学者は、起訴されて収監されるとき、当局に対し、ポルノが違法であることを知っていたと話した」とか、「恐ろしいことに、ドゥビンは心理士免許を持っていた」などという書き込みもありましたが、本書をお読みくださった読者は、この認識が事実と異なるということがおわかりになるでしょう。彼の逮捕は、いろいろな意味で、多くのひとの関心事となっていたのです。

　本書には、ドゥビン氏の性にまつわる苦悩が描かれています。彼の苦悩には、同性愛なのかどうかという性的指向以外の性的な面に関する苦悩も垣間見られることに注目していただきたいと思います。たとえば、交際のステップ（p.99）やボディタッチ（p.100）などの問題です。ここでも自閉症スペクトラム障害は無関係ではなく、ボディタッチの問題は感覚的特性と、交際のステップの問題は対人関係の距離感のわかりにくさと深く関わっているのです。こういった、さまざまな性の問題と自閉症スペクトラム障害との関連については、アトウッド氏の「専門家の視点から」やエノー氏の「性教育と介入」でも触れられています。また、拙著『ケースで学ぶ自閉症スペクトラム障害と性ガイダンス』をお読みいただくと、さらに理解が深まると思います。

　そして、性的なこと以外の対人関係全般に関する彼の苦悩も、見逃してはなりません。アトウッド氏が指摘しているように、日々経験する多くの困難さの帰結が彼の「問題行動」となってしまったのであって、「問題行動」に

至る道のりが、避けられない運命として最初から定まっていたわけではない
のです。言い換えると、彼の幼少期に周囲の理解や支援が得られていれば、
彼の人生はまったく違ったものになっていたかもしれません。そこでまず、
自閉症スペクトラム障害をもつひとの苦しさに目を向けてみたいと思います。
なお、自閉症スペクトラム障害に関する基本的な知識は、本書を手にしてく
ださる読者には不要であろうと想像するので、詳しくは触れません。

2. 自閉症スペクトラム障害をもつひとの苦しさについて

　アスペルガー症候群を含む自閉症スペクトラム障害の特性は、「社会的コ
ミュニケーションの障害」と「限局された反復的な行動」とされています。
アメリカ疾病予防管理センターの2016年のデータによると、自閉症スペク
トラム障害の有病率は、(8歳の子ども) 54人中1人の割合です。この割合は、
近年少しずつ高くなってきています。日本でこれに近いデータとしては、
2015年（平成27年）に小学3年生を対象に横浜・広島・福岡で行われた調査
で、広汎性発達障害の有病率が3.6%から5.9%と報告されています。これは、
約17人から28人に1人ということになり、アメリカより多くなっています。
　自閉症スペクトラム障害をもつひとは、その特性ゆえにさまざまな苦しさ
を経験します。特に難しく感じられることのひとつが、「変化」です。それ
は、思春期を迎えたときのからだの変化のような自分自身の変化であったり、
学校のクラス替えや職場の異動といった周囲の環境変化であったりします。
自分の気持ちを切り替えたり習慣化したルーチンを変更したりすることが難
しいという特性のために、変化に適応しようとするととても苦しくなること
があるのです。もうひとつ、自閉症スペクトラム障害のひとにとって難しい
のが、「初めてのこと」です。イマジネーションの助けを借りて現実的な見
通しをもつことができないと、何かを初めて体験するときに人一倍不安が高
まるのです。したがって、このふたつの困難さが重なって、現在の状況が変
化して未知の状況に直面させられるような経験は、想像を絶するストレスと
なります。そのために、進学・就職といった人生の移行期にストレスで情緒

不安定になってしまうことは珍しくなく、精神疾患を発症してしまうこともあります。ドゥビン氏自身も「節目」の大変さを自覚しており（p.36）、うつの兆候は中学生のころから見られていました（p.45）が、大学入学後に一気に悪化したようです（pp.71-72, p.81）。彼の父親は「インタビュー」のなかで、「君が実家を離れて大学生活を始めたときに、うつの徴候がだれの目にも明らかになった」とドゥビン氏に話しています。

　さらに、こうした自閉症スペクトラム障害特性そのものに由来する苦しさとともに、障害児者として社会生活をおくる苦しさもあるのです。代表的なのは、周囲のいじめや偏見です。各種障害やセクシュアルマイノリティのようないわゆるスティグマに関連したいじめや偏見は、当事者のメンタルヘルスへの悪影響が特に大きいことがわかっています。ドゥビン氏が子ども時代のいじめにどれだけ苦しめられたかは、自伝で詳しく述べられているとおりです。こうしたいじめや偏見も多大なストレスとなって襲ってくるのです。このように、自閉症スペクトラム障害をもつひとをマイノリティとして位置づけることによってその苦しさを理解することが提唱されており、これは「マイノリティストレスモデル」と呼ばれています。

　以上のようなさまざまなストレスにさらされる結果、自閉症スペクトラム障害をもつひとたちは、不安症やうつ病などの精神疾患に罹患しやすく、自殺を考えたり実行したりする割合が高いことがわかってきています。現代精神医学の知見を結集した『DSM-5 精神疾患の診断・統計マニュアル』（以下『DSM-5』）には、「自閉スペクトラム症を有する人の約70％が併存する1つの精神疾患を、40％が併存する2つ以上の精神疾患をもっているかもしれない」と記載されています。そしてこのリスクは、特にいじめのようないわゆる逆境体験がある場合、さらに高まります。ドゥビン氏のように、自閉症スペクトラム障害のひとが子どもの頃いじめを受けて、のちにうつ病を発症するケースは決して珍しくないのです。いわゆる「二次障害」です。知的障害がない場合や注意欠如・多動症（AD/HD）を合併している場合には、うつ病罹患率が高くなることも示されています。

　スウェーデンの統計を解析したある研究では、うつ病を患った自閉症スペ

クトラム障害をもつひとのうちの約半数は、うつ病が診断されたのちに自閉症スペクトラム障害の診断に至っていました。この研究報告は、「人生の遅い時期に自閉症スペクトラム障害の診断を受けたひとたちは、社会的孤立・いじめ・疎外などの長期にわたるストレスを報告することが多く、自分の何かが違うということは感じていたけれども、自身が経験する困難さを説明しうる自閉症スペクトラム障害という枠組みをもっていなかった」とし、「自閉症スペクトラム障害の診断が下れば、困難さの源を理解することによってうつ病のリスクを少しでも軽減し、教育的、医療的、社会的支援を得ることができるかもしれない」と考察を進めています。実際、「インタビュー」のなかでドゥビン氏の父親は、ドゥビン氏のうつ症状はアスペルガー症候群の診断以来「めざましく軽快した」と話しています。やはり、もっと早くアスペルガー症候群がわかって適切な支援を受けることができていれば、彼の運命がどうなっていたかと考えさせられます。

3. セクシュアルマイノリティのひとたちの苦しさについて

　セクシュアルマイノリティと呼ばれるのは、一般に、LGBTなどの性的少数者のひとたちです。LGBTというのは、レスビアン（Lesbian：女性同性愛者）、ゲイ（Gay：男性同性愛者もしくは同性愛者全般）、バイセクシュアル（Bisexual：両性愛者）、トランスジェンダー（Transgender）のそれぞれの頭文字を取った略称です。トランスジェンダー以外はすべて性的指向、すなわち恋愛や性的衝動の対象選択を指すものであり、ドゥビン氏が悩んだのがまさにこの問題でした。性同一性の問題であるトランスジェンダーは、自分の性別に違和感をもつひとのことです。これはドゥビン氏の自伝とは直接関係ありませんが、セクシュアルマイノリティとして同性愛と同様の問題をはらんでいるので、ここで取り上げることにします。これ以外にも、Q（Queer：風変わり／Questioning：模索中）、A（Asexual：無性愛）、I（Inter-sex：中間性）などさまざまなカテゴリーが追加されつつありますが、本稿ではLGBTに限ります。理由は、LGBT以外に関しては、自閉症スペクトラム障害との関連

を検討した文献が少ないからです。

　セクシュアルマイノリティの第一の苦しさは、成長過程で味わう性の悩みです。性同一性や性的指向は、幼い子どもが早い時期にすでにはっきりと自覚しているものではなく、成長過程の中で少しずつ子ども自身が気づいてゆくものなのです。自分の性同一性や性的指向に違和感を覚えるのは、とてもつらいことです。異性愛者であっても成長途上のある時期に一時的な性的愛着を同性に対して感じることもあり、自分は同性愛者ではないかと密かに悩む青年もいます。ドゥビン氏も、同性愛的感情を抱いたときに自分はいったい何者なのかということに悩みました（p.43, pp.55-56, p.59, pp.73-76）。第二の苦しみは性の問題と直接関連した苦しさで、トランスジェンダーの性別違和が一例です。そして、セクシュアルマイノリティのひとが経験する第三の苦しさは、周囲のひとたちや社会の差別・偏見に関する苦しさです。

　「2. 自閉症スペクトラム障害の苦しさについて」のなかで紹介した「マイノリティストレスモデル」は、もともとセクシュアルマイノリティを対象に提唱されたものでした。『DSM-5』でも、精神疾患の経過や予後に影響を及ぼすかもしれない要因のひとつに「悪質な差別または迫害」が挙げられており、性同一性や性的指向に関する差別はその典型例であると記載されています。また、同書の「性別違和（Gender Dysphoria）」の項目では、「（性別違和をもつ）思春期前の子どもにおいては、年齢が高くなることが行動面または感情面の問題の増加と関連しており、これは性別異質的な行動が他者に受け入れられないことが増えることと関係している。より年長の子どもにおいて、性別異質的な行動はしばしば仲間外れにされることにつながり、これが行動上の問題の増加につながることがある」と述べられています。実際、日本の学校でも、セクシュアルマイノリティの40～60パーセントがいじめを受けているという統計があります。アメリカの研究では、同性愛者に対する行政サービスが制限されている州で同性愛者の心理的ストレスが高まっていました。さらに別の研究では、同性婚が合法化されている州とされていない州ではセクシュアルマイノリティのひとの精神疾患有病率に差があり、合法化されていない州で有病率が高いことが示されています。このように、社会制度

上の差別もストレスとなるのです。そして、自閉症スペクトラム障害同様、さまざまなストレスを経験するセクシュアルマイノリティに関しても、メンタルヘルスの問題が注目されています。

　セクシュアルマイノリティ全般に関しては、青年期に自殺関連行動のリスクが高まるという報告があります。性的指向に関しては、異性愛以外（≒同性愛または両性愛）であることが精神疾患のリスクのひとつであることや、通常よりも高い自殺未遂率と関連していることが示されています。同性婚が早くから認められていたデンマークとスウェーデンにおいては、同性婚経験者が自殺で死亡する割合は異性婚経験者の倍以上となっていました。トランスジェンダーについても、自殺願望を抱くリスクが高いことが示されています。また、自分の性別に違和感をもつ子どもでは、情緒や行動の問題がみられる割合が高くなっていました。『DSM-5』では、「医療で照会された性別違和をもつ子どもは、感情および行動上の問題が大きくなっており、最も多いのは、不安症、秩序破壊的・衝動制御の障害、および抑うつ障害である」と記載されています。また、性別違和をもつ青年と成人についても、「不安症と抑うつ障害が最も多い」としています。

　一方、セクシュアルマイノリティのひとが経験するこれらのメンタルヘルス上の問題は、周囲や社会の受け入れによって改善するという報告があります。アメリカの高校生を対象として行われた調査によると、セクシュアルマイノリティ支援に力を入れている地域では、そうでない地域よりも、同性愛高校生の飲酒行動が改善していました。また、州の同性愛政策による心理的ストレスや精神疾患有病率の違いは、先にご紹介したとおりです。このように、社会に受け入れられることによって同性愛者のメンタルヘルスは改善する可能性があるのです。性同一性の問題に関しても、選択した性別にふさわしい名前への改名を認めることにより、トランスジェンダーの若者が抱えるうつ病の症状や自殺願望が減少したというアメリカの研究があります。自閉症スペクトラム障害の支援が苦しさの軽減につながるのと同様、セクシュアルマイノリティの苦しさも理解と支援によって緩和されるのです。支援の一例として、高校生の飲酒行動を調査した報告（前出）では、性的指向を理由

としたいじめやハラスメントを禁止すること、セクシュアルマイノリティの生徒のためのクラブなどを作ること、セクシュアルマイノリティについて学校職員の研修を行うことなどが提案されています。

　本人自身の苦しさとともに、セクシュアルマイノリティの子どもをもつ保護者の苦しさも忘れてはなりません。ドゥビン氏自身、自伝の中でこの点について触れていました（p.90, p.97）。彼の母親も「インタビュー」のなかで、性をめぐる彼の苦悩についてどう感じていたか尋ねられて、「どうやったらあなたがこの問題と折り合いをつけられるのか、途方に暮れていました」と答えています。さらに、セクシュアルマイノリティの子どもをもつ保護者を対象としてアメリカで行われた調査でも、同性愛の17歳男子を息子にもつ母親が「性について話し合うことの何が難しいって、わたしは、男性にとっての性がどういうものかなんてさっぱりわからないのよ。ましてや、同性愛の男性なんて」と嘆いています。この調査を行った研究者は、「保護者の多くはわが子が健全な性生活を送るための支援に積極的ではあるが、そのためには保護者の教育とサポートが必要である」と述べています。

4. 自閉症スペクトラム障害とセクシュアルマイノリティとの関連について

　以上のように、自閉症スペクトラム障害をもちつつ自身の性的指向に悩んだドゥビン氏は、二重の意味のマイノリティであったわけです（p.74, p.99）。自閉症スペクトラム障害とセクシュアルマイノリティとの関連はどうなのでしょうか。

　自閉症スペクトラム障害をもつひとの性的指向は、定型発達者のそれよりも多様であるという報告があります。オーストラリアの研究者がインターネットを通じて行った研究では、異性愛以外（同性愛・両性愛・無性愛など）であると回答したひとの割合が自閉症スペクトラム障害をもつひとで高くなる傾向がみられました。ただ、こうしたデータを解釈する場合に注意が必要なのは、異性愛以外であると回答する自閉症スペクトラム障害をもつひとの割合が高いだけかもしれないということです。つまり、異性愛以外であるひと

は定型発達者のひとのなかにも同じくらい存在するけれども、ただそれを公表していないだけなのかもしれないのです。反対に、アトウッド氏が本書第2章で紹介している研究では、自閉症スペクトラム障害における同性愛の割合がむしろ低いとされており（p.168）、この点については、まだまだ研究の積み重ねが必要ではないでしょうか。一方、自閉症スペクトラム障害をもつひとのなかで性別違和を感じる割合が高いのかという問題についても専門家のあいだでさまざまな見方があり、コンセンサスは得られていないようです。ただし、『DSM-5』では、「子どもと同様に、一般集団と比べて医療に照会された性別違和をもつ青年において、自閉スペクトラム症の有病率がより高い」と記載されています。

　自閉症スペクトラム障害をもつ当事者のあいだでもセクシュアルマイノリティの問題は取り上げられていますし、逆に、セクシュアルマイノリティのひとたちの自閉症スペクトラム障害についても関心が寄せられています。さまざまなマイノリティに対する意識が高いアメリカでは、セクシュアルマイノリティの学生を支援する職員に対して、自閉症スペクトラム障害に関する啓発を行っている大学もあります。これは、セクシュアルマイノリティを自認する学生のなかに、自閉症スペクトラム障害をもつひとたちが一定割合いるということなのでしょう。

　「2.自閉症スペクトラム障害の苦しさについて」と「3.セクシュアルマイノリティの苦しさについて」で紹介したように、自閉症スペクトラム障害特性そのものの苦しさ（環境変化や感覚的特性など）とセクシュアルマイノリティの性的問題そのものの苦しさ（トランスジェンダーの性別違和など）に加え、ドゥビン氏のような二重マイノリティのひとが社会生活において味わう苦しさは大変なものです。日本でも、これらのひとたちに対する取り組みが期待されます。

5. 自閉症スペクトラム障害と司法について

　自閉症スペクトラム障害と犯罪との関連については、国による司法制度の違いもあるので、おもに日本の文献を中心にまとめてみます。ここでは、自

閉症スペクトラム障害と犯罪との関連と、自閉症スペクトラム障害と処遇についての問題に分けて整理します。なお、この項に関しては、藤川洋子氏（元家庭裁判所調査官、京都ノートルダム女子大学名誉教授）と十一元三氏（精神科医、京都大学教授）の著作を特に参考にさせていただきました。

5-1. 自閉症スペクトラム障害と犯罪

　近年、刑事事件と自閉症スペクトラム障害との関連がメディアで話題になることもありますが、自閉症スペクトラム障害と犯罪との関連はどうなのでしょうか。

　現時点では、自閉症スペクトラム障害が犯罪の原因となることはないと理解されています。つまり、自閉症スペクトラム障害をもつひとが罪を犯しやすいわけではありません。むしろ、正義感が強かったり決まりやルールに執着したりする傾向のために、犯罪とは縁遠いことの方が多いのです。自閉症スペクトラム障害をもつ青年を対象にスウェーデンで行われた大規模な研究では、暴力的犯罪との結びつきが強いのは注意欠如・多動症（AD/HD）などの併存疾患であることと、自閉症スペクトラム障害の診断の遅れが暴力的犯罪と関連していることが示されています。カナダで行われた研究では、枠組みのない日常生活を送っている自閉症スペクトラム障害青年の犯罪率が高くなっていました。このように、自閉症スペクトラム障害と非行や犯罪との関連がありそうに見える場合でも、詳しく分析すれば、自閉症スペクトラム障害そのものではなく、併存疾患・支援不足・被虐待経験といったさまざまなリスク要因が絡まり合って非行や犯罪につながってしまうことがわかってきているのです。

　ただし、自閉症スペクトラム障害をもつひとが何らかのいきさつで違法行為に至ってしまう場合、その特性が違法行為の方法や状況に影響することはあります。たとえば、独特の興味や関心のために、常識的には考えられないような目的を遂げようとして現実が見えなくなってしまったりします。「～してみたかった」という単純な理由で他人に危害を加えてしまうのがその一例です。また、相手の気持ちがわかりにくいために、一見「残忍な」行為に至ってしまうこともあります。さらに、過去のつらい記憶が鮮明に残ってそ

の時の感情が生々しく蘇ってしまうことがあるために、過去の経験とは全く
関係のない他者が違法行為の対象となってしまうことがあるのも特徴です。
オランダでの調査では、性非行青少年において社会性の問題やコミュニケー
ションの問題などが健常青少年よりも顕著にみられており、こうした自閉傾
向が性非行と関連していると述べられています。ドゥビン氏も、社会的ルー
ルに無関心であったことや児童ポルノの対象となっている子どもたちの虐待
に気づけなかったことなどが災いしたのでした。

　なお、訳注（p.217）で記したように、日本では、1999年制定（2004年、
2014年改正）の『児童買春、児童ポルノに係る行為等の規制及び処罰並びに
児童の保護等に関する法律』により、児童ポルノの所持・提供・陳列・製
造・運搬・輸出入が禁止されています。

5-2. 自閉症スペクトラム障害と処遇

　では、自閉症スペクトラム障害をもつひとが何らかの事情で違法行為を犯し
てしまった場合の処罰や処遇については、どう考えればよいのでしょうか。こ
れは非常に複雑な問題で、専門家の間での議論が続いており、ここで詳しく紹
介することはとてもできません。そこで、ドゥビン氏のケースと関連したこと
を一点だけ手短に取り上げることにします。それは、自閉症スペクトラム障害
が精神障害・意識障害・知的障害とどう違うのかという問題です。これは司法
用語で「責任能力」と呼ばれる概念（p.220）と関係しますが、ここでは専門
的なことは省き、一般読者にもおわかりいただけるように簡潔に説明します。

　統合失調症やうつ病などの精神障害と自閉症スペクトラム障害の違いは、
非専門家にはなかなかわかりにくいものです。ドゥビン氏の裁判に関わった
検事もこの点を理解することがなかなかできず、それが裁判の長期化をもた
らしたことは本書の自伝にあるとおりです（p.134）。両者の違いを簡単に説
明すると、精神障害はそれまで精神症状なく生活していたひとがある時点か
ら何らかの原因で「発症」するものであって治療によって「改善」する可能
性があるのに対し、自閉症スペクトラム障害は生まれつきもっていてその本
質的な特性は一生変わらないということです。本書で、アスペルガー症候群

は「神経の病態（p.144）」「神経学的疾患（p.151, p.223）」「神経学的な機能不全（p.152）」「神経学的発達障害（p.210）」であるなどと表現されている点がよくわからなかった読者がいらっしゃるかもしれませんが、それはこういうことだったのです。そして、司法関係者にとってもこのことがわかりにくいのは、日本でも同じことです。

　従来、精神障害がなく、意識がはっきりしていて知能が正常であれば、自分がしている行為の意味や予測される結末を理解できると考えられてきました。そのため、意識が障害されるてんかん発作や知能が障害される知的障害などが犯行時の被告人にある場合は刑が軽減されてきましたし、精神障害がある場合も正常な判断力が失われた状態になっているとしてその影響が判決に反映されてきました。一方、精神障害も知的障害も意識障害もなければ、減刑されることは通常ありませんでした。したがって、従来の考え方であれば、意識の障害も知能の障害もなく、一般的な精神障害とも異なる自閉症スペクトラム障害をもつひとは、障害の影響が判決に反映されないことになります。ところが、最近自閉症スペクトラム障害の認知度が高まるにつれて、この従来の考え方を見直す必要性が注目され始めました。というのは、自閉症スペクトラム障害をもつひとたちは、意識の障害も知能の障害もなく、精神障害とも一線を画するにもかかわらず、自身の行動の意味や結末を十分理解することができないからです。この問題に特に深く関わっているのが、自閉症スペクトラム障害の認知特性です。認知というのは、感知する情報を理解・解釈する脳の機能のことです。自閉症スペクトラム障害にみられる認知特性の例として、物事の部分にのみ注目して全体像を見失いがちであることや、ひとの気持ちに気がつきにくいことが挙げられます。こういう特性のために、自分の行動の一部分にだけこだわってその結末を視野に入れることができなかったり、相手の気持ちに配慮することなく行動してしまったりするのです。この点はアトウッド氏も指摘していますし（p.163）、父親のラリー氏が引用しているクリン博士の「アスペルガー症候群をもつ人のこういった判断能力は、極めて限定的である」という言葉（p.221）もこのことを端的に言い表しています。その結果、一般のひとには理解しがたい奇妙な事件を起

こす、他人の気持ちもわからない冷酷な人間というイメージをもたれてしまいます。ドゥビン氏の場合も、自身の性的指向の探求に必死になるあまり自分がしていることの意味が見えなくなってしまい、児童ポルノの対象となっていた子どもたちが置かれていた状況にも気づけなかったために、悲劇的な結果になってしまったと言えるのです。しかし彼には何らの悪意もなかったことは、自伝をお読みくださった方にはおわかりいただけると思います。このように、自閉症スペクトラム障害の問題は、犯罪の審理に関する従来の考え方の見直しを迫るものなのです。

　こう考えると、判決後の処遇についても、厳罰を科して反省を促したり再犯の抑止力としたりするのではなく、認知特性を考慮しての教育的指導や支援が必要となることがおわかりいただけるかと思います。家庭裁判所調査官としての経験が豊富な藤川洋子氏は、発達障害者は「懲りる力が弱い」ので、厳罰化よりも「発達障害等の生物学的要因を踏まえた処遇がこれまで以上に求められている」と記しています。ドゥビン氏の場合、長期間の収監を回避することができたのは、不幸中の幸いと言えましょう。

　近年、医療の側からも司法の側からも、これらの点に関する提言が相次いでいます。カナダで行われた研究では、自閉症スペクトラム障害をもつひとが違法行為に巻きこまれたとき警察官が適切に対応できるよう、警察官のためのガイドラインを作成する必要があると提言されています。アメリカでも、自閉症スペクトラム障害をもつひとの言動が意図的な違法行為と誤解されて逮捕されることがないように、警察官に対して自閉症スペクトラム障害に関する啓発活動が行われています。ドゥビン氏自身が指摘しているように（p.150）、FBIに逮捕されたときに彼が味わったとてつもない恐怖を思い起こせば、こういった取り組みの重要性が痛感されます。

　以上のように、ドゥビン氏が経験した自閉症スペクトラム障害に関連した苦しさとセクシュアルマイノリティであるための苦しさは、普遍的な問題であると言えます。一方、自閉症スペクトラム障害が犯罪と直接結びつくわけではないけれども関連性はあるということもおわかりいただけたことと思い

ます。そして、こういった苦しさや犯罪の可能性を少しでも軽減するために、早期発見・早期診断を前提とした幼小児期からの支援が重要となるのです。この議論が今後も続き、自閉症スペクトラム障害をもつひとの理解や処遇が改善されるために、本書がその一助となれば幸いです。

　自閉症スペクトラム障害の支援について考えさせられる本書もまた、ご協力者の支援なしには出版に至りませんでした。職場の同僚である水馬裕子医師（呉みどりヶ丘病院）は、読者第一号として原稿全体に目を通してくださいました。児童精神科医の大先輩、大澤多美子医師（草津病院）は、「訳者より」に関して助言してくださいました。司法関係の記述の翻訳にあたっては、酒井邦彦弁護士（元広島高等検察庁検事長）と訳者の義兄でもある長尾正崇教授（広島大学大学院医系科学研究科法医学研究室）のご協力を得ることができました。特に、在アメリカ合衆国日本国大使館一等書記官のご経験もある酒井弁護士は、法律用語や裁判用語の日本語訳について懇切丁寧にご指導くださいました。原書英文の訳しにくい箇所については、カリフォルニア州在住のカワバタ桜子エミリーさんが相談に乗ってくれました。明石書店の大江道雅社長はなかなか実現しなかった本書出版にご尽力くださり、辛島悠氏は担当編集として執筆を熱心にサポートしてくださいました。みなさん、本当にありがとうございました。最後に、筆頭原著者のトニー・アトウッド氏は、訳者のリクエストに快く応じて、日本の読者への貴重なメッセージで本書に花を添えてくださいました。Many thanks for your support, Dr. Attwood!

　なお、本書の訳出・執筆にあたっては十分な資料を参照するよう努めましたが、全国緊急事態宣言発令中の作業となり、図書館の閉館等によって直接確認できなかった資料もありました。本書の内容について何かお気づきの点がありましたら、ご指摘いただければ幸いです。

2020年5月
新型コロナウィルスパンデミックの一日も早い終息を願いながら

田宮　聡

おもな参考文献

1. ニック・ドゥビン氏について

Anonymous (2010) Updated criminal report of Dr. Dubin's charges. http://www. examiner.com/article/updated-criminal-report-of-dr-dubin-s-charges. 2015 年 8 月 11 日閲覧.

Dubin, L.A. and Horowitz, E. (Eds.) (2017) *Caught in the Web of the Criminal Justice System: Autism, Developmental Disabilities, and Sex Offenses.* London: Jessica Kingsley Publishers.

Dubin, N. (2006) *Being Bullied: Strategies And Solutions for People With Asperger's Syndrome.* London: Jessica Kingsley Publishers.（DVD）

Dubin, N. (2006) *Asperger Syndrome and Employment: A Personal Guide to Succeeding at Work.* London: Jessica Kingsley Publishers.（DVD）

Dubin, N. (2007) *Asperger Syndrome and Bullying: Strategies and Solutions.* London: Jessica Kingsley Publishers.

Dubin, N. (2009) *Asperger Syndrome and Anxiety: A Guide to Successful Stress Management.* London: Jessica Kingsley Publishers.

Dubin, N. (2014) *The Autism Spectrum and Depression.* London: Jessica Kingsley Publishers.

Jonathan (2010) Neurodiversity activist busted for child porn! http://autismgadfly. blogspot.jp/2010/10/neurodiversity-activist-busted-for.html. 2020 年 4 月 22 日閲覧.

田宮聡（2019）『ケースで学ぶ自閉症スペクトラム障害と性ガイダンス』東京：みすず書房.

Wilde, D. (2010) Dr. Nick Dubin arrested. http://thewildeman2.blogspot.jp/2010/10/dr-nick-dubin-arrested.html. 2020 年 4 月 22 日閲覧.

2. 自閉症スペクトラム障害をもつひとの苦しさについて

Botha, M. and Frost, D.M. (2020) Extending the Minority Stress Model to Understand Mental Health Problems Experienced by the Autistic Population. *Society and Mental Health 10 (1)* : 20-34.

Cassidy, S., Bradley, P., Robinson, J., et al. (2014) Suicidal ideation and suicide plans or attempts in adults with Asperger's syndrome attending a specialist diagnostic clinic: a clinical cohort study. *Lancet Psychiatry 1(2)*: 142-147.

Culpin, I., Mars, B., Pearson, R.M., et al. (2018) Autistic Traits and Suicidal Thoughts, Plans, and Self-Harm in Late Adolescence: Population-Based Cohort Study. *Journal of the American Academy of Child & Adolescent Psychiatry 57(5)*: 313-320.

Earnshaw, V.A., Reisner, S.L., Menino, D., et al. (2018) Stigma-Based Bullying

Interventions: A Systematic Review. *Developmental Review 48*: 178-200.

Gordon-Lipkin, E., Marvin, A.R., Law, J.K., et al. (2018) Anxiety and Mood Disorder in Children With Autism Spectrum Disorder and ADHD. *Pediatrics 141(4)*: e20171377.

本田秀夫（2018）発達障害児者等の地域特性に応じた支援ニーズとサービス利用の実態の把握と支援内容に関する研究. 厚生労働科学研究費補助金　障害者政策総合研究事業（身体・知的障害分野）発達障害児者等の地域特性に応じた支援ニーズとサービス利用の実態の把握と支援内容に関する研究（研究代表者：本田秀夫）　平成28年度〜29年度　総合研究報告書. pp.1-16.

Kirby, A.V., Bakian, A.V, Zhang, Y., et al. (2019) A 20-Year Study of Suicide Death in a Statewide Autism Population. *Autism Research 12(4)*: 658-666.

Maenner, M.J., Shaw, K.A., Baio, J., et al. (2020) Prevalence of Autism Spectrum Disorder Among Children Aged 8 Years ──Autism and Developmental Disabilities Monitoring Network, 11 Sites, United States, 2016. *Surveillance Summaries 69(4)*: 1-12.

Rai, D., Culpin, I., Heuvelman, H., et al. (2018) Association of Autistic Traits With Depression From Childhood to Age 18 Years. *JAMA Psychiatry 75(8)*: 835-843.

Rai, D., Heuvelman, H., Dalman, C., et al. (2018) Association Between Autism Spectrum Disorders With or Without Intellectual Disability and Depression in Young Adulthood. *JAMA Network Open 1(4)*: e181465. doi:10.1001/jamanetworkopen.2018.1465.

高橋三郎、大野裕監訳（2014）『DSM-5　精神疾患の診断・統計マニュアル』東京：医学書院.

タパー、パイン、レックマンほか著、長尾圭造、氏家武、小野喜郎ほか訳（2018）『ラター児童青年精神医学（原書第6版）』東京：明石書店.

Weiss, J.A., Isaacs, B., Diepstra, H., et al. (2018) Health Concerns and Health Service Utilization in a Population Cohort of Young Adults with Autism Spectrum Disorder. *Journal of Autism and Developmental Disorders 48(1)*: 36-44.

3. セクシュアルマイノリティのひとたちの苦しさについて

愛育研究所編（2019）『日本子ども資料年鑑2019』東京：KTC中央出版.

Auerbach, R.P., Mortier, P., Bruffaerts, R., et al. (2018) World Health Organization World Mental Health Surveys International College Student Project (WMH-ICS): Prevalence and Distribution of Mental Disorders. *Journal of the American Academy of Child & Adolescent Psychiatry 57(10S)*: S297.

Caputi, T.L., Smith, D. and Ayers, J.W. (2017) Suicide Risk Behaviors Among Sexual Minority Adolescents in the United States, 2015. *JAMA 318(23)*: 2349-2351.

Coulter, R.W.S., Birkett, M., Corliss, H.L., et al. (2016) Associations between LGBTQ-Affirmative School Climate and Adolescent Drinking Behaviors. *Drug and Alcohol Dependence 161*: 340-347.

Erlangsen, A., Drefahl, S., Haas, A., et al. (2020) Suicide among persons who entered same-sex and opposite-sex marriage in Denmark and Sweden, 1989-2016: a binational, register-based cohort study. *Journal of Epidemiology & Community Health 74(1)*: 78-83.

Hatzenbuehler, M.L., McLaughlin, K.A., Keyes, K.M., et al. (2010) The Impact of Institutional Discrimination on Psychiatric Disorders in Lesbian, Gay, and Bisexual Populations: A Prospective Study. *American Journal of Public Health 100(3)*: 452-459.

井上令一監修、四宮滋子、田宮聡監訳（2016）『カプラン臨床精神医学テキスト 日本語版第3版　DSM-5診断基準の臨床への展開』東京：メディカル・サイエンス・インターナショナル.

Mustanski, B.S., Garofalo, R. and Emerson, E.M. (2010) Mental Health Disorders, Psychological Distress, and Suicidality in a Diverse Sample of Lesbian, Gay, Bisexual, and Transgender Youths. *American Journal of Public Health 100(12)*: 2426-2432.

Newcomb, M.E., Feinstein, B.A., Matson, M., et al. (2018) "I Have No Idea What's Going On Out There:" Parents' Perspectives on Promoting Sexual Health in Lesbian, Gay, Bisexual, and Transgender Adolescents. *Sexuality Research and Social Policy 15(2)*: 111-122.

Ott, M.Q., Corliss, H.L, Wypij, D., et al. (2011) Stability and Change in Self-Reported Sexual Orientation Identity in Young People: Application of Mobility Metrics. *Archives of Sexual Behavior 40(3)*: 519-532.

Perez-Brumer, A., Day, J.K., Russell, S.T., et al. (2017) Prevalence and Correlates of Suicidal Ideation Among Transgender Youth in California: Findings From a Representative, Population-Based Sample of High School Student. *Journal of the American Academy of Child & Adolescent Psychiatry 56(9)*: 739-746.

Raifman, J., Moscoe, E., Austin, S.B., et al. (2018) Association of State Laws Permitting Denial of Services to Same-Sex Couples With Mental Distress in Sexual Minority Adults. *JAMA Psychiatry 75(7)*: 671-677.

Raifman, J., Charlton, B.M., Arrington-Sanders, R., et al. (2020) Sexual Orientation and Suicide Attempt Disparities Among US Adolescents: 2009-2017. *Pediatrics 145(3)*: e20191658.

Russell, S.T., Pollitt, A.M., Li, G., et al. (2018) Chosen Name Use is Linked to Reduced Depressive Symptoms, Suicidal Ideation and Behavior among Transgender Youth. *Journal of Adolescent Health 63(4)*: 503-505.

van der Miesen, A.I.R., Nabbijohn, A.N., Santarossa, A., et al. (2018) Behavioral and Emotional Problems in Gender-Nonconforming Children: A Canadian Community-Based Study. *Journal of the American Academy of Child & Adolescent Psychiatry 57 (7)* : 491-499.

4. 自閉症スペクトラム障害とセクシュアルマイノリティとの関連について

ガーランド著、熊谷高幸監訳、石井バークマン麻子訳（2007）『自閉症者が語る人間関係と性』東京：東京書籍.

George, R. and Stokes, M.A. (2018) Sexual Orientation in Autism Spectrum Disorder. *Autism Research 11(1)*: 133-141.

Martin, A., Bloch, M.H. and Volkmar, F.R. (Eds.) (2018) *Lewis's Child and Adolescent Psychiatry: A Comprehensive Textbook Fifth Edition.* Philadelphia: Wolters Kluwer.

Moeller, D.J. (2013) *Autism Spectrum Disorder and LGBT Identities in Higher Education: A Guide for LGBT Resource Professionals in Engaging and Interacting with Students.* UC Riverside.

ジェリー・ニューポート、メアリー・ニューポート著、ニキ・リンコ訳、服巻智子解説（2010）『アスペルガー症候群　思春期からの性と恋愛』京都：クリエイツかもがわ.

Shumer, D.E., Reisner, S.L., Edwards-Leeper, L., et al. (2016) Evaluation of Asperger Syndrome in Youth Presenting to a Gender Dysphoria Clinic. *LGBT Health 3(5)*: 387-390.

Turban, J.L. and van Schalkwyk, G.I. (2018) "Gender Dysphoria" and Autism Spectrum Disorder: Is the Link Real? *Journal of the American Academy of Child & Adolescent Psychiatry 57(1)*: 8-9.

van der Miesen, A.I.R., Cohen-Kettenis, P.T. and de Vries, A.L.C. (2018) Is There a Link Between Gender Dysphoria and Autism Spectrum Disorder? *Journal of the American Academy of Child & Adolescent Psychiatry 57(11)*: 884-885.

Volkmar, F.R., Rogers, S.J., Paul, R., et al. (Eds.) (2014) *Handbook of Autism and Pervasive Developmental Disorders. 4th edition.* Hoboken, NJ: John Wiley & Sons, Inc.

5. 自閉症スペクトラム障害と司法について

5-1. 自閉症スペクトラム障害と犯罪

Heeramun, R., Magnusson, C., Gumpert, C.H., et al. (2017) Autism and Convictions for Violent Crimes: Population-Based Cohort Study in Sweden. *Journal of the American Academy of Child & Adolescent Psychiatry 56(6)*: 491-497.

クライン、ヴォルクマー、スパロー編、山崎晃資監訳（2008）『総説　アスペルガー症候群』東京：明石書店.

桑原斉、池谷和（2018）犯罪・触法行為と自閉スペクトラム症. 児童青年精神医学とその近接領域59（2）：148-158.

副島洋明（2006）自閉症スペクトラムと犯罪　この人たちの犯罪をどうみるか、この人たちの内的世界とはどういうものか. 高機能広汎性発達障害にみられる反社会的行動の成因の解明と社会支援システムの構築に関する研究　厚生労働

科学研究費補助金　こころの健康科学研究事業　平成17年度研究報告書.
pp.73-87.

't Hart-Kerkhoffs, L.A., Jansen, L.M., Doreleijers, T.A., et al. (2009) Autism Spectrum Disorder Symptoms in Juvenile Suspects of Sex Offenses. *Journal of Clinical Psychiatry 70(2)*: 266-272.

十一元三、崎濱盛三（2002）アスペルガー障害の司法事例——性非行の形式と動因の分析. 精神神経学雑誌104（7）：561-584.

上野千穂、織田裕行、井上雅晴ほか（2007）性嗜好異常を伴う高機能広汎性発達障害——性犯罪と行動化抑止について. 精神神経学雑誌109（7）：637-653.

5-2. 自閉症スペクトラム障害と処遇

藤川洋子（2014）発達障害者の触法と支援. そだちの科学22：68-72.

藤川洋子（2016）発達障害と犯罪・非行——どのように理解し、支援するか. 法律のひろば69（4）：22-31.

木村一優（2015）重大犯罪を引き起こした自閉症スペクトラムを有する少年精神鑑定. 児童青年精神医学とその近接領域56（1）：64-67.

Ovalle, D. (2016) Shootings sparks call from autism advocates for more police training. Miami Herald. http://www.miamiherald.com/news/local/crime/article91162037.html. 2016年7月26日閲覧.

清水晴生（2018）発達障害と刑法上の責任能力. 白鷗法学25（1・2）：281-305.

宍倉悠太（2014）罪を犯した発達障害者に対する法的対応策の考察——刑事司法システムにおける対応を中心に. 早稲田大学社会安全政策研究所紀要（7）：141-201.

Tint, A., Palucka, A.M., Bradley, E., et al. (2017) Correlates of Police Involvement Among Adolescents and Adults with Autism Spectrum Disorder. *Journal of Autism and Developmental Disorders 47(9)*: 2639-2647.

十一元三（2010）広汎性発達障害の責任能力と神経学的所見との関係に関する考察. 日本生物学的精神医学会誌21（2）：133-136.

十一元三（2015）自閉スペクトラム症と今日の社会——司法事例を通してみえる現状と問題. 臨床精神医学44（1）：87-91.

十一元三（2018）精神鑑定における自閉スペクトラム症の問題. 臨床精神医学47（11）：1219-1224.

八木深（2018）精神鑑定と疾病そしてスペクトラム. 臨床精神医学47（11）：1231-1235.

義村さや香、十一元三（2018）発達症をもつ少年の司法鑑定の実際と問題点. 児童青年精神医学とその近接領域59（2）：177-186.

索　引

外国語人名索引（一部）

◎著者紹介

トニー・アトウッド　Tony Attwood

オーストラリア・ブリスベン在住の臨床心理士。自閉症スペクトラム障害をもつひとと30年以上関わり続けている。現在、クイーンズランドのグリフィス大学で非常勤教授も勤めている。『ガイドブック　アスペルガー症候群――親と専門家のために』（冨田真紀・内山登紀夫・鈴木正子訳、東京書籍、1999）、『ワークブック　アトウッド博士の〈感情を見つけにいこう〉――アスペルガー症候群のある子どものための認知行動療法プログラム』（1. 怒りのコントロール）（2. 不安のコントロール）（辻井正次監訳、明石書店、2008）、『アトウッド博士の自閉症スペクトラム障害の子どもの理解と支援――どうしてクリスはそんなことをするの？』（内山登紀夫監訳、明石書店、2012）など著書多数。

イザベル・エノー　Isabelle Hénault

カナダ・モントリオールのケベック大学において修士号（性科学）と博士号（心理学）を取得して開業し、個人療法・カップル療法・家族療法を行っている。専門はアスペルガー症候群で、セクシュアリティの問題に特に焦点をあてている。

ニック・ドゥビン　Nick Dubin

アメリカ・ミシガン州出身。2004年にアスペルガー症候群を診断された。2004年以来、米国におけるアスペルガー関連問題の主唱者として活動している。心理学専攻で博士号を、学習障害専攻で修士号を、それぞれ取得した。彼自身の体験談を通じてアスペルガー症候群とセクシュアリティの問題に関する議論が活発になり、アスペルガー症候群児・者が刑事司法制度に巻きこまれてしまうことを防ぎたいと願っている。

◎訳者紹介

田宮 聡（たみや・さとし）
1961年広島生まれ。1986年広島大学医学部卒業。東京都立松沢病院、広島大学医学部神経精神医学教室、県立広島病院等勤務を経て、1994年より渡米。米国医師免許を取得し、カール・メニンガー精神医学校とベイラー医科大学の臨床研修、およびトピーカ精神分析研究所のアカデミック・キャンディデイト・プログラムを修了。米国精神科専門医試験合格。現在、姫路市総合福祉通園センター（ルネス花北）、呉みどりヶ丘病院勤務。児童精神科認定医、精神保健指定医、精神科専門医、子どものこころ専門医。著書に『内科医、小児科医、若手精神科医のための青春期精神医学』（共著、診断と治療社、2010）、『ケースで学ぶ自閉症スペクトラム障害と性ガイダンス』（みすず書房、2019）、訳書にシュタイナー『こころの退避——精神病・神経症・境界例患者の病理的組織化』（共訳、岩崎学術出版社、1997）、ロバーツ／パイン編『分析的グループセラピー』（共訳、金剛出版、1999）、『カプラン臨床精神医学テキスト 第3版 DSM-5診断基準の臨床への展開』（監訳、メディカル・サイエンス・インターナショナル、2016）、『虐待された子どもへの治療【第2版】医療・心理・福祉・法的対応から支援まで』（共訳、明石書店、2019）がある。

自閉症スペクトラム障害とセクシュアリティ
なぜぼくは性的問題で逮捕されたのか

2020年10月15日　初版第1刷発行

著　者		トニー・アトウッド
		イザベル・エノー
		ニック・ドゥビン
訳　者		田宮　聡
発行者		大江 道雅
発行所		株式会社 明石書店
		〒101-0021
		東京都千代田区外神田6-9-5
		TEL　03-5818-1171
		FAX　03-5818-1174
		http://www.akashi.co.jp
		振替 00100-7-24505

装丁　谷川 のりこ
組版　明石書店デザイン室
印刷・製本　モリモト印刷株式会社

（定価はカバーに表示してあります）　　　　　　　ISBN 978-4-7503-5088-2